Hans Peter Riegel

BEUYS

Hans Peter Riegel

BEUYS

Die Biographie
Verborgenes Reden

Band 4

ISBN 978-3-9525386-0-9
1. Auflage 2021

Die Deutsche Nationalbibliothek verzeichnet die Publikation
in der Deutschen Nationalbibliografie; detaillierte bibliografische Daten
sind im Internet unter dnb.dnb.de abrufbar.

Riverside Publishing ist eine Marke der Riverside AG.

Inhalt

mein ganzes Leben war Werbung, aber man sollte sich einmal dafür interessieren <u>wofür</u> ich geworben habe.

Notiz von Beuys, 27. August 1981[1]

Vorbemerkungen

Dieser Band ist eine Annäherung an das Phänomen Beuys über dessen Sprache. Einer Sprache, deren Inhalte und Ausdrucksweisen sich Beuys von Rudolf Steiner angeeignet hatte und nur mit deren Verständnis sein Werk zu deuten ist.

Für Beuys war diese Sprache Kernelement eines von ihm so genannten Parallelprozesses, von gleichzeitigem Gestalten und Vermitteln. Wobei seine Arbeiten und Aktionen, die er selbst esoterisch nannte, ebenso rätselhaft blieben wie seine Formulierungen. Was der Inszenierung seiner Einzigartigkeit als schamanistisch akzentuierte Künstlerpersönlichkeit diente, aber auch die Strategie eines vorsätzlichen Miss- oder Nichtverstandenwerdens war, um seine Motive nur jenen gegenüber preiszugeben, die ihn verstehen konnten oder verstehen sollten.[2]

Ende der Vierzigerjahre, während er das Kunststudium begann, hatte sich Beuys der Lehre Rudolf Steiners, der Anthroposophie übereignet. Weggefährten dieser Zeit berichten von einem „Entflammmten". In der Mission für die anthroposophische Gesellschaftstheorie fand er die eigene Bestimmung wie das zentrale Thema seines künstlerischen Schaffens.[3]

Dies auszusprechen wäre allerdings für Beuys-Apologeten ein Tabu. Zwar akzeptieren sie Steiner inzwischen als „Inspirationsquelle", weil es gar nicht mehr anderes geht. Sie sind aber äußerst bedacht, ihn abgekoppelt von der Anthroposophie darzustellen.

So unternehmen vor allem die mit dem Beuys-Erbe befassten Stakeholder erhebliche Anstrengungen, ihn als eigenständigen künstlerischen Innovator, als Schöpfer visionärer Gesellschaftskonzepte, als grünalternativen Öko-Aktivisten zu stilisieren. Aus solcher Hagiographie hat sich ein Kult entwickelt, wie er bei wohl keinem anderen Künstler existiert und der mit orchestrierter, nicht selten höchst aggressiver Abwehr gegen jegliche Kritik einhergeht. Seinen Apologeten gilt Beuys als Universalgenie, für seine Jünger ist er ein unantastbarer Heiliger.

Ohne Zweifel war Beuys ein auch im Weltmaßstab herausragender Künstler. In den sechziger Jahren wurde er zu einem der wesentlichsten Impulsgeber für die Neuerung der Kunst wie der allgemeinen Kunstauffassung. Seine gesellschaftlichen Ideen haben einen immer noch wachsenden Nachhall. Bei seiner Glorifizierung wird jedoch vieles ausgeblendet, was die kultische Devotion stören könnte. Etwa dass er seinen künstlerischen Durchbruch wesentlich dem Vorbild und der Hilfe Nam June Paiks verdankte. Dass er künstlerische Ideen adaptierte, von John Cage, Ives Klein oder Robert Morris zum Beispiel. Dass er sich unverfroren der FLUXUS-Bewegung bemächtigte. Dies alles wäre eigentlich kein Problem. Beuys war clever und Aneignung ist eine übliche künstlerische Praxis. Gleichwohl wird suggeriert, ihm, dem künstlerischen Genie, sei eine autonome, vollkommen freie Werkentwicklung gelungen - frei insbesondere von Einflüssen zeitgenössischer Kunst.

Über allem das Bild des studierten Naturwissenschaftlers, des Denkers und Universalgelehrten. Beuys selbst verbreitete immer wieder, er habe ein „naturwissenschaftliches Studium“ absolviert. Was gar nicht möglich gewesen war.[4] Allerdings öffnet die Schwindelei auch eine Sicht auf Beuys' Gedankenwelt. Findet die eigentlich haltlose Behauptung hier doch eine gewisse Berechtigung.

Tatsächlich absolvierte Beuys in den Fünfzigerjahren ein „Studium“, das Akzente naturwissenschaftlicher wie philosophischer und literarischer Bildung mit sich brachte. Alle bekannten Informationen legen nahe, dass sich Beuys auf den 'Schulungsweg' der so genannten 'Geheimwissenschaft' begeben hatte, wie Steiner seine auf „hellseherischer Forschung“ basierende Lehre bezeichnete, deren im Übersinnlichen „geschauten“[5] Erkenntnisse er „Tatsachen“ nannte. Auf dieser 'Geheimwissenschaft' basiert die Anthroposophie, welche Steiner aus der okkultistischen 'Theosophie' entwickelt hatte, in dem er diese mit dem Werk Goethes, Elementen des deutschen Idealismus, christlicher und fernöstlicher Mystik sowie einer eigenen Rassenkunde und heute völkisch zu nennendem Gedankengut verband.[6]

Hätte Beuys in den Fünfziger- und Sechzigerjahren öffentlich erklärt, einer solchen esoterischen Lehre zu folgen, die ersehnte Professur wäre in Gefahr gewesen, weil man ihn per se bereits für einen Spinner hielt.[7] Ebenso fraglich wäre seine künstlerische Karriere gewesen. Die Anfeindungen nach dem Eklat von Aachen am 20. Juli 1964 sind beredtes Zeugnis davon, wie illiberal man in diesen Jahren noch auf exaltierte Kunstschaffende reagierte.[8] Keine Galerie, kein Museum von Rang hätte ihn ausgestellt. Es ist also evident, dass er seine anthroposophische Weltanschauung lange verschwieg. Bis 1972, als er sich während der 'documenta 5' erstmals öffentlich über seine Beziehung zur Lehre Steiners äußerte. Allerdings hatte er in diesem Moment buchstäblich nichts mehr zu verlieren, denn seine Entlassung aus der Düsseldorfer Kunstakademie war bereits vorhersehbar.

Beuys-Experten wie Volker Harlan, Dieter Koepplin oder Verena Kuni, gleichfalls Kenner der Steiner-Materie, haben mit mir einhergehend nachgewiesen, wie schlüssig sich Beuys' philosophischer, literarischer, historischer, theologischer und naturwissenschaftlicher, ja selbst musikalischer Bildungshorizont mit dem von Steiner vorgegebenen Kanon deckt. In jeder Ausführlichkeit ist in diversen wissenschaftlichen Arbeiten belegt, dass sich Beuys' künstlerisches und gesellschaftliches Wirken bis ins Detail in unmittelbarer Beziehung zur Lehre Steiners befinden.[9]

Was unter Anthroposophen und der Anthroposophie kundigen Beuys-Kennern seit je Konsens ist, was sich in der Wissenschaft zunehmend durchsetzt, bleibt dem Publikum weitgehend vorenthalten. Zwischen Beuys und der Anthroposophie wird eine realitätsferne, künstliche Trennung vollzogen.

Warum eigentlich? Steht doch die Anthroposophie im Ruf einer harmlos obskuren Pseudowissenschaft, mit der man allenfalls die 'Waldorf-Schulen' oder 'biologisch-dynamischen Landwirtschaft' verbindet. Zumeist endet hier jedoch das geläufige Wissen über die Anthroposophie. Schon mit der 'biologisch-dynamischen Landwirtschaft' wird nebulös, was Anthroposophie eigentlich ist. Dass diese Landwirtschaft zwar mit „Bio" aber mehr noch mit den esoterischen Anweisungen Steiners zu tun hat, dürfte weitgehend unbekannt sein.[10]

Ursache hierfür ist eine für Anthroposophen typische Zurückhaltung in Hinsicht auf die Kommunikation über ihre Weltanschauung. Wohl kann hierin die Vorsicht gesehen werden, offenzulegen, einer für Außenstehende grotesk wirkenden esoterischen Lehre zu folgen. Gleichzeitig spielt eine gewisse Erhabenheit mit, das Bewusstsein nach Absolvierung des anthroposophischen „Schulungswegs" höhere Bewusstseinsebenen erreicht zu haben und somit „eingeweiht" zu sein.[11] Nicht-Anthroposophen bleibt solches Bewusstsein verborgen, weshalb sie sich aus anthroposophischer Sicht als Mensch nicht weiter entwickeln können. Bezeichnend in diesem Sinn ist der Slogan auf der Website der 'Freien Hochschule für Geisteswissenschaft': „Mensch Werden".[12]

Allerdings geben Anthroposophen vor, keine „Geheimgesellschaft“ zu sein und jedes „sektiererische Bestreben“ abzulehnen. Doch wer an der 'Freien Hochschule für Geisteswissenschaft' Aufnahme finden will, muss zuvor eine Art von Gesinnungsprüfung absolvieren, um „ein Repräsentant der anthroposophischen Sache vor der Welt sein zu wollen“.[13]

Vor solchem Hintergrund wird verständlich, warum über Anthroposophie wenig bekannt ist. Dass zum Beispiel Anthroposophen und anthroposophische Stiftungen Unternehmen wie DM Supermärkte, Alnatura, Weleda, GLS Bank, Software AG, Voith und Mahle beherrschen oder besitzen, dass die 'Grundeinkommen'- und 'Direkte Demokratie'-Bewegungen überwiegend von Anthroposophen gesteuert werden, dass sich im Umfeld der Anthroposophie Rechtsextreme, Impfgegner und Verschwörungstheoretiker wie etwa die so genannten 'Querdenker' finden.

Diese Kreise sind in der Vorstellung vereint, dass unsere heutige westliche, materialistische Gesellschaft „krank“ ist und „Heilung“ in einer neuen Gesellschaftsordnung finden sollte. Wobei die anthroposophische Lesart ist, dass uns, den Menschen der „fünften nachatlantische Kulturepoche“ droht, sich „Schuld aufzuladen“, im „Versagen“ die Anthroposophie zu verkennen. „Möchten doch baldigst recht viele einsehen, daß noch auf gar, gar vielen Gebieten beobachtet werden kann, wie sehr das Leben der Menschheit verdorrt, wenn es nicht befruchtet wird von einem neuen Strahl der Spiritualität. […] Deshalb wird jetzt Geisteswissenschaft verkündet, weil die Menschheit sie jetzt braucht“, so Steiner.[14]

Manches kann bei unbefangener Lektüre der gesellschaftlichen Ideen Steiners, mithin der anthroposophischen 'Dreigliederung des sozialen Organismus' als attraktiv im Sinne egalitärer sozialistischer Ideen empfunden werden. Indessen fußt das gesamte Konzept auf einem esoterischen Welt- und Menschenbild, für das Steiner seiner Anthroposophie die alleinige Erkenntnis- und Entwicklungsfähigkeit zumisst, wie er deutlich machte: „Das ist ja etwas, was mit den schlimmsten Übeln in unserer Zeit zusammenhängt, daß zahllose Menschen heute keine Ahnung davon haben, daß im sozialen, im sittlichen, im geschichtlichen Leben übersinnliche Kräfte walten, daß allerdings, ebenso wie die Luft, so übersinnliche Kräfte um uns herum walten. Die Kräfte sind da und sie fordern, daß wir sie wissend aufnehmen, um sie wissend zu dirigieren; sonst können sie von Unwissenden oder Unverständigen in falsche Bahnen gelenkt werden.“[15]

Zentrale Voraussetzung der 'Dreigliederung des sozialen Organismus' ist die auch von Beuys laut vorgebrachte Forderung der „Befreiung des Schulwesens“ aus staatlicher Aufsicht. Diese Forderung war Inhalt des „Akademiestreits“, der mit seiner Entlassung endete. Dass sich ein solches Ansinnen gegen unsere Gesellschaftsordnung richtet, sei hier nur am Rande erwähnt. Naturgemäß wäre mit der Loslösung der Schulen- und Hochschulen aus staatlicher Aufsicht, deren Überführung in die anthroposophische „geisteswissenschaftlich“ fundierte Didaktik verbunden, damit die „Unwissenden oder Unverständigen“ in die „richtigen Bahnen gelenkt werden“ und weil natürlich der angestrebte „dreigegliederte soziale Organismus“ nur so funktionsfähig ist.

Zur Einordnung von Beuys’ gesellschaftlichen Aussagen ist es wichtig, solche Denkmuster ernst zu nehmen. Und mit Blick auf diese Gegebenheiten könnte auch das verkrampfte Bemühen der Beuys-Stakeholder nachvollziehbarer werden, ihn so weit als möglich entfernt von der Anthroposophie zu positionieren. Es geht eben nicht nur um den Geniekult, um die Darstellung einer solitären Künstlerexistenz, bei der die anthroposophische Grundierung stören könnte, sondern auch um Political Correctness.

Kaum verwundern mag so, dass in praktisch keiner Beuys-Monographie mehr als eine allenfalls kursorische Erwähnung der Anthroposophie zu finden ist. Es sind wahre Kunststücke, die in den zahllosen, aufwendig edierten Publikationen vollbracht werden, um Herleitungen zu konstruieren, mit denen mehr oder weniger absichtsvoll die wahre Quelle umgangen wird. Allerdings soll hier eingeräumt sein, dass es schwierig sein kann, die tatsächlichen Absichten aus Beuys’ verwirrender Diktion wie aus seinen Phantasmen herauszulesen. Ein Beispiel mag dies veranschaulichen:

Intensiv und in spannenden Arbeiten hat sich Beuys mit James Joyce beschäftigt. Auch hierzu wurden zahlreiche Publikationen verfasst. In nicht einer ist ein Verweis auf Steiner oder die Anthroposophie auffindbar.

Schon in 'Lebenslauf - Werklauf', seinem fiktionalen Curriculum Vitae von 1964, hatte Beuys angeführt, 1950 'Finnegans Wake' gelesen zu haben. Abseits der Frage nach dem Wahrheitsgehalt dessen und obschon der Aspekt des „Keltischen“ bei Joyce naheliegen würde, der wiederum bei Steiner gewichtig ist, scheint es kaum möglich, eine Verbindung zwischen Joyce und Steiner herzustellen. Zumal Joyce von Steiner nie erwähnt wurde.

Und doch ist Joyce das perfekte Exempel einer Sekundärquelle, deren Verwendung durch Beuys erst mit Wissen um die anthroposophischen Lehren richtig verstanden werden kann.

Was Beuys selbst einräumte: „Das wird viel zu wenig diskutiert, das, was bei Joyce die Dinge durchsetzt mit Leben und Strahlkraft, das ist das eigentliche irisch-mythologische Element; das ist fast schon etwas Übersinnliches. Es wird zwar in einer sehr modernen Stilistik, die meist viel zu objektiv erörtert wird, niedergeschrieben, aber das eigentlich Lebendige ist ganz spirituell mythologisch und reicht meines Erachtens zurück bis auf die Wesenselemente des indoarischen Zusammenhangs. Auch der Dehnungsprozess bei Joyce in formaler Hinsicht interessiert mich, da er im Grunde ja eine geistige Form von Bewegung ist", so Beuys 1970, in seiner viel zitierten autobiographischen Publikation 'Beuys'.[16]

Zunächst kritisierte er Joyce hier für dessen „sehr moderne Stilistik" und gab damit zu erkennen, dass es ihm eigentlich nicht um dessen literarisches Werk ging, insbesondere 'Finnegans Wake' nicht, das er kaum verstehen konnte, weil er nur rudimentäre Englischkenntnisse hatte. Dann erläuterte Beuys - ohne dies offen auszusprechen -, wie er Joyce in Verbindung mit Themen der anthroposophischen Geisteswissenschaft und Rassentheorie interpretierte.[17]

In Unkenntnis der Steiner-Lehren ist das nicht nachvollziehbar. Und es ist wohl unbequem, den Weg ihrer Lektüre zu gehen und schmerzlich an dessen Ende, eigenen Irrtum zu erkennen. Vielleicht fällt es deshalb so vielen schwer, eine neue Sicht auf Beuys zuzulassen. Aber soll man weiterhin seine esoterische Weltanschauung negieren? Dürfen seine damit verbundenen gesellschaftlichen Haltungen verharmlost oder verleugnet werden?

Beuys hat seine anthroposophische Weltanschauung mit Inbrunst verkündet und wollte damit zur Kenntnis genommen zu werden. So ist es von gewisser Tragik, dass mit dem apologetischen Bemühen um Beuys die Verschleierung eben dieser Weltanschauung vorgenommen wird und ein interessiertes wie unbedarftes Publikum somit getäuscht wird. Es wird nicht in die Lage versetzt, Person und Werk mit dem inhaltlich zutreffenden Grundlagenwissen zu rezipieren.

Letztlich wäre zu fragen, ob Beuys der heutige Personenkult wirklich entspricht? Wäre es nicht auch in seinem Sinn, offen wie kritisch über ihn zu diskutierten? Während seines letzten irdischen Daseins jedenfalls wich Beuys keiner Debatte aus: „Es ist ja gar nicht schlimm, wenn die Leute aggressiv werden. Lass die doch ruhig aggressiv werden, dann kommt man wenigstens mit ihnen ins Gespräch. Das heißt, du musst es provozieren.“[18]

Er hinterließ ein künstlerisch hochinteressantes, höchst vielseitiges Werk. Vor allem kann Beuys als einzigartiges Gesamtkunstwerk, als ein Phänomen gesehen werden, dessen Anschauung auch Sittengemälde der jüngeren deutschen Kulturgeschichte ist.

Indessen sind die meisten Betrachtungen über Beuys infrage zu stellen, da sie von falschen Prämissen ausgehen. Denn ohne Berücksichtigung der anthroposophischen Lehre kann sein künstlerisches und gesellschaftliches Werk - was er als eins gesehen hat - weder analysiert noch beschrieben werden. Beuys’ Lebenswerk ist Reflexion und Verkündung der Anthroposophie. Diese Tatsache sollte allgemein bewusst werden.

Wie schon meine vorhergehenden Arbeiten soll auch dieser Band dazu beitragen, im Sinne von Beuys einen offenen, kontroversen Diskurs über ihn und damit sein Werk führen zu können. Nicht zuletzt um eine wissenschaftliche Revision einzuleiten. Voraussetzung sollte sein, Beuys auf einer faktischen Ebene zu begegnen. Wozu meine Dokumentationen wie auch die hier versammelten Mitschriften Grundlage sein können.

Die Mitschriften wurden während Vorträgen aufgenommen, die Beuys vor Anthroposophen oder vor überwiegend anthroposophischem Publikum hielt. Hier sprach er offen und konnte sich verstanden fühlen, weshalb diese Texte in höchstem Maß authentisch, gleichwohl außerhalb dieser Kreise kaum bekannt sind.

Mit Offenlegung dieses „verborgenen Redens“ soll verständlicher werden, worum es Beuys tatsächlich ging. Gleichzeitig können seine Aussagen in den angefügten Gesprächen und Interviews Beitrag zur Klärung seiner gesellschaftlichen Haltungen sein. Denn es ist ein immer noch verbreiteter Irrtum Beuys sei links, grün und alternativ gewesen. Vielmehr können seine Haltungen als rechtsgerichtet und reaktionär gelten. Beuys hatte eine Weltanschauung angenommen, die in so prägte.

Hans Peter Riegel, Zürich, Januar 2021

Verborgenes Reden

Die Desinformation

„Ich denke sowieso mit dem Knie" ist einer der legendären Sprüche von Beuys und idealtypisches Beispiel für die Wirkungsmacht seiner Sentenzen. Wie sich etwa in der Interpretation des prominenten Werbers und Beuys-Fans Michael Schirner zeigt, der überzeugt war, Beuys „meinte, dass lineares, logisches Denken mit Kopf oder Gehirn der Komplexität des künstlerischen Denkens nicht entspräche. Deshalb denken gute Künstler kreuz und quer und um die Ecke. Und das gehe nur mit dem Knie."[19]

Schirner, begeistert von Beuys' Spruch, gründete bald eine 'Akademie fürs Denken mit dem Knie'. Einen „Think Tank für internationale Künstler und Persönlichkeiten aus Wirtschaft, Wissenschaft und Gesellschaft", wie man der Website der „Akademie" entnehmen kann.[20] Was jedoch Beuys tatsächlich meinte, wenn er sagte „Ich denke sowieso mit dem Knie", musste nicht nur Schirner missverstehen, erschließt sich der Sinn des Spruchs doch erst mit Wissen um das Menschenbild Steiners:

———

Steiner: „Es ist ein Vorurteil, dass wir mit dem Kopf denken. Das ist gar nicht wahr. Wir denken mit den Beinen und mit den Armen; und dasjenige, was in den Armen und Beinen vor sich geht, bei dem schaut der Kopf zu und nimmt es in den Bildern der Gedanken auf. Er würde niemals das Gesetz des Winkels kennenlernen, wenn er nicht schreiten würde. [...] Sobald man zu dem Astralleib hinunterkommt, der das alles im Unterbewusst-sein verarbeitet, erscheint einem der Mensch, wenn er auch manchmal auf der physischen Welt ganz töricht ist, ungemein weise, weil das alles, was da zum Beispiel an Geometrie entwickelt wird, im Gehen, im Sich-Fühlen, weil das alles, wenn ich mich des Paradoxons bedienen darf, durchaus gewusst wird im Unterbewusstsein und dann durch das Gehirn angeschaut wird."[21]

———

Ein anderes Beispiel für die doppelbödigen Beuys-Sprüche ist seine Aussage zur Gründung seiner 'Studentenpartei' diese sei „die größte Partei der Welt, aber die meisten Mitglieder sind Tiere".[22] Klingt lustig, war aber ernst gemeint. Denn gemäß Steiner stammen die Tiere vom Menschen ab, der einen „astralischen Leib" besitzt, wie ihn „auch das Tierreich hat". Die Astralkörper der Tiere können aber auch „werdende Menschen" die aus der geistigen Welt herabkommen."[23]

„Jeder Mensch ist ein Künstler - Kosmopolitische Übungen mit Joseph Beuys“ lautet die Überschrift der zentralen Ausstellung zu Beuys’ einhundertstem Geburtstag, die seinen wohl berühmtesten Spruch zitiert. Der Ankündigung ist zu entnehmen, die Ausstellung im K21 der Kunstsammlung Nordrhein Westfalen biete „einen tief greifenden Einblick in das kosmopolitische Denken von Joseph Beuys, wie es sich in seinen Aktionen manifestiert. Denn hier als handelnde, sprechende und sich bewegende Figur untersuchte Beuys die zentrale und radikale Idee seines erweiterten Kunstbegriffs: „Jeder Mensch ist ein Künstler“. Das Ziel seines universalistischen Ansatzes war, die Gesellschaft von Grund auf zu erneuern.“

Erstaunlich, welch hochfliegende Ankündigen zu Beuys immer wieder erfunden werden. Eine ziemlich waghalsige These ist jedenfalls, ihm „kosmopolitisches Denken“ zuzurechnen. Denn Beuys war alles andere als ein Kosmopolit. Seinen Haltungen und Gewohnheiten waren ausschließlich und zutiefst deutsch. Im Zentrum seines intellektuellen Kosmos bewegten sich germanische und keltische Mythen, Gnostik, Rosenkreuzertum, deutsche Romantik und deutscher Idealismus - Beuys nannte neben Steiner vor allem Novalis, Goethe und Wagner als Referenz seines Kulturbegriffs. Sein Habitat war Mitteleuropa, worunter seinem Fall der deutsche Sprachraum zu verstehen ist.[24]

———

Beuys: „Ich habe mich also auf die Suche gemacht in meinem Denken über die Sprache und Zusammenhänge gesehen, die folgendermaßen aussehen: Das deutsche Volk, in ihm steckt, wie schon gesagt, die Auferstehungskraft, die selbstverständlich auch in anderen Völkern steckt, aber die unsere wird sich durch radikal erneuerte Grundlagen des Sozialen hindurch ereignen. Muss sich so ereignen. Denn das wäre wohl zuerst unsere Pflicht und dann erst die der anderen Völker.“[25]

———

Das Primat des Deutschen in den Werken Steiners, von dem mithin Beuys’ Haltungen bestimmt waren, gründete auf der esoterischen Weltentwicklung, wie Steiner sie „geschaut“ hatte:

———

„Für die Außenwelt muss es als Narretei erscheinen, wenn wir als den Punkt, von dem ausstrahlt, was nach den verschiedensten germanischen

Volksstämmen hinwirkt, dasjenige Gebiet bezeichnen, das heute über Mittel-Deutschland liegt, aber eigentlich über der Erde gelegen ist. Wenn Sie etwa eine Kreislinie zögen, sodass in diese Kreislinie hineinfallen würden die Städte Detmold und Paderborn, so kommen Sie in die Gegend, von der ausströmte die Mission der erhabensten Geister, welche nach Nord- und West- Europa ihre Mission ausdehnten. Weil dort das große Inspirationszentrum war, deshalb ging später die Sage, dass Asgard eigentlich an diesem Punkte der Erdoberfläche gelegen habe. Es lag aber da das große Inspirationszentrum in uralter Vergangenheit, das Zentrum, welches dann später seine Hauptwirksamkeit abgegeben hat an das Zentrum des heiligen Gral.“[26]

———

Zahlreich ist nachgewiesen, wie Beuys derartige Gedanken Steiners so auch die „Gralsgeschichte“ adaptierte, dass sein Werk von solcher Thematik genährt ist.[27] Beuys ein Kosmopolit? Sicherlich nicht im eigentlichen Sinn des Wortes. Nimmt man jedoch Beuys' esoterische Sichtweise ein, erlangt der Begriff Kosmos eine andere Konnotation:

———

Beuys: „So groß die kosmologische Grundeinheit Welt im Ganzen sein mag, mit wie vielen Lichtjahren und Lichtgeschwindigkeiten hier herum geworfen wird und wie sie auch sein mögen, noch viel größer ist das menschliche Denken, weil es alles dieses umfassen kann. Das heißt, es gibt keine Galaxie, es gibt keine planetarische Einheit, die nicht im menschlichen Denken umgriffen und umfasst werden kann. Es gibt keine Tierkreis-Konstellation aus der nicht das menschliche Denken einmal so und einmal so sprechen kann, sodass es also wiederum vom menschlichen Danken umfasst werden kann. Das menschliche Denken als ein universelles Werkzeug zur Erneuerung der menschlichen Zukunft, ist also noch größer als alles dieses. Auch ist in dem, was vielleicht dem einen oder anderen als die geistigen Kooperateure der Menschen bekannt ist, dass Menschen ja nicht als geistige Wesen alleine in der Welt sind, sondern dass sie ihre spirituellen Helfer und Führer finden in diesem Kosmos, in dieser Welt.“[28]

———

Haben die Urheber der Ausstellungsankündigung solche Bilder im Sinn, wenn sie Beuys kosmopolitisch nennen? Wissen sie oder wollen sie wissen, was Beuys tatsächlich beabsichtigte, um „die Gesellschaft von Grund auf zu erneuern“? Jedenfalls verbleibt die Ankündigung in der für die Beuys-Rezeption typisch schwammigen Floskelhaftigkeit, in der immer gleichen Mechanik, mit der jeder Bezug zu Steiner ausgeblendet wird, um Beuys’ Einzigartigkeit zu konstituieren, wie auf der Wikipedia-Seite von Beuys:

———

„Die documenta 5 von 1972 wird als Zäsur in Beuys’ Werk angesehen; während der 100 Tage der Ausstellung hatte er sich der Diskussion mit dem Publikum zur Verfügung gestellt. Im Folgenden entwickelte er einen erweiterten Kunstbegriff, mit dem er seine Vorstellung einer „umfassenden schöpferischen Umgestaltung des Lebens“ umriss und in dem Begriff der Sozialen Skulptur zu erfassen suchte.
„Eine Gesellschaftsordnung wie eine Plastik formen, das ist meine und die Aufgabe der Kunst.“ Der Kern dieser Idee bestand in der Vorstellung, dass der „Mensch“ zu ändern sei mit den Mitteln der „Kunst“, womit er eine Gegenposition zu den in den 1960er-Jahren entworfenen Mitteln des „Klassenkampfes“ bezog. Die eigene Person ist sozusagen der Werkstoff und der Mensch habe die Aufgabe, diesen Stoff eigenverantwortlich wie eine Plastik als Kunstwerk zu formen. Zugleich repräsentiert die Soziale Plastik damit auch den erweiterten Kunstbegriff von Beuys.“

———

Beuys’ Idee einer „erneuerten Gesellschaft“ war deckungsgleich mit der Gesellschaftskonzeption Steiners, dessen 'Dreigliederung des sozialen Organismus'. Beuys selbst hatte während besagter 'documenta 5' verkündet, „nach dem Dreigliederungsmodell von Rudolf Steiner“ zu arbeiten. Was jedoch auf der Wikipedia Seite ebenso unterschlagen wird wie in fast allen gängigen Publikationen zu Beuys.[29]

Aber es ist nicht zu erwarten, dass die Beuys-Anhängerschaft einräumen würde, dass die so viel gerühmte 'Soziale Plastik' nicht dessen originäre Schöpfung, sondern kaum mehr als eine Paraphrase von Steiners 'Sozialem Organismus' ist. Wie auch Beuys’ berühmteste Sentenz „Jeder Mensch ist ein Künstler“, lediglich der parolenhaft formulierte Endeffekt des 'Sozialen Organismus' ist, bei dessen Formung jeder Mensch unabhängig von seiner Begabung zum „Künstler“, zum Mitschöpfer der 'Sozialen Plastik' wird.

Die menschliche (gesellschaftskünstlerische) „Schöpferferkraft“[30] wird zum Human-Kapital der 'Sozialen Plastik' , wofür der geschickte Parolenschmied

Beuys eine andere seiner legendären Formeln generierte: Kunst = Kapital. Indessen hat er dieses Konzept ebenfalls einer wenig bekannten Quelle zu verdanken, die sich kurz nach der 'documenta 5' für ihn auftat. Um seine gesellschaftliche Arbeit mit einem theoretischem Gerüst zu versehen, suchte er den Kontakt zur anthroposophischen 'Dreigliederungsbewegung'. Hier begegnete er einem älteren Herrn, dem anthroposophischen „Wissenschaftler", ehemaligen Elektro-Ingenieur und Waldorf-Lehrer Wilhelm Schmundt, den er später als „großen Lehrer" ansah.[31]

„1973 stoßen also Beuys und Schmundt aufeinander, und es ergibt sich für beide eine Erleuchtung, eine kolossale Erhellung ihrer eigenen bisherigen Arbeit und zwar durch den jeweils anderen Aspekt. Das war für beide ein ganz großes Ereignis, wobei ich glaube, dass das Erlebnis für Beuys noch größer war", erinnert sich Beuys' Assistent Johannes Stüttgen.[32]

Die Kurzformel 'Kunst = Kapital' ist ein Ergebnis dieser „Erleuchtung" und fasst den Kapitalbegriff zusammen, wie ihn Schmundt entwickelt hat. Allerdings wird dieser lediglich den sogenannten 'Dreigliederern' bekannt sein, die selbst in der anthroposophischen Bewegung einen Exotenstatus genießen. Und natürlich findet auch Schmundt nur selten Eingang in die Beuys-Literatur. In anthroposophischen Kreisen hingegen sprach Beuys unbefangen über Schmundt und damit die Herkunft seiner Thesen, wie zum Beispiel in einem Vortrag von 1978:

„ ....es ist vielleicht doch noch wichtig, einzugehen auf die Vorstellung des Geldbegriffes von Wilhelm Schmundt. Dass also aus der Notwendigkeit, die sich ergibt, indem man mit einem erweiterten Kunstbegriff operiert, dass man an einen Punkt geführt wird, wo die Geldfrage als Rechtsfrage erscheint, dass man im Umdenken der Wirtschaftsbegriffe im Beschreiben der Phänomene des elementaren Wirtschaftskreislaufes, wenn man nur das beschreibt, was das Phänomen der menschlichen Arbeit erbringt, die in keiner Weise solche Ideologien stößt wie Profit, Eigentum, Lohnabhängigkeit. Dass heißt, sie sind eigentlich Fiktionen. Sie existieren nicht. Sie sind künstlich eingeführt durch Machtideologien der bereits geschilderten Machtminoritäten. Sodass der Wirtschaftswert auch hier bei Schmundt durchaus erscheint als die Kunst. Die menschliche Stoffes-Seite, das heißt

die menschliche Stoffes-Seite und auch die Stoffes-Seite der Natur ergreifende menschliche Kreativitätspotenz, das heisst eine Kunstfähigkeit, seine Fähigkeit und seine Kreativität erscheinen auch hier rein von der phänomenologischen Beschreibung der Fakten als das Kapital."[33]

———

Es ist einer der faszinierenden Aspekte des Phänomens Beuys, wie weitreichend sein Einfluss bis heute ist. Dass ihn nicht nur notorische Weltverbesserer und künstlerische Dilettanten verehren, sondern auch renommierte Akteure der Kultur. Nur, wie wäre es um diese Verehrung bestellt, wenn sie mehr über Beuys' eigentliche Absichten wüssten, die sich unter Umständen nicht mit ihrem idealisierten Bild von ihm und nicht mit ihrer eigenen Weltanschauung in Einklang bringen lassen?

Den wenigsten seiner Follower wird bewusst sein, woher Beuys sein Wissen bezog, was sein Handeln motivierte und welcher Art die Weltanschauung war, die ihn prägte. Allerdings könnte man auch geneigt sein, von einer Desinformationskampagne zu sprechen, derart orchestriert wirkt die Verschleierung seiner toxischen Aussagen, Haltungen und Quellen, verbunden mit systematischer Verhinderung nicht genehmer wissenschaftlicher Arbeit.[34]

So ist es das grundlegende Paradoxem der Beuys-Rezeption, dass so viele sein Werk erklären wollen, während sie dessen Ursprung ausblenden und die Bedeutung Steiners wie Schmundts marginalisieren oder negieren. Wohl könnte es auch für das Geschäft mit seiner Kunst abträglich sein, wenn nicht nur die problematischen weltanschaulichen Aspekte thematisiert werden, sondern auch, wie weitreichend Beuys von seinen Lehrmeistern adaptierte - man könnte auch sagen, deren Werk ausgebeutet hat.

Die Kunstwissenschaftlerin und Beuys-Expertin Verena Kuni beschrieb das mir gegenüber so: „Was Beuys' Umgang mit Steiners Werk betrifft: den würde ich vielleicht mit dem Bild der Arbeit in einem Steinbruch oder einem Bergwerksstollen umschreiben, in dem Beuys in der Tat tief geschürft bzw. aus dem er mitunter auch recht brachial seinen Werkstoff gebrochen hat. Wobei „Steinbruch" und „Stollen" insofern nicht die richtigen Bilder bzw. Begriffe sind, als beide ja vom Menschen erschlossene - und ausgebeutete - natürliche Ressourcen meinen. Passender wäre da sicher die Vorstellung eines Tempels, aus dessen Steinen der nächste dann (s)eine Kirche baut."[35]

Die hermetische Sprache

Es entbehrt nicht der Ironie, dass Beuys inzwischen ein Säulenheiliger der Anthroposophen ist, von denen er vor nicht allzu langer Zeit noch abgelehnt wurde, weil seine Kunst nicht der anthroposophischen Ästhetik entsprach. Doch Anthroposophen wissen, worum es ihm tatsächlich ging. Sie verstehen seine Formulierungen und Formeln zu deuten, weil diese ihrer Sprache, der Sprache Steiners, entstammen.

Als man ihn noch einen Scharlatan nannte, am Anfang der Siebzigerjahre, als man ihn anfeindete und aus der Akademie entfernte, begab sich Beuys wieder in anthroposophische Zirkel, um sich dort, wie schon in den Fünfzigerjahren, zu engagieren. Er reiste nach Achberg, wo sich ein anthroposophischer Think Thank formierte, der sich mit der 'Dreigliederung' befasste. Hier versprach er sich Ideen für seine 'Soziale Plastik' und konnte gleichzeitig im geschützten Umfeld Gleichgesinnter seine Konzepte vorstellen. In Achberg fand er Mitstreiter, die bis heute den dogmatischsten Kern seiner Verehrer bilden.[36]

Die für diesen Band zusammengetragenen Vorträge, die Beuys für „seine lieben Freunde“ hielt, sind Zeugnis eines außerhalb dieser Kreise kaum verständlichen, fremdartigen, einer esoterischen Gedankenwelt entspringenden Sprachgebrauchs.

In dem Versuch, das „Rätsel“ Beuys zu entschlüsseln, wird dieser Sprachgebrauch oft als „hermetisch“ beschrieben. „So dicht, verschlossen, dass nichts eindringen oder austreten kann, vieldeutig, dunkel; (in Bezug auf das Verständnis) eine geheimnisvolle Ausdrucksweise bevorzugend“, wie das Adjektiv „hermetisch“ im Duden treffend auch für Beuys’ Ausdrucksweise definiert sein könnte.

Tatsächlich blieb Beuys in seinen nicht selten ermüdend ausufernden Vorträgen selbst für Anthroposophen manchmal rätselhaft. Viele seiner Sätze sind ohne Logik, sie ergeben keinen Sinn, ihre Bedeutung erschließt sich nicht, sie sind auf diese Weise „hermetisch“. Wie Beuys’ gleichzeitige, geradezu inflationäre Verwendung einer akademisch anmutenden Begrifflichkeit kaum je über sich hinaus verweist. Walter Grasskamp nannte diese Sprechweise von Beuys einmal den „unscharf mäandernden Schwebezustand“ eines „missionarischen Ideolekts“.[37]

Wenn Beuys zu natur-, sozial- und wirtschaftswissenschaftlichen Themen räsonierte, dann konnte er sich hierbei kaum auf eine eigene Sprach-Kompetenz stützen. Beuys mangelte es hierzu an der Voraussetzung einer akademischen, universitären Bildung, worin eine grundlegende Ursache seiner verschrobenen Sprechweise zu sehen ist.

Eine „höhere“ Bildung verdankte Beuys primär dem autodidaktischen Studium der Steiner-Literatur, wie seinen Besuchen von Steiner-Kursen Ende der Vierziger- und in den Fünfzigerjahren.[38] Von hier ausgehend lässt sich nahezu jeder Referenzpunkt in Beuys' kulturellem und wissenschaftlichem Weltbild direkt auf die Lehren Steiners zurückführen. Demnach ist wenig verwunderlich, wenn Beuys' Formulierungen und seine Satzkonstruktionen oftmals wie ein Echo Steiners anmuten.

In den Transkripten der Beuys-Vorträge nachfolgender Kapitel sind Passagen von Steiner-Vorträgen zu den identischen Themen wie auch Textbeispiele von Wilhelm Schmundt eingefügt. Auf diese Weise werden nicht nur die inhaltlichen Verknüpfungen von Beuys mit Steiner und Schmundt transparent. Verblüffend ist zudem, dass hier ebenso erkenntlich wird, wie sehr sich ihre eigentümliche Ausdrucksweise ähnelt. Die allerdings typisch für die verschlungenen Formulierungen von Anthroposophen ist, die wiederum von Steiner selbst begründet wird:

———

„In der Anthroposophie hat man es zu tun mit Darstellungen des Geistigen. Man muss sich dabei der Worte, ja der Wortfügungen der gewöhnlichen Sprache bedienen. Man kann in diesen aber durchaus nicht immer adäquate Bezeichnungen finden für dasjenige, worauf die Seele gerichtet ist, wenn sie Geistiges schaut.
Die im Geistigen herrschenden Beziehungen, die besondere Art desjenigen, was man da «Wesen» und Vorgänge nennen kann, ist viel komplizierter, feiner, vielgestaltiger als dasjenige, was im gewöhnlichen Sprachgebrauch zum Ausdruck kommt.
Man gelangt nur zum Ziele, wenn man die Möglichkeiten ausnutzt, die in der Sprache liegen in Bezug auf Satzwendungen, Wortumstellungen; wenn man sich bemüht, dasjenige, was ein Satz nicht adäquat aussprechen kann, durch einen hinzugefügten zweiten im Zusammenhang mit dem ersten zum Ausdruck zu bringen.“[39]

———

Es sind nicht allein Beuys' verquere, von Steiner geprägte Redewendungen, welche den Zugang erschweren, wenn es um die Entschlüsselung seiner Werke und Aussagen geht. Eine weitere Schwierigkeit ist die Dualität der Begriffe. Denn anthroposophische Begriffe sind anders determiniert als die orthografisch identischen Worte der übrigen Welt.

Womit sich ein wesentliches Hindernis im Verständnis der anthroposophischen Weltanschauung zeigt, welches Anthroposophen dazu führt, Andersdenkenden falsches, beziehungsweise fehlgeleitetes Denken zu unterstellen, das auf „falschen Begriffen" basiere: „Die Anthroposophie liefert eine Fülle neuer Begriffe zu Problemen, an denen die materialistisch und positivistisch orientierten Natur- und Geisteswissenschaften aufgrund ihrer Voraussetzungen notwendig scheitern müssen", so der anthroposophische „Wissenschaftler" Prof. Dr. Christop Hueck.[40]

Steiner: „Das ist ja etwas, was jeder geistig Strebende bald bemerkt, dass die Geisteswissenschaft etwas anderes ist als eine andere Weltanschauung, da sie uns solche Begriffe und Ideen gibt, die sich umwandeln in unseren Herzen in Gefühle und Empfindungen, und daß wir andere Menschen werden durch sie, Menschen mit einer ganz anderen Art und Weise, den Mitmenschen gegenüberzutreten."[41]

Will man sich wissenschaftlich oder publizistisch mit Beuys befassen, und dies sei mit Nachdruck gesagt, muss zuvor eine Decodierung erfolgen, muss eine Übersetzung der Begriffe stattfinden, die für Beuys Sakrament waren.

„Ich verneige mich vor Begriffen", habe Beuys gesagt, erinnerte sich sein Assistent Stüttgen, um weiter auszuführen:

„Beuys sagte immer, daß jeder bisher aus der Vergangenheit stammende Begriff neu gedacht werden muss: Schmundt spricht von den „wesensgemäßen Begriffen" und daß man aus dem „Ins-Rechte-Denken" der Begriffe ins Handeln kommen muß. Beide betonen aber, daß uns keine Handlung nützt, die nicht durch den richtigen Begriff geprägt ist.
Bei Beuys hat das jedoch seine eigene Brisanz, weil man ihm ja wahrhaftig nicht vorwerfen kann, daß er im Denken stecken geblieben ist. Gerade er

aber hat durch seine Biographie nachgewiesen, dass seine Aktionen deshalb so nachhaltig wirken konnten, weil sie bis zum Begriff gereicht haben. Im Gegensatz etwa zu den Fluxuskünstlern, die zwar auch provoziert haben, bei denen aber kein Begriff im Spiel war und an deren Aktionen man sich mit der Zeit gewöhnen konnte.
Es sind gerade die Begriffe, die den Menschen zur Umkehr zwingen, weswegen viele sich auch so mit Händen und Füßen dagegen wehren. Die Begriffe sind die Attacken gegen die Gewohnheit, die immer Mittelmaß bleibt; denn sie kommt weder ganz nach oben an die reinen Begriffe noch ganz nach unten auf die Erde und Stofflichkeit.“[42]

—

Beuys versuchte eine Gedankenwelt, seinen Ideenkosmos mithilfe der Begriffe und methodischen Anforderungen Steiners zu verbalisieren. Auf diese Weise entwickelte er ein zentrales Dogma der 'Sozialen Skulptur', dass deren Entstehung mit ihrer Formung durch Sprache verbunden ist.

—

Beuys: „Also jeder Mensch möchte etwas über sich hinaus in die Zukunft bringen, ein Zukunftsbild entwickeln, auf das er sich hin entwickeln kann. Was seine kreativen Sphären von Willen, Gefühl und Denkenergie - nennen wir sie einmal - entwickeln kann, auf einen höheren Stand bringen kann. Das ist also der Vorgang.
Es würde also nichts nützen, wenn ich hier eine Figur aufbauen würde. Das kann in einem anderen Zusammenhang da sein, aber nicht in einer sagen wir mal in einer Zusammenkunft, wo ja die Sprache das Material ist und in der Tat ist natürlich im sozialen Arbeitsfeld zunächst die Sprache, der physische Ausdruck, der aus den kosmischen Bereichen Bilder und Ideen herunterzieht, die in die sterbende Welt eingeführt werden müssen. Also die Ideen verkörpern sich in der Sprache. Also das ist die soziale Kunst.[43]

—

Selbstverständlich hat Beuys den Gedanken dieses formenden, plastischen Charakters der Sprache von Steiner übernommen:

—

Steiner: „Die Geister der Form und ihre dienenden Wesenheiten haben dem Menschen ein viel selbstverständlicheres natürliches Dasein zugedacht, als es der Mensch dann auf Erden hat erringen können. Die Geister der Form haben dem Menschen zugedacht ein liebevolles Drinnenleben - aber jetzt nicht in einem Sprechen, aus dem der Saft des Denkens ausgepresst ist, sondern in einem solchen Sprechen, das in sich das Denken selber, ich möchte sagen, auf seinen Flügeln trägt."[44]

——

Interessant ist in diesem Zusammenhang, dass Beuys nicht allein Sprachvorrat und Sprachtechnik von Steiner übernommen hat. Schon seine frühen Aktionen basierten in den Anweisungen, die Beuys der Steiner Literatur zur Sprachgestaltung entnommen hatte. So „bellte" oder „röhrte" er bei seinen berühmt gewordenen 'ö ö'-Performances keineswegs undifferenziert Tierlaute, wie fast durchgängig in der Beuys-Literatur gemutmaßt wird.

Viel mehr handelt es sich um von Steiner entlehnte Sprachübungen zur Vortrags-Deklamation wie in Zusammenhang mit der Eurythmie, wie auch 'ö ö' in seinen Meditationsübungen vorkommt. In Beuys' Steiner Bibliothek finden sich mit zahlreichen Randnotizen versehene Bücher hierzu. Zudem legte Beuys während Aktionen oft eine Hand an seine Kehle, womit er dem Kehlkopf die Funktion als plastisch bildendes Organ zuwies, wo der Mensch mit der die Lautformung „plastizierend" also „schöpferisch" tätig wird.[45]

Den für seine Werk-Entwicklung entscheidenden Bezugspunkt zur Sprachtheorie Steiners fand Beuys jedoch, als Steiner ihm die plastische Fähigkeit der Sprache aufzeigte. Beuys war in den Fünfzigerjahren mit herkömmlicher Bildhauerei gescheitert, die Idee der plastizierenden Sprache wies ihm den Weg aus der Sackgasse.

——

Steiner: „Die Sprachen sind in dieser Beziehung voneinander sehr verschieden. Wenn wir die deutsche Sprache nehmen, so ist die deutsche Sprache eigentlich eine plastische Sprache. Der Genius der deutschen Sprache ist eigentlich ein Bildhauer. Das darf man nicht übersehen. Das ist das ungemein Charakteristische: der deutsche Sprachgenius ist ein Bildhauer."[46]

Beuys: „Mein Weg ging durch die Sprache, so sonderbar es ist, er ging nicht von der sogenannten bildnerischen Begabung aus".[47]

——

Beuys entwickelte eine neue Bildhauerei seine 'Plastische Theorie', die wiederum Grundelement des 'Erweiterten Kunstbegriffes' ist. Dass es die anthroposophischen Thesen Steiners waren, die Beuys zur Entwicklung zur „Erweiterung des Kunstbegriffs" verhalfen, unterschlug Beuys und demzufolge seine Apologeten.

Beuys: „Wenn man zu dem Ergebnis gekommen ist, dass die Verständigung zwischen Menschen ganz allgemein nur durch das Kunstwerk des Denkens und der Sprache vollziehbar ist – vorausgesetzt wie jetzt immer, dass man auf diesen anthropologischen Punkt kommt, wo Denken bereits eine Kreation und ein Kunstwerk ist, also ein plastischer Vorgang und fähig ist, eine bestimmte Form zu erzeugen, und sei es nur eine Schallwelle, die das Ohr des anderen erreicht –, wenn ich das also jetzt niederschreibe, gibt es in der Welt eine Form, die ist zweifellos vom Menschen gemacht."[48]

Anthropologie zählt zu den von Beuys häufigst verwendeten Begriffen. Wenn er Anthropologie oder anthropologisch sagte, meinte er auch Anthroposophie oder anthroposophisch. Es war ein überaus typischer Sprachgebrauch zur Verschleierung seiner Intentionen, bei dem er sich wiederum in völliger Übereinstimmung mit der Auffassung Steiners befand:

„Die aus der Anthroposophie hervorgegangene Philosophie über den Menschen wird zwar ein Bild desselben liefern, das mit ganz andern Mitteln gemalt ist als dasjenige, welches die vom Menschen handelnde, aus der Anthropologie hervorgegangene Philosophie gibt; aber die Betrachter der beiden Bilder werden sich mit ihren Vorstellungen in ähnlicher Übereinstimmung befinden können wie das negative Plattenbild des Photographen bei entsprechender Behandlung mit der positiven Photographie."[49]

Bei seiner Verkündung der durch Sprache wirksamen 'Plastischen Theorie' bediente sich Beuys in weitreichender Kongruenz der Sprachschöpfungen und Begriffe Steiners. So verabreichte er ein Steiner-Surrogat als das aus seiner Sicht dringlich notwendige Heilmittel für die kranke Gesellschaft und stilisierte sich damit „als Medizinmann, Schamane, Zauberer und Prophet", als „Künstler-Psychotherapeuten an der Zivilisation" wird.[50]

Die Besessenheit von dieser Idee, die sich in seinen letzten Jahren durch einen rastlosen, ihn körperlich auszehrenden Vortrags-, Gesprächs- und Interview-Marathon zeigte, womit er die Reihe seiner früheren, mitunter qualvollen Performances fortsetzte, verweist auf die Identifikationsmodelle, welche das Bild des Phänomens Beuys' bis heute nachhaltig prägen: Seine 'Schamanen-Identifikation' des Sehers und Heilers und wesentlicher noch seine 'Christus-Identifikation'.

Einerseits die des 'Schmerzensmanns', des leidenden Christus, der das Kreuz für die Menschen auf sich nimmt, eine Rolle, die er sich mit Aktionen wie DER CHEF, EURASIA oder CELTIC aneignete. Andererseits spielte von Anfang an die Verkündigungsgeste mit, sein heroisch prophetisches Wirken für eine neue Heilsbotschaft. „Ich bin ein Sender, ich strahle aus!" verkündete er 1964 in Zusammenhang mit der DER CHEF. [51]

1971, nach der CELTIC-Aktion in Basel, währender der er neben anderen Aktionselementen die Christus-Legende der Fußwaschung inszenierte, äußerte Beuys: „Also, nicht dass ich die Rolle des Christus übernehme, sondern die Rolle des Menschen als einer, der diese Kraft hat."[52]

Beuys empfand, diese Kraft zu besitzen, die sich mit dem 'Mysterium von Golgatha' als das zentrale Ereignis der Menschheitsentwicklung verband. Laut Steiner fand dieses Ereignis „an einem Freitag, am 3. April des Jahres 33, drei Uhr am Nachmittag" statt. Womit auch „die Geburt des Ich" stattfand, worunter der geistige Wesenskern des Menschen, seine eigentliche Ich-Wesenheit zu verstehen ist.[53]

——

Beuys: „Das heißt, der Mensch muss diesen Vorgang der Kreuzigung, der vollen Inkarnation in die Stoffeswelt durch den Materialismus hindurch auch selbst erleiden. Er muss selbst sterben, er muss völlig verlassen sein von Gott, wie Christus damals [...] in diesem Mysterium verlassen war. Erst, wenn nichts mehr ist, entdeckt der Mensch in der Ich-Erkenntnis die christliche Substanz."[54]

——

Steiner sah Christus als „höchsten planetarischen Geist" verantwortlich für die Ich-Entwicklung des Menschen. So war der 'Christus-Impuls' über das 'Mysterium von Golgatha' in die Welt gelangt, um den Menschen frei zu machen, womit seine Seele zu einer „erhöhten Anschauung über sich selbst“ befähigt wird. Hierin sah Steiner und mit ihm Beuys die Voraussetzung für eine zukünftige, höhere Entwicklung der Menschheit.[55]

—

Steiner: „Wenn der Mensch stirbt, fällt von ihm ab sein physischer, sein Ätherleib, sein Astralleib, und von ihm geht sein Ich über zur nächsten Inkarnation. Gerade so ist es aber auch mit dem Planeten unserer Erde. Dasjenige, was an unserer Erde physisch ist, fällt am Ende der Erdenperiode ab, und die Gesamtheit aller Menschen, die der Menschenseelen, geht hinüber in den Jupiter, in den nächsten planetarischen Zustand der Erde. Von den Stadien der Entwickelung, die sie erreicht haben wird, geht sie über zu dem nächsten Stadium der Erdenentwickelung, dem Jupiterdasein.
Und wie beim einzelnen Menschen das menschliche Ich der Mittelpunkt ist seiner weiteren Entwickelung, so ist nachher für die ganze Menschheit das Christus-Ich, das in ihre astralischen und Ätherleiber gesenkte Ich, dasjenige, was weitergeht, um in der folgenden planetarischen Entwickelung das Jupiterdasein zu beseelen.
Wir sehen also, wie der auf die Erde herabgestiegene Christus, von einer physisch-irdischen Menschenwesenheit ausgehend, sich allmählich entwickelt als ätherischer, als astralischer, als Ich-Christus, um als Ich-Christus der Geist der Erde zu sein, der dann mit allen Menschen sich emporhebt zu höheren Stufen.“[56]

—

Man mag bei Lektüre solcher Zeilen, ob ihrer scheinbaren Surrealität irritiert sein. Doch will man sich in das komplexe Gedankengebäude begeben, welches Beuys schon in den Fünfzigerjahren mit seinen frühesten Zeichnungen und Plastiken aus seinem Studium der anthroposophischen „Geisteswissenschaft“ um das „Christus-Thema“ errichtet hatte, will man seine künstlerischen, seine nonverbalen und verbalen Äußerungen hierzu auch nur annähernd verstehen, ist erneut das Studium der Steiner-Lektüre unumgänglich. Denn für Beuys waren die Worte Steiners Tatsachen.

Wie auch der anthroposophische Autor Volker Harlan feststellte, „dass eine Christusrezeption von Beuys ohne Berücksichtigung der Steinerrezeption unfruchtbar ist, denn die theoretischen Aussagen von Beuys lassen sich 100 Prozent auf die Aussagen von Steiner zurückführen.“[57]

Steiners mannigfaltige Darstellungen um das 'Mysterium von Golgatha' waren jener „Tempel“ auf dem Beuys „seine Kirche“ baute. Die unzähligen Arbeiten um das „Christus-Thema“ manifestieren, dass der geistige Überbau seines gesamten Schaffens wesentlich auf den esoterischen Deutungen des „Mysteriums“ basiert. Doch hier scheint wieder das Kernproblem der Beuys-Rezeption auf: Der Umgang mit seiner Hermetik, die Offenbarung sein will und zugleich okkult bleibt.

——

Steiner: „Dann werden wir ganz ruhig erkennen, daß nur einzelne von uns dazu vorbereitet sind, der Welt folgendes zu erklären, soweit sie es hören will: Von jetzt ab gibt es eine neue Offenbarung des Christus. Wir wollen bereit sein, sie anzuerkennen, wir wollen zu jenem kleinen Kreis gehören, der dazu helfen will, damit sie größer, dauernd werde, wir wollen auf die innere Kraft einer solchen Offenbarung bauen, so daß sie sich unter der übrigen Menschheit ausbreiten möge, denn diese Erkenntnis wird allmählich allen zuteil werden.“[58]

——

Exemplarisch sei eine Arbeit zitiert. Fünf kleine, kitschige Christusbildchen, die Beuys mit Bleistift beschriftet hatte: 'Der Erfinder des 3. thermodynamischen Hauptsatzes', 'Der Erfinder der Stickstoffsynthese', 'Der Erfinder der Gravitationskonstante', 'Der Erfinder der Dampfmaschine', 'Der Erfinder der Elektrizität'. Viele werden die Arbeit ratlos betrachten und vielleicht an eine der für Beuys typischen Ironisierungen denken. Beuys erläuterte, was er im Sinn hatte, wenn er das Ereignis von Golgatha als Geburtsmoment, somit Christus als „Erfinder des Materialismus“ beschrieb.

——

Beuys: „Ich habe praktisch gesagt, Christus ist der Beförderer neuerer menschlicher Qualitäten im Denken, also Christus ist auch der Erfinder des Materialismus, also der Bewusstseinsspaltung. Man könnte noch viel sagen: Christus ist der Erfinder der Schizophrenie, der Erfinder der Dampfmaschine, der analytischen Methode, des Materialismus, des Marxismus, Kantianismus, das müsste man alles sagen.
Also alles, was sich in der abendländischen Philosophieentwicklung getan hat an Zerreißproben bis hin zur technologischen Anwendung solcher analytischer Begriffe, ist zurückzuführen auf die Wirksamkeit des Christentums als einem emanzipatorischen Prinzip, als einem

Befreiungsprinzip, denn dieses Befreiungsprinzip findet nicht in den Kirchen satt."

Steiner: *„Man wende hinaus den Blick über die Sinnes weit: wird man die Welt nicht mehr sehen, wie sie nur die Sinne zeigen, dann wird man auch die Unendlichkeit erkennen. Es ist aus diesem ersichtlich, wie der Verlauf der Menschheitsentwickelung so ist, daß der Mensch von einer ursprünglichen geistigen Anschauung des Kosmos ausgegangen ist, und daß er diese im Laufe der Zeiten verloren hat. An ihre Stelle war eine bloß sinnliche Auffassung der Welt getreten.*
Da trat in die Entwickelung der Christus-Impuls ein. Durch diesen wird die Menschheit dazu geführt, der materialistischen Anschauung wieder das Geistige einzuprägen. In dem Augenblicke, da Giordano Bruno die Fesseln des Sinnenscheins durchbrach, war die Christus-Entwickelung so weit, daß in ihm die Seelenkraft tätig sein konnte, welche durch diesen Christus-Impuls entzündet war. Damit ist auf die ganze Bedeutung des Einlebens des Christus in alle Menschheitsentwickelung hingewiesen. Auf eine Entwickelung, an deren Anfang gegenwärtig im Grunde erst die Menschheit steht.
Es wird künftig eine Christus-Idee leben in den Herzen der Menschen, an Größe mit nichts zu vergleichen, was bisher die Menschheit zu erkennen glaubte. Was entstanden ist als erster Impuls durch Christus und gelebt hat als Vorstellung von ihm bis heute - selbst bei den besten Vertretern des Christus-Prinzipes -, das ist nur eine Vorbereitung zu der wirklichen Erkenntnis des Christus. Es wäre recht sonderbar, könnte aber geschehen, daß denen, welche im Abendlande die Christus-Idee in solchem Sinne zum Ausdruck bringen, vorgeworfen würde, sie stünden nicht auf dem Boden der christlichen Tradition des Abendlandes. Denn diese christliche Tradition des Abendlandes reicht durchaus nicht aus, um den Christus für eine nächste Zukunft zu begreifen."[59]

———

Die Mission

In den Siebzigerjahren hatte Beuys eine nach herkömmlichem Verständnis künstlerische Arbeit praktisch aufgegeben, um sich der „sozialen Kunst“ zu widmen, die aus Vermittlung bestand, sein künstlerisches Werkzeug wurde die Sprache.

——

Beuys: „Ich glaube, dass die Bilder, also die Imaginationen in diesen Gedankenstrukturen enthalten sein müssen als im Zusammenhang mit dem Begriff der Kultur oder der Kreativität. Ich meine: Wer das nun auf sich nehmen muss, das ist eine andere Frage. Beispielsweise habe ich in den letzten zehn Jahren relativ wenig Objekthaftes gemacht. Das meiste hatte Aktions-Charakter. Als die allerletzten Dinge in den drei oder vier Jahren, die jetzt vergangen sind, habe ich fast ausschließlich Begriffliches produziert, also Begriffsaktionen, Sprachaktionen und so weiter.“[60]

——

Seine Mission empfand Beuys darin, „mit dem Heilungsprozess beginnen“, um die Menschheit, so Beuys, von ihren „Denkfehlern“ zu befreien, „diesen egoistisch antisozialen Trieb, der aufgrund dieser einseitigen materialistischen Betrachtung von Mensch, Natur und Geist entstanden ist.“[61] Als von Steiner „beauftragter“ anthroposophischer 'Geistesschüler' verfügte er über die hierzu nötigen Voraussetzungen - er war befähigt durch das „Ergreifen des Geistigen“.

——

Steiner: „Geisteswissenschaft wird ein neues künstlerisches Schaffen heraufbringen, ein Schaffen mit inneren Sinnformen, wobei wir durch das unmittelbare Ergreifen wiederum des Spirituellen auch mitergreifen das Wort. Solche Versuche sind gemacht. Nehmen Sie das siebente Bild, das Bild des Geisterlandes in der «Pforte der Einweihung» und manches andere, wo wiederum der Versuch gemacht ist, gerade durch das Ergreifen des Geistigen auch hereinzukommen in das Sprachliche, wo versucht worden ist, solche Kunst wieder hereinzubringen in die Sprache, dass gewissermaßen das Geistige sich ausdrückt, mitschwingt in den Worten. Einzig in der deutschen Sprache ist es heute noch halbwegs möglich, das ausdrücken zu können.“[62]

——

Allein die deutsche Sprache konnte als Heilmittel gelten. Für Beuys war sie methodisches Element der „Aufgabe der Deutschen in der Welt", um mit Steiner gesagt, „der deutschen Seele die Weltmission" zu übertragen, welche „die materialistische Weltanschauung" zu „ideellsten spirituellen Höhen" führen wird.

——

Beuys „Wir würden durch unser eigenes Sich-Verlebendigt werden durch Sprache den Boden mitnehmen, das heißt, wir würden einen Heilungsprozess an diesem Boden vollziehen können, auf dem wir alle geboren sind. Im Sprechen dieser Sprache und im offenen Zeigen dessen, was wir nicht können, und im Versuch, ein hohes Ziel anzustreben, ein hohes Ziel anzustreben, das man nennen könnte: die Frage nach der Aufgabe der Deutschen in der Welt, würden wir zumindest die erste Sicherheit für die Möglichkeit finden, an uns selbst zu erfahren, was denn eigentlich die Eigenschaften des deutschen Genius, der deutschen Fähigkeit wären".[63]

Steiner:„Es muss also der deutschen Seele die Weltmission übertragen sein. [...] Und der Glaube an die Sieghaftigkeit des deutschen Lebens, er braucht nicht ein bloßer blinder Glaube zu sein; er kann hervorgehen aus der lebendigen Erkenntnis des deutschen Wesens, aus jener lebendigen Erkenntnis, welche da zu der Anschauung kommt, dass das deutsche Leben fortleben muss, weil das deutsche Wesen in der Weltentwicklung seine Mission erfüllen muss, weil nichts da sein würde, was die rein äußere materialistische Weltanschauung erheben würde zu jener ideellsten spirituellen Höhe, deren Intention im deutschen Wesen liegt."[64]

——

Beuys verstand diese „Weltmission" Steiners als Anweisung zur Gründung seiner 'Freien Internationalen Universität', die er in verschiedenen Ländern etablieren wollte. Deutschland natürlich, dann England, Irland, Niederlande, Belgien, Polen, Italien, Bulgarien und Jugoslawien, hier wollte Beuys starkes Interesse an seiner 'Free International University' (F.I.U.) erkennen. Er sprach mit dem österreichischen Bundeskanzler Kreisky darüber, das Zentrum dieser Aktivitäten nach Wien zu verlegen.[65]

In Betrachtung der Länder, die Beuys nannte wird augenfällig, dass sich diese im Siedlungsgebiet der 'Kelten' befanden, einem Volk der Eisenzeit, das in seinem Wirken, somit auch bei Steiner, eine herausgehobene Rolle spielt.[66]

—

Steiner: „Was in Europa kultiviert worden ist, in den älteren Zeiten, natürlich vor der Entstehung des Christentums, das gehört zunächst einer gewissen keltischen Urbevölkerung an. Diese keltische Urbevölkerung ist im Grunde genommen als Grundlage der ganzen europäischen Bevölkerung zu finden. Überall fließt in Europa die Nachkommenschaft des keltischen Blutes, nicht bloß etwa in Westeuropa, sondern vor allen Dingen auch in Mitteleuropa. Es sind sehr viele Menschen in Bayern, in Österreich, in Thüringen, in denen eigentlich, wenn man diese Dinge ungenau bezeichnen darf, die Nachfolgeschaft von keltischem Blut fließt, ganz abgesehen von Westeuropa. Es ist sogar höchst wahrscheinlich, dass in Westeuropa weniger keltisches Blut fließt als in Mitteleuropa."[67]

—

Allerdings begegnete Beuys auch dem Dalai Lama, dem er bei dessen „China-Problem" helfen wollte. Er plante nach Libyen zu reisen, um mit Gadaffi zu sprechen und beabsichtige ebenfalls ein Treffen mit Jassir Arafat, dem Palästinenserführer.[68] Was sich zunächst wie eine der von Beuys bekannten, realitätsfernen Großspurigkeiten ausnimmt, macht hingegen aus anthroposophischer Perspektive Sinn. Denn die von Steiner oft zitierte Legende des 'Heiligen Grals' steht in Bezug zu Tibet, Libyen und Palästina.

Steiner beschrieb den sogenannten 'Schamballa-Mythos', der im Gebiet Tibets verortet ist, als ein Land „wo herausgeflossen ist alles Geistige in ein physisch Sinnliches" als ein Sitz der „Meister der Weisheit".[69]

In Beuys' Steiner-Bibliothek findet sich Literatur zu diesem Mythos. Zudem war das Buch 'Kreuzzug gegen den Gral' in seiner Jugendzeit sehr populär. Der nationalsozialistische Autor Otto Rahn schilderte hierin romanhaft seine Deutung des 'Grals-Mythos' wobei er sich auf den 'Shambala-Mythos' stützte und fabulierte, eine weiße Taube habe den Gral „nach Asiens Bergen", also nach Tibet, gebracht.[70] Beuys bezog sich mehrfach auf Autoren und Bücher dieser Zeit. Möglich, dass er auch Rahns Buch kannte.[71]

Mit Sicherheit kannte er die „Weltenentwickelung" gemäß Steiner und damit die 'hyperboräische Zeit', eine esoterische Fiktion, nach der die 'Hyperboräer' als zweite der sieben Wurzelrassen der Menschheit existiert haben soll, nach den Polariern, die Hyperboräer, hiernach folgen Lemurier, Atlantier, Arier, Sechste Wurzelrasse, Siebente Wurzelrasse.[72]

Nach griechischer Mythologie soll sich eines der Siedlungsgebiete der 'Hyperboräer' in Nordafrika befunden haben. Das erste Kapitel von Nietzsches Antichrist hat den Titel 'Wir Hyperboreer'. Ausserdem sind die 'Hyperboräer' ein häufiges Motiv von Okkultisten und rechten Esoterikern.

Schließlich führten die Kreuzzüge ins 'Heilige Land', also nach Palästina, um dort den Heiligen Gral zu suchen.

Es sind derart verschlungene Stränge, die durch den Beuys-Kosmos führen, aus denen sich nicht selten absurd scheinende Konstellationen ergeben, die jedoch im Steiner-Kosmos absolut real, als „Tatsachen" zu akzeptieren sind. Dass Beuys in diesem Spannungsfeld einen eigenen Mythos entwickelte, der kaum unterscheidbar zwischen Fiktion und Realität oszillierte, ist nicht verwunderlich. Hiebei sollte in die Betrachtung einbezogen werden, dass Beuys eine fatale Neigung zur Hochstapelei hatte.

Und so blieb auch seine 'Freie Internationale Universität' eine Behauptung. Denn bis auf ein paar versprengte Adressen und Unternehmungen gescheiterter Künstler und anthroposophischer Gefolgschaft, die in sektiererischen Nischen agieren, blieb die F.I.U. ebenso ohne Wirkung, wie seine diversen anderen Initiativen oder Organisationen, die irgendwann still versandeten.

In einem Vortrag in Achberg, im Kreise seiner „lieben Freunde", lies er sein Scheitern schon 1973 erkennen.

Beuys: „Als ich vor sieben oder acht Jahren die DEUTSCHE STUDENTENPARTEI begründet habe mit der Absicht, sie als Metapartei, das heißt als eine Partei ins Leben zu rufen, die ein Licht auf die Unsinnigkeit der Parteienstruktur werfen sollte, habe ich nach kurzer Zeit erfahren müssen, dass ein solcher Begriff zu kompliziert war, um von den Menschen verstanden zu werden. Immerhin konnten schon in dieser allerersten Phase gewisse Prinzipien, die im sozialen Organismus und in der Dreigliederung veranlagt sind, den Menschen bekannt gemacht werden.

Ich sah mich aber nach kurzer Zeit veranlasst, doch eine andere Strategie anzuwenden und zum Beispiel Menschen anzusprechen, die mir bereits erkannt zu haben scheinen, dass es nicht mehr richtig ist, die Strukturen des Parteienstaates und (der Parteienherrschaft, also der Fremdverwaltung -

hier taucht schon bereits ein Begriff der Selbstverwaltung auf - weiterhin zu unterstützen, indem sie solche Parteien wählen. Ich habe also gemeint - und es war eine Einschätzung der Zeitsituation -, dass man alle diejenigen Menschen ansprechen müsste, die nicht mehr diese Parteien wählen, also dass man die Nichtwähler ansprechen müsste. Aus diesem Grunde habe ich den Namen dieser Organisation geändert. Ich habe sie ORGANISATION DER NICHTWÄHLER genannt.

Auch dieses war eine Einschätzung, die sich als eine falsche Einschätzung erwies; denn diese Menschen, die nicht wählen, wählen nicht aus einem Bewußtsein heraus, nicht, wie ich festgestellt habe, sondern sie wählen aus einer relativ privaten Haltung nicht. D.h., ich musste erfahren, dass bei dem Potenzial von 40 oder 50%, die sich jeweils bei den Abstimmungsvorgängen nicht an der Wahl beteiligen, doch eigentlich keine sehr große Aktivität vorliegt.

Aus diesem Grunde habe ich wieder den Begriff geändert und habe sie ORGANISATION FÜR DIREKTE DEMOKRATIE DURCH VOLKSABSTIMMUNG genannt, wiederum in der Einschätzung, daß die Menschen ein urdemokratisches Organ kennenlernen müssten und unter Umständen ein Interesse daran entwickeln könnten.

Ich muss gestehen, daß dieser dritte Versuch und dieser dritte Entwurf mit der organisatorischen und praktischen Arbeit in einer kleinen, sich selbst verwaltenden Form gewisse Erfolge erzielt und tatsächlich auch über die Grenzen des Landes hinaus Interesse gefunden hat, nicht aber ein solches Interesse, dass man nun darauf hoffen könnte, daß aus einer solchen Organisation von heute auf morgen etwas entstehen könnte, was wirksam, was sichtbar ist, an den Strukturen, die vorliegen, etwas verändern könnte.

Sie sehen, ich schildere jetzt alle möglichen Versuche von sich selbstverwaltenden Formen. Ich muss aber schon gleich wieder zurückblenden auf den spirituellen Hintergrund, der in der „Plastischen Theorie" vorlag, der vom „sozialen Organismus" spricht in seiner Ganzheit und muss sofort herausstellen, daß diese sich selbstverwaltenden Institutionen oder Einrichtungen, die man versucht, bestenfalls geeignet sind, die Ideen, die ganze Idee zu propagieren, die ganze Idee immer stärker herauszustellen und daß es sicher ganz unmöglich ist, sich selbstverwaltende Formen in der reinen Form, wie sie in der Zukunft ins Leben treten müssen, darzustellen."[73]

———

Die Vorträge

1977 - 1985

Anmerkungen

Beuys hat unzählige Interviews gegeben, wobei zunächst künstlerische Themen im Vordergrund standen. Mit der Krise an der Düsseldorfer Kunstakademie Anfang der Siebzigerjahre, seiner Entlassung und schließlich die 100-Tage-Aktion an der 'documenta 5' wandte er sich zunehmend gesellschaftlichen Fragen zu.

Eine eigentliche Vortragstätigkeit in Zusammenhang mir der 'Dreigliederung des sozialen Organismus', seinem gesellschaftlichen Kernanliegen, nahm Beuys jedoch erst Mitte der Siebzigerjahre auf. Dies war sicherlich mit einer vorab erlebten „Weiterbildung" verbunden, die er durch die Dreigliederungs-Aktivisten Wilfried Heidt und Wilhelm Schmundt erfuhr. Heidt war Herausgeber von Schmundt-Publikationen und wurde zum politischen Ghostwriter von Beuys.

Die Rolle des tief überzeugten Anthroposophen Heidt ist nicht zu unterschätzen. Einerseits stammen wesentliche, von Beuys veröffentlichte und signierte Texte eigentlich aus seiner Feder, wie etwa der 'Aufruf zur Alternative'.[74] Zudem hat Beuys die inhaltlichen Vorgaben Heidts kaum gefiltert in seine Vorträge übernommen. Damit wurde Beuys durchaus von Heidt instrumentalisiert. Für den völlig unbekannten Sektierer Heidt, wie für dessen in öffentlicher Wahrnehmung ebenso bedeutungslose, anthroposophische Gesinnungsfreunde, war der prominente Künstler ein hochwillkommener Agent Provocateur. Nicht zuletzt bei den Grünen, wo Heidt quasi „Fraktionsvorsitzender" der anthroposophischen Gruppierung war.

Die hier zusammengefassten Vorträge können gleichwohl ohne Abstriche als Beuys' eigene Doktrin angesehen werden, als die Verkündung des 'Erweiterten Kunstbegriffs'. Sie dokumentieren, dass Beuys in der anthroposophischen Gedankenwelt unauflöslich verfangen war, dass er nicht weniger als die Verbreitung und Durchsetzung der anthroposophischen Weltanschauung wollte. Dass er sich ein damit verbundenes, durch den anthroposophischen Kulturbegriff determiniertes, rückwärts gewandtes Weltbild zu eigen machte, ist evident. Er vertrat Auffassungen, die man gestern wie heute in rechtsgerichteten Kreisen identifizieren kann.

Im Abgleich von Beuys' Aussagen mit Textpassagen von Steiner, Schmundt und Heidt ist ersichtlich, dass er seine geistigen Väter nicht allein als

Inspirationsquelle nutzte. Er hat ihre Vorgaben kaum verändert adaptiert. Was ihm selbst kaum vorzuwerfen wäre, war diese Verkündung doch sein Anliegen. Fragwürdig ist mehr, dass er sich Werke zuschrieb, dass er diese „erweiterte“ ohne seine Quellen zu benennen. (Jedenfalls außerhalb des anthroposophischen Umfelds.) Kritikwürdig ist darüber hinaus, dass dies bis heute kaum bemerkt, verschleiert und verleugnet wird.

Ob Beuys aus Vorsicht oder aus Vorsatz handelte, ist nicht relevant. Entscheidend ist die Aneignung der Werke anderer, die er für seine Darstellung des allwissenden „Heilsbringers“ und zugleich für die Suggestion seiner Einzigartigkeit instrumentalisierte.

Damit stellt sich auch die Frage, wie weitreichend der 'Erweiterte Kunstbegriff' und die 'Soziale Plastik' ureigene Schöpfungen von Beuys sind.

Die in den nachfolgenden Transkripten der Beuys-Vorträge eingefügten Passagen aus Publikationen von Steiner, Schmundt und Heidt und deren Gegenüberstellung mit Beuys’ Aussagen, lassen diese Frage zu.

Die Steiner-Zitate sind mit den Ziffern des sogenannten Steiner-Gesamtverzeichnisses, kurz GA, gekennzeichnet. Im Anhang ist eine Liste der entsprechenden Titel aufgenommen, die sich in der Steiner-Bibliothek von Joseph Beuys befanden.

Es mag andere Steiner-Zitate geben, die ebenso gültig sein können. Steiner wiederholte viele Aussagen in seinen zahlreichen Vorträgen, Büchern und Aufsätzen, mitunter inhaltlich leicht verändert oder aktualisiert.

Die Quellenverweise zu Zitaten von Wilhelm Schmundt und Wilfried Heidt befinden sich in den Endnoten. Berücksichtigt sind insbesondere die Schmundt-Publikationen 'Der soziale Organismus in seiner Freiheitsgestalt' von 1968 sowie 'Revolution und Evolution' von 1973. Beuys war Schmundt 1973 zum ersten Mal begegnet und hörte dessen Vorträge entsprechenden Inhalts im Sommer dieses Jahres in Achberg.

Die nach den Vorträgen üblichen, ausufernden Publikumsgespräche, sind nicht berücksichtigt, weil sie inhaltlich keinen Zugewinn bringen würden.

Eintritt in ein Lebewesen

Mitschrift eines Vortrags am 6. August 1977
anlässlich der 'documenta 6' in Kassel [75]

Anmerkungen

Zur 'documenta 6' von 1977 hatten Aktivisten der von Beuys initiierten 'Freien Internationalen Universität' (F.I.U.) für ihn eine von ihm so bezeichnete 'permanente Konferenz' organisiert. Dazu war im 'Fridericianum' ein Seminarraum mit Klappstühlen und Wandtafeln eingerichtet worden. Hier diskutierte Beuys mit dem Publikum. Eine Entsprechung zur 'permanenten Konferenz' findet sich bei Schmundt, er spricht von einem „ständigen Gespräch", in dem viele zu einer Erkenntnis beitragen können.[76]

An Decken und Wänden wie im Treppenhaus des 'Fridericianums' waren 173 Meter durchsichtiger Kunststoff-Schläuche angebracht, durch die eine elektrische Pumpe unablässig Honig im Umlauf hielt. Beuys' Metapher für den Fluss der Energien, die durch das Denken erzeugt werden.

Im Untergeschoss befand sich eine mit starken Elektromotoren betriebene, sich in 100 Kilogramm Margarine drehende Welle aus Kupfer, die Gegensätzlichkeit von materieller, erstarrter Technologie und den fluiden Prozessen des Denkens symbolisierend. Daneben waren drei kleine Bronzekrüge platziert, mit denen übersinnliche Energien aufgefangen werden sollten.

Die Aktion wurde von Beuys 'Honigpumpe am Arbeitsplatz' genannt. In der von ihm autorisierten Biographie von 1994 ist über die 'Honigpumpe' zu entnehmen, er sei durch die Vorträge von Steiner schon früh auf den Charakter des plastischen Prozesses bei Bienen aufmerksam geworden: „Waren in den früheren Arbeiten der Honig das Symbol für das Wärmeelement und Wachs das Symbol des Kristallinen, des festen Bauens, aus welchen Polen Beuys seine plastische Theorie gestaltet hatte, wird die Honigbiene nun auch in ihrer staatenbildenden Fähigkeit Symbolträger und schafft so die Verbindung zur sozialen Plastik der Gesellschaft als Kunstwerk."[77]

1964 hatte Beuys erstmals an einer 'documenta' teilgenommen. Damals zeigte er drei etwa tellergroße, amorphe Wachs-Plastiken, die an auf der Straße überfahrene Tierkadaver erinnerten und denen er Gabel und Löffel aus Holz beigegeben hatte. Er nannte die Plastiken 'Bienenköniginnen'. In seinem ersten Fernseh-Interview erklärte Beuys seinen Gedanken zu dieser Arbeit.

—

Beuys: „Beim Aufbauen der Plastik haben manche Leute gesagt, die Glasscheiben seien ausserordentlich störend. Ich fand es sehr gut. Vielleicht wäre es sogar gut gewesen, die Leute hätten nur eine Art Nebel von der Sache gehabt. Mein Glaube ist, dass nicht wahr, vor der Plastik etwas geschieht, was eine reale Ausstrahlung ist, dass diese Wachssubstanz eine Verlängerung nach oben hat.

Also nehmen wir an, man könnte sie direkt essen. Jetzt nehmen Sie das, was scheinbar materialistisch klingt, aber vergeistigt. Dann hätten Sie in etwa das, was ich ganz grob sagen kann. In etwa."

Fragesteller: „Herr Beuys, wie würden Sie einem Betrachter, der mit Ihren Arbeiten nichts anzufangen weiß, zu besserem Verständnis bringen wollen."

Beuys: „Ich würde ihn zunächst darauf hinweisen, dass hier zwei Geräte liegen: Ein Löffel und eine Gabel und würde ihn praktisch die Plastik essen lassen. Im Essen dieser Plastik würde er vielleicht etwas erleben, was in diesen Dingen enthalten ist, was für mich wichtig war, etwas zum Beispiel über das Wärmeprinzip einer Substanz.

Er bekäme eine Assoziation zu dem Begriff des hohen Lichts zum Beispiel und da liegt dann wieder etwas vor, was hier auszudrücken ist in Bezug auf Wärme und Kälte. Das sind zwei Dinge, die mich unheimlich interessieren, die bisher nicht in die Plastik hineingenommen wurden, die aber meines Erachtens etwas viel Wesentlicheres aussagen über das Wesen der Plastik, als zum Beispiel Raum und Zeit.

Oder sagen wir so, wir wollen es nicht ausschließen, Raum und Zeit sind sehr wichtig, aber Wärme und Kälte sind ebenfalls zwei sehr wesentliche Elemente. Das ist ein Detail. Ein Teil eines Teils."

—

Aus dem ironischen Tonfall des Fragestellers ist herauszuhören, dass er die 'Bienenköniginnen' ebenso seltsam fand, wie die Aussagen des noch unbekannten Künstlers. Dass Beuys über Steiners „Geheimnisse der menschlichen Organisation" referierte, hätte ihm kaum weniger irritiert.

———

Steiner: Aber damit ist noch etwas ganz anderes verbunden; damit ist verbunden, daß zum Beispiel etwas, was feste Form hat, was sich schon im Munde in Wässeriges verwandelt, dann weiter verwandelt wird bis zum Wärmeäther hin, daß das allmählich im Menschen, indem es zunächst in die wäßrige Form übergeht, an Schwere verliert, daß es erdenfremder wird; und bis es hinaufkommt in die wärmeätherische Form, ist es völlig bereit, das Geistige, das von oben kommt, das aus den Weltenweiten kommt, in sich aufzunehmen.“[78]

———

Seiner 'Plastischen Theorie' entsprechend, in der er die Wandlung der Substanz vom 'Kältepol' zum 'Wärmepol' beschrieb, damit von toter Materie zum 'Geistigen' hin, nutze er die Wärmemetapher für seine Gespräche und Konferenzen. Der plastizierende Prozess des miteinander Sprechens war der Prozess, das erstarrte Denken in Bewegung zu bringen, über das Wärme erzeugende, aktive Denken, hin zum 'Wärmepol' der 'Sozialen Plastik'.

———

Beuys: „Ich habe so eine plastische Theorie, wo der Wärmecharakter, die Wärmeskulptur eine große Rolle spielt, ausgebildet, die sich schließlich auf das ganze Soziale ausdehnt, also als politischer Begriff, sogar sich ausdehnen läßt.“[79]

Steiner: „Wenn alles, was im menschlichen irdischen Organismus veranlagt ist, zu Wärme geworden ist und die Wärme vom Menschen in der rechten Weise umgewandelt wird, dann entsteht aus der inneren Wärme Mitgefühl und Interesse für andere Wesen.“[80]

———

Mit solchem gedanklichen Hintergrund veranstaltete Beuys mit seiner F.I.U. während der 'documenta 6' an verschiedenen Tagen im Sommer 1977, einen Kongress, der die Überschrift trug: „Die Kontroverse um die Menschenrechte“.

Der Titel ist insofern fehlleitend, als mit ihm nicht jene „Menschenrechte“ gemeint waren, die man üblicherweise mit politischer Verfolgung, Unterdrückung und Folter in Verbindung bringt. Gemeint war viel mehr das vorgebliche Recht der geistig unterdrückten Menschen auf ein Dasein nach anthroposophischem Verständnis, der 'Dreigliederung des sozialen Organismus'. Dieser war der Theorie nach, der nur mit den Wärmeaspekten des Denkens und Sprechens zu realisieren. Folglich rekrutierten sich Redner aus dem anthroposophischem Umfeld. Hinzu kam Rudi Dutschke, den Beuys und seine Mitstreiter seinerzeit vereinnahmen wollten.[81]

„Stehen wir vor der Notwendigkeit einer Systemveränderung in Ost und West? Revolution der Begriffe (Kapital, Geld, Eigentum, Einkommen, Kultur, Staat, Wirtschaft etc.) und der Neubestimmung des Verhältnisses Erde-Mensch-Gesellschaft“, so die Ankündigung auf dem Plakat.

Die nachfolgende Rede von Beuys fand am 7. August 1977 in der Aula der Kassler Gerhart-Hauptmann-Schule statt. Erstmals in Verbindung mit einem wichtigen, internationalen Kultur-Anlass wie der documenta, sprach Beuys während rund 70 Minuten über seine Theorie der 'Sozialen Plastik', die er seinerzeit noch 'Soziale Skulptur' nannte.

Wenn er in dem Vortrag immer wieder die Rolle des „Revolutionärs“ beschwört, sieht er natürlich sich selbst als diesen ersten Revolutionär, der „durch die Transformation des Kunstbegriffes etwas hergestellt hat, was sie also auf die menschliche Gesellschaft bezieht“.

Dass diese Transformation auf dem Konzept des „grossen Lehrers“ Wilhelm Schmundt beruht, unterschlug Beuys. 1973, als sich Beuys und Schmundt sich erstmals begegneten hatte Schmundt ein Buch mit dem Titel 'Revolution und Evolution' veröffentlicht, aus dem Beuys die theoretischen Grundlagen zu seiner 'Sozialen Plastik' schöpfte.

Verehrte Anwesende

Ich möchte heute versuchen, drei verschiedene Dinge in Einklang zu bringen: den Begriff des Lebewesens, den Begriff des Revolutionärs und den Begriff der sozialen Skulptur.

———

Schmundt: „Der soziale Organismus ist eine Wirklichkeit, eine die Menschheit in sich tragende Wesensgestalt.“[82]

———

Es kann aufgrund dieses Versuches, die Dinge in einen Einklang zu bringen, oftmals dann vielleicht so erscheinen, als gäbe es in dieser Darlegung Brüche. Aber es scheint mir notwendig zu sein, dass diese Brüche dann auch in Erscheinung treten, aber dann doch vielleicht eher genommen werden müssen als wie eine gewisse Grenze, an die man stößt, wenn man operationell, das heißt mit Begriffen versucht, diese Dinge zu erarbeiten und in einen Einklang zu bringen.

———

Schmundt: „Die Begriffe, mit denen das Wirtschaftsleben geregelt und gehandhabt werden, müssen zum Wesengemäßen hin gewandelt werden.“[83]

———

Es wird wie eine Art stufenweiser Entwicklung oder Beschreibung dessen sich darstellen, was hier versucht wird. Nachzuweisen, dass es eine innere Notwendigkeit ist und nicht etwa eine Liebhaberei eines Individuums, zu einem solchen Begriff wie der sozialen Skulptur zu kommen.

———

„Aber geradeso wie in einem Organismus jede Einzelheit notwendig so geformt ist, wie sie eben geformt ist, so ist in der Welt, in der wir leben und an der wir mitgestalten, alles so zu formen, wie es im Sinne des Ganzen an seinem Orte geformt werden muss." (GA 339, S. 30)

———

An dem Begriff Skulptur zeigt sich ja nun etwas, was auf die Kunst hinweist und auch hier möchte ich betonen, dass von der Methodik des Aufbaus her durchaus ausgegangen wird von diesem Begriff - also von der Kunst, die wir nun in der Gegenwart in einer ganz bestimmten Konditionierung vorfinden, als einem Ergebnis im Verhalten und in der gesellschaftlichen Stellung in der sie steht, als zu charakterisieren, dass sie nicht das erfüllen kann, was beispielsweise Pablo Picasso von der Kunst gefordert hat, dass sie wie ein scharfes Messer wäre - wie eine Waffe sein müsste, um beispielsweise Missstände und Ungerechtigkeiten, Verletzung von Menschenrechten oder Kriegen zu verhindern. In diese Situation ist die Kunst bisher nicht hinein gewachsen.

„Die Kunst ist ein fortdauernder Befreiungsprozess des menschlichen Geistes und zugleich die Erzieherin der Menschheit zu dem Handeln aus Liebe." (GA 271, S. 41)

Historisch ist die Kunst also an einem Punkte, wo sie das, was viele in diesem Tätigkeitsfelde, die Erneuerung, die Transformation, also das Revolutionäre, von ihr fordern, da ist sie in einer Situation, wo sie eher das Gegenteil ist. Sie ist einer Lage, dass man sagen kann, sie ist eher in einer Isolation, den man beschreiben kann, als den modernen Kunstbetrieb, der wie ein Freiraum dargestellt wird durch die in diesem Kunstbetrieb Tätigen, der auch als ein Freiraum zur Verfügung gestellt wird, von den politischen Systemen des Westens zunächst einmal - im Osten ist es noch ärger bestellt.

Auf einer Spielwiese wo sich Kreative, sogenannte kreative Individuen, eher austoben dürfen und Narrenfreiheit genießen, als dass sie doch etwas entwickeln durften, was sich auf etwas weiter gehendes bezieht, als eben diesen traditionellen Kunstbegriff, der sich erschöpft, in sogenannten Innovationen. In Innovationen innerhalb der Disziplinen, also in formalen Wandlungsformen innerhalb der Disziplinen stilistischer Art. Das genommen für die Skulptur, das genommen für die Architektur, das genommen für die Malerei, für die Dichtkunst und auch für die andern Kunstdisziplinen, als kleine, zweifellos umwandelnde Schritte, die allerdings durchaus nicht das erreichen, was Picasso - ich nenne nur eine Individualität, die das gefordert hat - von der Kunst gefordert hat.

Er selbst hat gewusst, dass er das, was er gefordert hat, nicht erreicht hat. Aber die Forderung besteht weiter. Dieser Innovationscharakter, den man am besten dadurch ins Bewusstsein rücken kann, indem man etwa den Blick auf diesen Innovationsstrom richtet, wie auch Kunsthistoriker auf einen solchen Innovationsstrom, der sich in Stilwandlungen vollzieht, richten.

Also in etwa, wie man aus dem Barock zum Rokoko kommen kann, wie man aus der Kunst der Jahrhundertwende, die ja etwa der Symbolismus war, zum Expressionismus kommen kann, wie man zur abstrakten Kunst kommen kann, zum Konstruktivismus, zu Land-Art, Body-Art, Conceptual-Art und so fort.

„In einem unkünstlerischen Zeitalter sind die vielen Ästhetiken entstanden, die gelehrten Betrachtungen der Kunst. Die Ästhetiken sind eigentlich etwas Unkünstlerisches." (GA 276, S. 114)

Das ist genau eine Tätigkeit, die von den Bedürfnissen der Menschen so weit sich entfernt hat, dass die große Mehrheit der Menschen auf diesen Betrieb, auf dieses Isolierte, was aus der Vergangenheit, sie in einem traditionellen bürgerlichen Kunstbegriff bis in dieses Gefängnis hinein begeben hat nur hinschauen kann, als auf die Tätigkeit von Menschen, die sie erst einmal nicht verstehen können.

Die sie zweitens aufgrund ganz bestimmter Verhältnisse in der Gesellschaft nur wie Spinner ansehen können, die etwas machen, was sie jedenfalls ihre Grundlebensbedürfnisse, Rechtsbedürfnisse und andere Entwicklungsbedürfnisse nicht abzudecken in der Lage ist.

„Dadurch, dass heute, sagen wir, die Maler Landschaften liefern für diejenigen Leute, die doch nicht viel verstehen davon, dadurch wird nicht Kunst gefördert, sondern Kunst in den Abgrund hineingeworfen.
Wir haben so eine unnötige Luxuskunst neben einer barbarischen Gestaltung unserer Lebensumgebung." (GA 192, S. 138)

Also wieder zurück auf diese Forderung von Picasso. Scheint der Fehler an einer anderen Stelle zu liegen. Experimentell, das heißt rein operationell, kann man einmal wenn man die Kunst ja erkennen kann, als ein Tätigkeitsfeld der Menschen im ganzen kulturellen Leben einmal Fragen, wie es mit der Wissenschaft vergleichsweise bestellt ist.

———

„Wenn man sich im Sinne der heutigen intellektualistisch-materialistischen Wissenschaft der Erkenntnis hingibt, so versucht man durch Gedanken die Welt erkennend zu erfassen.
Man hat zuletzt eine Summe von Gedanken, welche einem die Naturerscheinungen, die Naturwesen gedankenmäßig, vorstellungsmäßig repräsentieren. Man spricht Naturgesetze in Gedanken aus.
Nun war es gerade innerhalb des letzten, des eigentlich intellektualistisch-materialistischen Zeitalters eine Eigentümlichkeit derer, die sich der Erkenntnis hingaben, daß sie innerlich dem künstlerischen Empfinden mehr oder weniger entfremdet wurden."
(GA 276, S. 112)

———

In dieser Wissenschaft hat sich ebenfalls etwas ergeben, was durch seine spezialisierte Form unter jedenfalls eine Lücke die gegenüber der Mehrheit der Menschen ja entstanden ist, dadurch, dass Spezialisten zu Lieferanten von System erhaltenden Ideen geworden sind.

Aufgrund eben dieses Wissenschaftsbegriffes, den wir schon an mehreren Stellen kennzeichnen konnten, als einen so stark von der allgemeinen Kreativität der Menschen reduziertem Tun, dass in ihr ein solcher - dass dieser Begriff charakterisiert werden muss, als prinzipiell der Materie zugewandt. Also der Konditionierung von fester Materie zugewandt, soweit sie analysierbar ist in Begrifflichkeiten von Messwerten messbar, wählbar, zählbaren quantitativen Dimensionen und das aus dieser Konstellation sie zu bezeichnen ist als die Materie Wissenschaft.

Von der wir ja wissen, im Vergleich zu anderen Elementen, sagen wir gleich wieder einmal des Lebens, denn es handelt sich darum, von dem Lebewesen zu sprechen, das sich von der, nur denjenigen Teil herausnimmt und zur Zielsetzung ihrer Forschung macht, der am stärksten zum Sterben gekommene Teil von Weltinhalt ist der aufgelaufene, zersplitterte Teil des evolutionären Prozesses, der sich verfestigt hat in einem felsenhaften, materiellen, physikalisch, chemischen Zusammenhang.

——

„Materie ist ein Trümmerhaufen des Geistes. Es ist außerordentlich wichtig, dass man gerade diese Definition ins Auge fasst, dass Materie ein Trümmerhaufen des Geistes ist. Materie ist also in Wirklichkeit Geist, aber zerbrochener Geist." (GA 134, S. 72)

——

Eine Wissenschaft, die versucht, auf diesem Wissenschaftsbegriff einen Revolutionsbegriff beispielsweise auszubilden. Und ihn affirmiert, das heißt, an ihn glaubt oder sich zu ihm bekennt, muss zweifellos zu einem Todesbegriff kommen und zu einem Revolutionsbegriff kommen, der nichts anderes produzieren kann, als eben wieder nicht das Leben, sondern den Tod.

Wir haben auch gesehen, dass die Revolutionäre und die Revolutionen nicht etwas anderes herstellen konnten als eben diesen Tod. Und eben dieses Blut vergießen.

——

„Wahr ist es, Lenin und Trotzki sind die letzten konsequenten Ausbildner dessen, was im Darwinismus der Masse seit Jahrzehnten gelebt hat. Aber indem man versucht, das zu verwirklichen, was man in den Ideen als bloße Wirtschaftsideen einseitig ausbilden konnte und woran man glauben konnte, solange es nicht praktisch wurde, wird man im selben Augenblicke, wo man es ins Leben einführen will, zum Totengräber der Zivilisation. Und Tod nur könnte sich im europäischen Osten ausdehnen unter dem Einfluss solcher Ideen, wenn nicht eingesehen würde, dass wir nötig haben in unserer Zeit etwas ganz anderes: eine Erneuerung des geistigen Lebens." (GA 329, S. 213)

——

Es scheint doch also in der Welt es noch niemals einen Revolutionär gegeben zu haben. Es hat also wohl noch niemals in der Welt jenes Transformierende stattgefunden, was Leben mit Leben verbindet. Und eben dieses Leben wieder mit einem anderen Leben und aus diesem Leben wieder zu einem weiteren neuen Leben. Denn nur das kann unter Transformation dessen verstanden werden, was der Mensch bekommen hat - das Leben. Wir brauchen also gar nicht in das Leben einzutreten zunächst - was hier der Titel des Vortrages ja ist 'Eintritt in ein Lebewesen' - zunächst können wir ganz sachlich feststellen, wir leben ja schon in einem Lebewesen in uns selbst, als Lebewesen. Wir stellen auch fest, dass wir das gemein haben, mit vielen anderen Teilen dessen, was uns umgibt. Beispielsweise mit der Tierwelt und mit der Pflanzenwelt.

———

„In demselben Sinne, wie der Mensch seinen physischen Leib mit den Mineralien, seinen Ätherleib mit den Pflanzen gemein hat, ist er in Bezug auf seinen Astralleib gleicher Art mit den Tieren." (GA 13, S. 59) [84]

———

Hier erscheint das, was ausgesagt werden soll - jetzt zunächst einmal in einer Überlagerung - wo ich von dem Kunstbegriff spreche und von dem Revolutionär, wo ich versuche, in Einklang zu bringen, wie der Prozess der Transformation auf dieses Lebewesen hin verlaufen soll.

Wir waren an der Stelle angekommen, wo ich gesagt hatte, der Kunsthistoriker schaut auf diese Entwicklungslinie von kleinen Revolutiönchen, in Kettenkasten möchte ich fast sagen. Also von diesen kleinen Innovationen von der die Mehrheit der Menschen nicht mehr berührt sein kann, weil sie ihre Lebensbedürfnisse, ihre Lebensfrage nicht mehr erreichen kann.

———

„Es kommt mir gar nicht vor, als ob die Menschheit nicht Sehnsucht hätte nach diesem Neuen, als ob die Menschheit nicht eigentlich wollte, dass dieses Neue auftrete. Denn was will denn eigentlich dieser Gedanke, diese Praxis des dreigliedrigen sozialen Organismus? Sie wollen, dass die Menschen endlich verstehen lernen, dass wir in der Zeit der großen Abrechnung leben, in der in Bewegung und Unruhe gekommen sind die drei Hauptlebensgebiete der Menschheit, das geistige Leben, das politische oder rechtliche Leben, das wirtschaftliche Leben, dass wir brauchen eine Neugestaltung, eine Umgestaltung dieser drei Gebiete unseres allgemeinen Menschenlebens."
(GA 330, S. 264)

———

Der Revolutionär im Menschen - ausgehend wieder von der These Picasso's - fordert also von dieser Art - von dieser Vorgehensweise in der Weiterentwicklung dieses Begriffes der Kreativität und der Kunst fordert er viel mehr - er fordert Transformation.

Operationell kann jetzt Folgendes versucht werden. Es kann operationell gefragt werden: erzeugen Innovationen in Disziplinen die Transformation des Kunstbegriffes oder wie ist es damit bestellt? Oder bleibt es durch Innovationen in den Disziplinen beim Alten?

Aus dieser Fragestellung ergibt sich schon, indem was in der Frage liegt, die Möglichkeit, den Kunstbegriff selbst zu transformieren, weil er ja in der Frage erscheint, kann durch Innovation in den Disziplinen der Kunstbegriff gewandelt werden. Also die Erfordernis nach einem gewandelten Kunstbegriff fordert diesen gewandelten Kunstbegriff als eine neue Disziplin, die sie auf das, was wonach gesucht wird, auf die Menschen also beziehen muss. In dieser Beschreibung, in diesem operationellen Vorgehen und ruhigen Nachdenken über die Sache ergibt sich die Möglichkeit, die Frage zu stellen, wie ist es aber dann, wenn ich nicht nur die Disziplinen innoviere und transformiere, wie ist es dann, wenn ich den Begriff Kunst selbst transformiere und sich nicht mehr beziehen lasse auf das, was in dem modernen, eingeengten, reduzierten Kunstbetriebe wie auch in dem eingeengten, reduzierten Wissenschaftsbetriebe zurückwirken lasse innerhalb der Betrachtung.

Dass ich sage, aus diesem heraus muss es zu einer Erweiterung kommen, zu einer anthropologischen Erweiterung, die sich nicht nur auf die Wissenschaftler bezieht - in diesem reduzierten Wissenschaftsfelde - und die sich nicht bezieht auf die Künstler - und die Praxis in diesem modernen Kunstbetriebe - also die Künstler, das Museumswesen, das Ausstellungswesen, die Kunstakademien, das Galeriewesen, sondern der sich auf Menschen beziehen kann im Sinne einer anthropologischen Totale. Möchte ich einmal sagen.

——

„Alles das, was innerhalb dieses Lebens der geistigen Kultur beschlossen ist, das muss auf eine gemeinschaftliche, aber selbständige Grundlage gegenüber den Grundlagen des übrigen sozialen Organismus gestellt werden. Das muss ganz auf sich gestellt werden, das muss auf eine solche Grundlage gestellt werden, dass man sagen kann: das Lebenselement innerhalb dieses Gliedes des sozialen Organismus muss die aus dem Zentrum des Menschen heraus wirkende freie Entfaltung seiner körperlichen und geistigen Anlagen sein." (GA 328, S. 61)

——

In diesem Augenblick ist der Kunstbegriff jedenfalls der Beschreibung nach bezogen auf die Menschen als den Begriff, der aus der Kunst selbst stammen muss, dem Menschen als einen Künstler. Und vor hier aus lässt sich rechtfertigen, dass man folgert, es ist jeder Mensch ein Künstler, weil man in ihm das kreative Wesen erfährt, das Wesen, was gestalten kann und er bezieht sich auf alle Problemfelder des Lebens, in dem diese Menschen leben. Es bezieht sich also auf alle Kraftfelder der Gesellschaft.

——

Schmundt: „Ein fruchtbarerer Gesichtspunkt ergibt sich, wenn man mit dem Begriff „Wirtschaftsleben" zunächst alles umfaßt, was die Berufstätigen in der Arbeit zuwege bringen.
Jede solche Arbeit geschieht ja in der materiellen Erdenwelt, in die hinein ein jeder, der zum sozialen Organismus gehört, inkarniert ist. Nennt man den Zusammenschluß vieler Berufstätiger zu gemeinsamem Produzieren ein „Unternehmen", so umfaßt dieser Begriff in demselben Sinne ein Theater oder eine Schule wie einen Industriebetrieb."[85]

——

Hier sind wir an einem bestimmten Punkt angelangt, wo man sagen muss, jetzt totalisiert sich der Begriff auf das Leben. Ist aber damit schon eine Aussage gemacht worden über die Möglichkeit der Menschen, tatsächlich das, was gefordert wird und was in einer logischen Folge von Beschreibungscharakter operationell einmal dieses hergestellt hat, dass sich die Kunst ja aufs Leben und auf alle Menschen beziehen soll, steht die Kunst hier in der Möglichkeit, auf sich selbst begründen zu können, dass sie das auch leisten kann.

Also aus welcher Quelle heraus, aus welchen dem Menschen innewohnenden kreativen Quellen, Punkten heraus, liesse sich so etwas rechtfertigen, wie die These, jeder Mensch ist ein kreatives Wesen. Denn in diesem kreativen Wesen, das heißt in diesem schöpferischen Element jedes einzelnen, in diesem schöpferischen Element, dieses einzelnen kann ja von Kreativität und Schöpfung nur solange gesprochen werden, wie auch diese Schöpfung eine freie ist. Denn auch wiederum aus dem Begriff selbst kann sich nicht rechtfertigen etwa eine unfreie Kreativität, eine unfreie Kreativität kann nicht Kreativität sein. Kann nicht unmittelbare Schöpfung sein von einem in sich selbst und auf sich selbst beruhenden Anfangspunkte aus.

Hier ist die Frage gestellt, an den Künstler, an den Revolutionär zu begründen und nachzusuchen, ob er den Punkt findet, wo er begründen kann, dass jeder Mensch ein kreatives Wesen ist, durch das hindurch der Schöpfungsvorgang in die Welt hinein fließen kann, als einen den Weltbestand transformierenden.

——

„Einzig und allein dadurch, daß ein Wesen imstande ist, Einflüsse von außen aufzunehmen und zu inneren Erlebnissen zu verarbeiten, kann ein Neues, ein Fortschritt in der Welt entstehen. Das ist das Dritte; man nennt es Schöpfung aus dem Nichts.
[...] In allem Leben wirkt die Dreiheit von Evolution, Involution und Schöpfung aus dem Nichts. Beim Menschen haben wir diese Schöpfung aus dem Nichts in der Arbeit seines Bewusstseins.
Er erlebt die Vorgänge in seiner Umwelt und verarbeitet sie zu Ideen, Gedanken und Begriffen. Veranlagungen stammen aus früheren Verkörperungen, aber aller Fortschritt im Leben beruht darauf, dass neue Gedanken und neue Ideen produziert werden.“
(GA 101, S. 259, 260)

——

Er kann nun eine andere Operation vornehmen, dieser Revolutionär, dessen Merkmal und das ist allerdings auch schon bezeichnend für die Vergangenheit - also für den historischen Teil - also wenn man es anschaut, was Revolutionäre gemacht haben. Operationelle begriffliche Untersuchungen angestellt haben, operationelle begriffliche Philosophien ausgearbeitet haben, Theorien ausgearbeitet haben, wie die Revolution verlaufen soll und was aus dieser Revolution resultieren soll.

Es scheint ein Merkmal also des Revolutionärs zu sein, dass er nicht umhinkommt, in sich selbst nach der Revolution zu fragen. Es ist jetzt eine andere Operation möglich, sagen wir einfach einmal in einem einfachen beschreibenden Vorgehen, dass in dem gefragt wird, sind die Handlungen des Menschen, das heißt seine Information, das heißt der Abdruckcharakter - Information also in dieser Weise verstanden, als in eine Form hinein etwas abprägen - ist dieses Informierende der Menschen, ist das zu begründen als ein Vorgang, der aus der freien Entscheidung, aus der freien Kreativität eben dieses Wesens stammt.

———

„Alles dasjenige, was im Geistig-Seelischen ist, wird abgedrückt im Leiblich-Physischen." (GA198, S. 270)

———

In diesem Abdruckcharakter sind wir wieder an dem Punkt, den ich auch integrieren möchte in diesen Vortrag oder in dieses Gespräch, was wir hoffentlich im Anschluss haben werden, dass hier ein skulpturaler Vorgang angesprochen ist, das Hineindrücken eines Tatmäßigens in eine Umwelt, in eine Materie, von diesem Tatmäßigen unterscheidet sich kaum der Bildhauer etwa vom Drucker, der einen Abdruck macht auf Papier, der seine Formen auf Papier legt. In diesem Abdruckcharakter unterscheidet sich der Bildhauer auch prinzipiell nicht vom Maschinenbauer, der seinen Abdruckcharakter und seine Formkonstellation durch Metall an irgendeine mechanisch motorische Aufgabenstellung anwendet, die dann zur Maschine führt.

Also lässt sich dieses Tun, dessen Abdruckcharakter man ja unmittelbar wahrnehmen kann, aus eben einer Wahrnehmung, lässt sich in diesem Vorgehen, ausgehend von diesem Abdruck, der nun da ist, zurückverfolgend ein weiterer hinter diesem endgültigen Abdruckcharakter - ein hinter dieser Stufe liegender Abdruckcharakter lässt sich also nachweisen, dass die Tat in einem Zusammenhang steht mit einem hinter diesem plastischen Vorgang liegenden anderen plastischen Vorgang.

Bei der intimen Nachsuche dessen und der Beschreibung und der Empfindung dessen, was in diesem skulpturalen Abdruckcharakter durch das menschliche Handeln geschieht, oftmals durch seine Leibesorgane, wo es am aller stärksten erlebt werden, er zurück verfolgen kann, woher die Entscheidung für die Form dieses Abdruckcharakters stammt. Er kann also zurückverfolgen, den Vorgang bis zu der Form, die er zunächst in seinem Denken oder in seiner Vorstellung entwickelt hat. Und wenn er das gewissenhaft tut, wenn er es intim versucht und auch alle seine Kräfte schaut, die in ihm leben und wirken, wird er erfahren, dass er im Denken selbst schon diesen plastischen Charakter zuschreiben kann.

———

„Jeder Gedanke, der in uns auftaucht, ergreift gewissermaßen unser inneres Leben und hat Teil zunächst, so lange wir wachsen an unserem ganzen

Aufbauen als Menschen. Er hatte schon Anteil an unserem Aufbau, bevor wir überhaupt geboren worden sind, und gehört zu den bildenden Kräften unserer Natur. Er arbeitet immer weiter und er stellt immer wieder und wieder das her, was abstirbt in uns. Also es ist nicht nur so, dass wir außerhalb unserer Vorstellungen wahrnehmen, sondern wir arbeiten immer als denkende Wesen, wir arbeiten durch das, was wir vorstellen, immerfort neu an unserer Gestaltung und Bildung." (GA 162, S.190ff)

——

Dass er also sagen kann, bereits im Denken liegt der Formvorgang begründet, der später durch meine Leibesorgane oder durch andere Werkzeugcharaktere als Abdruckcharakter in die Welt kommt und doch zu einer Form kommt, die informiert. Nun Informationen auch genommen gegenüber einem anderen Wesen, was Bedarf für diese Information als Produkt hat oder auch als Information genommen als eine Nachricht, die der andere empfangen soll also was ja zum Beispiel in einem Gespräch durchaus der Fall ist.

——

„Wovon hängt es denn ab, dass der Mensch überhaupt zum Bewusstsein seines Ich kommt? Das hängt davon ab, dass er so, wie er es im Wachzustande erlebt, sich seiner Körperlichkeit, seiner Leibesorgane bedient und sich mit seinem Leibe der ganzen Außenwelt gegenüberstellt. Sein Ich muss der Mensch erleben in seiner Körperlichkeit. Denn wenn der Mensch niemals auf die Erde heruntergestiegen wäre, um sich eines Leibes zu bedienen, so würde er sich in alle Ewigkeit hinein nur fühlen zum Beispiel als Glied eines Engels oder Erzengels, wie sich die Hand als Glied unseres Organismus fühlt." (GA 115, S. 299)

——

An dieser Stelle ist also schon aus dem Erlebten heraus es durchaus möglich, dass im ruhigen Zurückverfolgen aller Aktiva die Menschen hinter der Tat liegend er auf eine andere Tat kommt, die so wie das Handeln eines Stoffes Seite willensmäßigen Charakter hat er dieses Willenshafte auch erleben kann bereits in seinem Denken.

Erscheint - ich gehe wieder zurück auf den Revolutionär, der solche Operationen durchaus vornehmen muss, um zu begründen, ob der transformatorische Charakter etwas herleiten kann aus seinem eigenen Impuls, aus seinen eigenen Konzeptionen muss er noch eine andere Frage stellen, wiederum die Frage nach der Freiheit, dieser Tätigkeit, die er in einem solchen Beschreiben durchaus wahrgenommen hat. Er kann zu einer weiteren Operation schreiten. Er kann etwa sagen, ausgehend wieder von dem skulpturalen Abdruck, den ja alle Gestaltungen des Menschen in der Welt erzeugen, kann er fragen, Information, er kann sagen, Information scheint mir eine sehr moderne Wissenschaft zu sein und wir haben eine Wissenschaft, zum Beispiel eine Informationswissenschaft, eine Informatik. Es wird auch sehr viel davon gesprochen, dass die Informatik also die Seite, wo die Informatik zur Maschinen-Wissenschaft wird oder auch die Kybernetik dann ist, kann er danach fragen, wie ist es überhaupt mit diesen Maschinen bestellt?

―――

„Die Maschine ist im Grunde genommen eine Schimäre für die umfassende Weltwirklichkeit. Und der Industrialismus bringt in unser Leben etwas hinein, was den Willen der Menschen sinnlos macht in einem höheren Sinne. Es wird ein tiefer Einschlag sein, wenn einmal voll hineingetragen wird in die neuere Menschheit die Überzeugung, dass die Maschine und alles, was in ihrem Gefolge als Industrialismus ist, den menschlichen Willen sinnlos macht." (GA 296, S. 41)

―――

Von denen ja behauptet wird, dass sie Intelligenzleistungen vollziehen können, dass sie also Prozesse in der Welt verursachen können, wodurch zum Beispiel Menschen von ihren Arbeitsplätzen verdrängt werden können, weil diese Maschine ja etwas leisten kann, was vorher sehr viele Menschen leisten mussten, um eine bestimmte Aufgabe, um eine buchhalterische Aufgabe oder eine Aufgabe der Statistik oder überhaupt Rechnungen und so weiter, die ja überall in der Arbeitswelt erscheinen, vorzunehmen.

Also diese Aufgabe, die die Maschine übernimmt gegenüber dem, was vorher eine große Anzahl von Menschen übernommen hat, muss ja jetzt doch nachgefragt werden, leistet die Maschine das aus sich selbst oder wer ist derjenige, welche Kraft ist hier diejenige oder dasjenige Wesen, was programmiert. Was also die Konzeption für den Weltentwurf schafft. Denn wie man auch darüber nachdenkt in diesen Maschinen werden Weltentwürfe konzipiert - ob positive oder negative - davon wollen wir einmal absehen. Es werden in diesen Maschinen in dieser Informatik Weltentwürfe produziert. Es ist zu fragen, wer ist der Produzent? Wiederum eine Operation, die ihn zurückverfolgend an den Punkt gerät, wo sich feststellt, dass sich das Ganze ausbilden lässt bis an eine Wand, bis an eine Schwellensituation, wo gesagt werden kann, sicherlich, es ist der Mensch, der programmiert. Aber was programmieren die Menschen?

———

„Unsere Maschinen und unsere Fabriken aber alles, was wir nur machen, um der äußeren Nützlichkeit zu dienen, dem Utilitätsprinzip, wird in der nächsten Verkörperung unserer Erde ein schädliches Element sein. Wenn wir der Materie Symbole einprägen, die Ausdruck höherer Welten sind, werden sie fortschrittlich wirken; unsere Maschinen und Fabriken dagegen, die nur dem äußeren Nutzen dienen, werden zu einer Art dämonischer, verderblicher Wirkung in der nächsten Verkörperung unserer Erde. Wir formen uns also selbst unsere guten Kräfte und ebenso die dämonischen Gewalten für das nächste Zeitalter der Menschheit.“
(GA 101, S. 237)

———

Der Mensch selbst, der Informationen, also Nachrichten abgibt, etwa wie ein Sender fungiert gegenüber einem Empfänger, der die Nachricht ja empfangen soll, ist es nur möglich, demjenigen der das anschaut, dieses System, das durch Information in einem stofflichen Material etwas übermittelt wird, und das steht ja an einer Stelle, was wird übermittelt.

Es wird also etwas übermittelt, was inhaltlichen Entwurfscharakter hat und Ideencharakter hat. Beim gewissenhaften Zurückverfolgen nach dieser Beschreibung kommt er an eine Schwelle, wo er erfährt, dass der Mensch hier in einem zweifachen Zusammenhang steht. Dass er in seiner ganzen Informationspraxis nur Dinge betätigen kann, die leiblichen Charakter haben. Und dass er also die Information durch Sprache nur transportieren kann, indem er etwas in sich in Bewegung setzt, was in seiner eigenen Leiblichkeit vorgegeben ist.

———

„Innerhalb der durch Geburt und Tod bestimmten Grenzen gehört der Mensch den drei Welten, der Leiblichkeit, dem Seelischen und dem Geistigen an.“ (GA 9, S. 17)

———

Er muss durch die Kraft, die hinter der Leiblichkeit liegt, jetzt einfach nur mal als Beschreibungsergebnis, die hinter der Leiblichkeit liegt, die Leiblichkeit so bewegen, also beispielsweise seinen Luftstrom, der durch die Lunge, durch die Luftröhre bewegt wird, durch den Kehlkopf pressen in die Sprachorgane, die ja Zunge, Zähne, Gaumen, Mundraum, Luftstrom - in diesem Luftstrom muss er etwas hinein skulpturieren, was durch den Empfänger exformiert werden muss, im Sinne in einer Nachricht über das, was benachrichtigt wurde.

———

„Andere Organe, die in einer ähnlichen aufsteigenden Entwickelung sind, stellen die Atmungsorgane dar, und zwar in ihrer Aufgabe als Sprechwerkzeuge. Gegenwärtig ist der Mensch imstande, durch sie seine Gedanken in Luftwellen zu verwandeln. Dasjenige, was er im Innern erlebt, prägt er dadurch der äußeren Welt ein.
Er verwandelt seine inneren Erlebnisse in Luftwellen. Diese Wellenbewegung der Luft ist eine Wiedergabe dessen, was in seinem Innern vorgeht. In Zukunft wird er auf diese Art immer mehr und mehr von seinem inneren Wesen aus sich heraus gestalten."
(GA 11, S. 177)

———

An dieser Schwellensituation erfährt der Mensch wiederum, dass eine ganz andere ideenmäßige Impulsierung dieses Systems also hier stattfindet. Aus dieser Beschreibung geht immer noch nicht hervor, was dem Revolutionär die Sicherheit geben würde, zu begründen, warum aus seiner Forderung nach der freien Entscheidung für die Kreativität für den transformatorischen Vorgang etwas möglich ist, wieso dass es aus der freien Entscheidung eines Individuums kommen könnte.

Wenn erfahrbar ist, dass Revolutionen, die auf dem vorgegeben ihrer Theorie aufgebaut haben, ja nicht entstehen konnten, muss hier die Frage entstehen, wie kann sie entstehen. Er wird zu einem weiteren Operationellen in der Weise vorstoßen müssen, indem er Experimente mit sich selbst macht. Indem er beispielsweise anschaut, was in seiner Umwelt vorgegeben ist. Er wird etwas wahrnehmen und in diesem Wahrnehmen die Frage stellen, was ist das, dieses Wahrnehmen. Ist in diesem Wahrnehmen etwas enthalten, was mich hinführt, auf dem ich begründen kann, da es die Möglichkeit der freien Kreativität für den Menschen gibt.

―――

„Im Innenleben der Seele erwächst ein Inhalt, der wie der hungernde Organismus nach Nahrung, so nach Wahrnehmung von außen verlangt; und in der Außenwelt ist Wahrnehmungsinhalt, der sein Wesen nicht in sich trägt, sondern es erst zeigt, wenn er mit dem Seeleninhalt vereinigt wird durch den Erkenntnisvorgang. So wird der Erkenntnisvorgang ein Glied in der Gestaltung der Welt-Wirklichkeit. Der Mensch schafft an dieser Welt-Wirklichkeit mit, indem er erkennt." (GA 2, S. 138)

―――

In diesem Wahrnehmen, ich muss es etwas zusammen raffen, wird er aber wenn er gewissenhaft anschaut, was er sieht, wird er sehen, dass er zwar etwas wahrnimmt, aber aus dieser Wahrnehmung nicht herleiten kann, woher seine freien Entscheidungen kommen.

In dem Zusammenhang dessen, was er jetzt innerlich operationell vornimmt, muss er zu der Feststellung kommen, in dem vorgegebenen Wahrgenommenen liegt ein Bild vor, dass, wenn ich es anschaue, mir nichts anderes ergibt als ein unzusammenhängendes Chaos. Das heißt, wenn ich passiv mich dem aussetze, was vor mir liegt, komme ich zu einem unzusammenhängenden Chaos von Bestandteilen, die keinen Zusammenhang haben.

―――

*„Was uns in der Beobachtung an Einzelheiten gegenübertritt, das verbindet sich durch die zusammenhängende, einheitliche Welt unserer Intuitionen Glied für Glied; und wir fügen durch das Denken alles wieder in eins zusammen, was wir durch das Wahrnehmen getrennt haben."
(GA 4, S. 95)*

―――

Ich weise aber ausdrücklich darauf hin, dass es einer großen Energie bedarf, diese Passivität herzustellen. Die Passivität herzustellen, indem ich nur das anschaue, was vor mir liegt, ist mit einer aller größten Willensanstrengung verbunden. Im Hinschauen auf diesen Vorgang wird sich zeigen, dass es also, um diese Passivität herzustellen, das, was an der Wahrnehmung schon von sich aus daran ist, durchaus Willenscharakter hat insofern, als der Mensch ja im Allgemeinen sich nicht in diese Sondersituation versetzt, dass er also passiv in die Welt schaut.

Er hat immer in seinem Anschauen schon Aktiva drin, das heißt, er ist immer bereit, er ist immer auf der Suche, Details aus diesem Chaos heraus zu schneiden, also bewusst auszugliedern und in diesem Wahrnehmungsvorgang begleitenden Willensimpulse ist etwas enthalten, was sich weiter zurückverfolgen lässt auf eine Intention der Kategorie.

Das heißt in dem Augenblick, wo ich etwas ausschneide, schneide ich es mir aus nach Größe, Breite, Viereckigkeit, Genauigkeit, qualitativen oder quantitativen Begrifflichkeiten, die mich auf die Idee des Begriffes zurückverweisen. Also auf eine Denkkategorie, in der ich ja im täglichen Leben mit meinem Denken umgehen muss. In dieser Anwendung des Begriffes auf die Umwelt, nun habe ich etwas hergestellt, was mich vor die Frage stellt, wie hängen Begriff und Wahrnehmung zusammen. Ich will nur von dem Operationellen sprechen und von der Notwendigkeit - ich will alle möglichen Schritte in diesem notwendigen, sehr differenzierten Operationellen übergehen und zu dem Punkt kommen, wo er eine Praxis in sich wahrnimmt, die möglich ist, über das Denken selbst eine Aussage zu machen.

Nicht nur im Hinblick auf wie im Denken die Begriffsinhalte den Ausschneidecharakter im bewussten Wahrnehmen der Umwelt herstellen, also der Forminhalt des ideellen in den Begriffen - und hier habe ich bereits schon eine Trennungslinie gezogen - zwischen dem ideellen Begrifflichen und dem wahrgenommen objekthaften des Vorgegebenen - komme ich an eine Möglichkeit nach einer ähnlichen Methodik, die ich in der Passivität vorgenommen habe, bei der Ausschaltung des Willens in der normalen Wahrnehmung komme ich zu einer Möglichkeit, durch die Ausschaltung der begrifflichen Inhalte im Denken, an einen Punkt zu kommen, wo ich erfahre, dass die aktive Tätigkeit des Denkens auch zum Wahrnehmungsbestande gehört.

———

„Im Gegensatz zum Wahrnehmungsinhalte, der uns von außen gegeben ist, erscheint der Gedankeninhalt im Innern. Die Form, in der er zunächst auftritt, wollen wir als Intuition bezeichnen. Sie ist für das Denken, was die Beobachtung für die Wahrnehmung ist. Intuition und Beobachtung sind die Quellen unserer Erkenntnis.
Wir stehen einem beobachteten Dinge der Welt so lange fremd gegenüber, so lange wir in unserem Innern nicht die entsprechende Intuition haben, die

uns das in der Wahrnehmung fehlende Stück der Wirklichkeit ergänzt. Wer nicht die Fähigkeit hat, die den Dingen entsprechenden Intuitionen zu finden, dem bleibt die volle Wirklichkeit verschlossen.“
(GA 4, S. 94)
——

Dass ich auf dieses anwenden kann, den Begriff der Wahrnehmung und wenn wir vorhin festgestellt haben, dass im Erfassen und in dem Arbeiten, im denkerischen Erfassen und im Erarbeiten und im Ergreifen der Umwelt mit einem Begriff es auch nötig ist, dass das wahrgenommene begriffen werden muss - so muss auch diese aktive Kraft, die ich erleben kann - als die Betätigung und Selbstbetätigung meiner eigenen Individualität, also meines 'Ichs' aus einer Willensäußerung nicht nur wahrgenommen werden, sondern auch zum Begriffe werden.

——

„Das Denken verbürgt nicht die Wirklichkeit des 'Ich'. Aber ebenso gewiss ist, dass durch nichts anderes das wahre Ich erlebt werden kann, als allein durch das reine Denken. Es ragt eben in das reine Denken, und für das gewöhnliche menschliche Bewusstsein nur in dieses, das wirkliche Ich herein. Wer bloß denkt, der kommt nur bis zu dem Gedanken des 'Ich'; wer erlebt, was im reinen Denken erlebt werden kann, der macht, indem er das 'Ich' durch das Denken erlebt, ein Wirkliches, das Form und Materie zugleich ist, zum Inhalte seines Bewusstseins.“
(GA 35, S. 103)
——

Ich habe also in dieser Weise mein Wahrnehmungsfeld in die Innenwelt erweitert und stelle darüber hinaus gehend, dass meine Innenwelt in Bezug, dass meine Gefühle selbstverständlich zur Außenwelt gehören, dass mein eigener Leib zur Außenwelt gehört, nun auch fest, dass das, was an diese Schwellensituation in der Innenwelt des Menschen als seine autonome Eigentätigkeit bewusst erlebt werden kann, ebenfalls vorgegeben ist - allerdings nur in dieser Ausnahmesituation, dass das Hervorgebrachte nur durch den Hervorgebrachten selbst wahrgenommenen und begriffen werden kann - also ein ganz aus der Autonomie des Vorganges resultierendem plastischen Vorgang, sage ich jetzt wieder, insofern, als bereits der Wille daran beteiligt ist, der auch beteiligt ist an allen kreativen Vorgängen in der Welt.

„Das Resultat dieser Untersuchungen ist, dass die Wahrheit nicht, wie man gewöhnlich annimmt, die ideelle Abspiegelung von irgendeinem Realen ist, sondern ein freies Erzeugnis des Menschengeistes, das überhaupt nirgends existierte, wenn wir es nicht selbst hervorbrächten. Die Aufgabe der Erkenntnis ist nicht: etwas schon anderwärts Vorhandenes in begrifflicher Form zu wiederholen, sondern die: ein ganz neues Gebiet zu schaffen, das mit der sinnenfällig gegebenen Welt zusammen erst die volle Wirklichkeit ergibt."
(GA 3, S. 11)

An dieser Schwellensituation[86] ist etwas Weiteres erfahrbar, dass an diesem Punkte der Mensch nicht nur sich selbst erlebt, wie das, was er noch erleben kann, solange er noch mit den Begriffen in inhaltlicher Weise in normalen Denkoperationen vorgeht, als einem Wesen, was durchaus noch ein Produkt irgend eines Schöpfungsprinzipes sein kann, erfährt er an dieser Stelle, dass er selbst der Schöpfer ist - also gegenüber dem, was Produkt ist in der Welt und an ihm - er weiter kommen kann und zu einem Schaffenden werden kann. Zu einem Kreativen, der über den Bestand des Weltinhaltes als dem Geschaffenen hinaus gehen kann und zum Schaffenden werden kann. Zum Schöpfer also dessen, was in der Welt nun ja, was ist zu tun, genannt wird.

„Damit ist die höchste Tätigkeit des Menschen, sein geistiges Schaffen organisch dem allgemeinen Weltgeschehen eingegliedert. Ohne diese Tätigkeit wäre das Weltgeschehen gar nicht als in sich abgeschlossene Ganzheit zu denken. Der Mensch ist dem Weltlauf gegenüber nicht ein müßiger Zuschauer, der innerhalb seines Geistes das bildlich wiederholt, was sich ohne sein Zutun im Kosmos vollzieht, sondern der tätige Mitschöpfer des Weltprozesses; und das Erkennen ist das vollendetste Glied im Organismus des Universums."
(GA 3, S. 11)

In einem von Wahrnehmung dessen, was hier sich zeigt in einem solchen Wahrnehmungsfelde erfährt der Beobachtende, dass das Reich, welches er in dieser Weise erkennt und in dem er sich betätigen kann, eine Lebewelt ist, das heißt ein lebendiges Denken ist wahrgenommen, ist durch die operationellen Schritte in einen Zusammenhang gebracht worden mit der Außenwelt, also mit unserem Weltbestande und mit derjenigen Wirklichkeit, die äußerlich vorliegt.

——

„Wäre in dem Weltinhalte von vornherein der Gedankeninhalt mit dem Gegebenen vereinigt; dann gäbe es kein Erkennen. Denn es könnte nirgends das Bedürfnis entstehen, über das Gegebene hinauszugehen. Würden wir aber mit dem Denken und in demselben allen Inhalt der Welt erzeugen, dann gäbe es ebenso wenig ein Erkennen. Denn was wir selbst produzieren, brauchen wir nicht zu erkennen.
Das Erkennen beruht also darauf, dass uns der Weltinhalt ursprünglich in einer Form gegeben ist, die unvollständig ist, die ihn nicht ganz enthält, sondern die außer dem, was sie unmittelbar darbietet, noch eine zweite wesentliche Seite hat. Diese zweite, ursprünglich nicht gegebene Seite des Weltinhaltes wird durch die Erkenntnis enthüllt.
Was uns im Denken abgesondert erscheint, sind also nicht leere Formen, sondern eine Summe von Bestimmungen (Kategorien), die aber für den übrigen Weltinhalt Form sind. Erst die durch die Erkenntnis gewonnene Gestalt des Weltinhaltes, in der beide aufgezeigte Seiten desselben vereinigt sind, kann Wirklichkeit genannt werden."
(GA 3, S. 70)

——

In dieser Weise ist der Revolutionär, sage ich einmal wieder, von dem gefordert werden muss, aus seiner eigenen Natur, möchte ich sagen, dass er diesen Vorgang tätige, erfahren, dass er Leben verbunden hat mit Leben. Denn auf der Erde leben Menschen. Auf der Erde gibt es eine Natur, die ein Organismus ist. Er weiß, dass in der gesamt ökologischen Betrachtung der Lebensvorgänge er selbst den Planeten Erde als einen Organismus als ein Lebewesen erfahren hat. Und dass er jetzt Leben mit Leben verbinden kann.

——

„Es ist die Auseinandersetzung der Natur mit sich selbst, die sich im Bewusstsein des Menschen abspielt. Das Denken ist das letzte Glied in der Reihenfolge der Prozesse, die die Natur bilden." (GA 2, S. 115)

——

Hier ist wieder eine Lösung: Zunächst tritt heraus in einer unmittelbaren Erfahrung dessen, dass er nun begründen kann, warum Freiheit, Kreativität, Umwandlung, Transformatorisches dem Revolutionär aufgrund seiner eigenen Kraft möglich ist. Dem Revolutionär jetzt nicht als eine Sonderfigur, denn es ist eine anthropologische Betrachtung gewesen, die der Revolutionär angestellt hat, sondern einer Feststellung, die sich auf jedermann bezieht. Also der Beweis geliefert und die Grundlage geliefert, wie jeder Mensch zu einem Transformator derjenigen Verhältnisse sein kann, von denen Pablo Picasso gefordert hat, dass sie umgewandelt werden müssen.

———

„Sowohl die erkennende wie die künstlerische Tätigkeit beruhen darauf, dass der Mensch von der Wirklichkeit als Produkt sich zu ihr als Produzenten erhebt; dass er von dem Geschaffenen zum Schaffen, von der Zufälligkeit zur Notwendigkeit aufsteigt. Indem uns die äußere Wirklichkeit stets nur ein Geschöpf der schaffenden Natur zeigt, erheben wir uns im Geiste zu der Natureinheit, die uns als die Schöpferin erscheint.
Jeder Gegenstand der Wirklichkeit stellt uns eine von den unendlichen Möglichkeiten dar, die im Schoße der schaffenden Natur verborgen liegen. Unser Geist erhebt sich zur Anschauung jenes Quelles, in dem alle diese Möglichkeiten enthalten sind."
(GA 2, S.131,132)

———

Hier ist eine Lösung und in Deckung gebracht, mit dem, was in der ersten Operation in Erscheinung getreten ist, die Möglichkeit des Menschen, durch einen transformierten Kreativitätsbegriff sein eigenes Leben zu gestalten - also sich zu erkennen als ein Kreator, als ein Künstler - und bezogen auf Jedermann, das heißt auf die anthropologische Totalgröße und bezogen auf die Totalgröße der Problemstellung der Sachfragen, die nach Umwandlung, nach Korrektur, nach Heilung verlangen, wird hier die Grundlage geliefert für denjenigen Kraftstrom, der an das Vorgegebene - beispielsweise in dieser Weise an den Krankheitsherd so herangebracht werden kann, prinzipiell, dass eine Umwandlung möglich ist.

Eine Umwandlung wessen. Eine Umwandlung desjenigen Feldes, das wir jetzt beschrieben haben. Der Mensch als einen kreativen, wirkenden, werkenden, arbeitenden Menschen in allen Kraftfeldern der Gesellschaft, in allen Wissenschaftszweigen, in allen Arbeitszusammenhängen und an dieser Stelle erscheint ein Bruch - ich sage einmal erst mal in der Diskussion - aber auch im Problem.

Er kommt an die Frage dessen, die ihn ja sowieso bewegt hat, als er einen Ausgangspunkt überhaupt für sein Tun, wie kann man die Verhältnisse in der Gesellschaft ändern. Er sieht, dass er durch die Transformation des Kunstbegriffes etwas hergestellt hat, was sie also auf die menschliche Gesellschaft bezieht.

―――

„Es ist wesentlich für die Erkenntnis der Glieder des sozialen Organismus, dass man weiß, welcher Unterschied besteht zwischen dem System des öffentlichen Rechtes, das es nur zu tun haben kann aus menschlichen Untergründen heraus mit dem Verhältnis von Mensch zu Mensch und dem Wirtschafts-System, das es nur zu tun hat mit Warenproduktion, Warenzirkulation, Warenkonsum. Man muss dieses im Leben empfindend unterscheiden, damit sich als Folge dieser Empfindung das Wirtschafts- von dem Rechtsleben scheidet, wie im menschlichen natürlichen Organismus die Tätigkeit der Lunge zur Verarbeitung der äußeren Luft sich abscheidet von den Vorgängen im Nerven-Sinnesleben.
Als drittes Glied, das ebenso selbständig sich neben die beiden andern Glieder hinstellen muss, hat man im sozialen Organismus das aufzufassen, was sich auf das geistige Leben bezieht. Noch genauer könnte man sagen, weil vielleicht die Bezeichnung 'geistige Kultur' oder alles das, was sich auf das geistige Leben bezieht, durchaus nicht ganz genau ist: alles dasjenige, was beruht auf der natürlichen Begabung des einzelnen menschlichen Individuums, was hineinkommen muss in den sozialen Organismus auf Grundlage dieser natürlichen, sowohl der geistigen wie der physischen Begabung des einzelnen menschlichen Individuums.“ (GA 23, S. 62)

―――

Er schaut zurück auf die erste Transformation ganz geduldig und hat festgestellt, dass im erweiterten Kunstbegriffe noch etwas anderes geschieht. Dass wenn ich diesen Begriff erweitere und ihn ja wie sich jetzt gezeigt hat, nicht nur auf die Künstler bezieht als Arbeitende und Kreierende, sondern dass ich ihn auf Menschen beziehe als Arbeitende und Kreierende, dass ich diesen Begriff verbunden habe mit der Arbeit. Und dass in diesem Augenblicke die Kunst in einem ganz engen Kontakte steht mit der Arbeit.

Das heißt in der sachlichen Betrachtung der gesellschaftlichen Institutionen, in denen beispielsweise Kunst oder Wissenschaft betrieben wird, als Unternehmenszusammenhänge stellt er auf einmal fest, dass diese Unternehmenszusammenhänge die also kulturell anthropologisch nun nach dem Begriff der Kunst so beschrieben worden sind, auch im industriellen Sektor Merkmale dieses Kreativen, Kulturellen nachweisen.

———

Schmundt: „Gerade auf dem Hintergrunde der zeitgenössischen Soziologie wird das Außerordentliche der Forscherleistung Rudolf Steiners deutlich, die in den beiden zentralen Ansätzen kulminiert, die wir hier mit den Worten „Gestaltprinzip“ und „Freiheitsprinzip“ bezeichneten.
Bei dem Gestaltprinzip handelt es sich um die Entdeckung, dass das soziale Ganze als die Wirklichkeit eines Organismus erkannt werden kann, der von drei Funktionssystemen durchzogen ist. Will man diese Gestalt schildern, so wird man von dem System des Wirtschaftslebens ausgehen (...) und zwar aus der unvoreingenommenen Betrachtung heraus, dass auf dem Felde der Arbeit sich heute das soziale Leben der Kulturmenschheit entfaltet. Freilich muss dann der Begriff „Wirtschaftsleben“ aus der Enge, die ihn auf die materielle Produktion und Konsumtion einschränkt, zu dem Begriff „soziales Tätigkeitsfeld” erweitert werden.“[87]

———

Er kann also ganz klar an die Tafel oder in sein Notizbuch schreiben jene Formel. Der erweiterte Kunstbegriff ist zu gleicher Zeit der Ökonomiebegriff oder der Ökonomiebegriff der Arbeitsbegriff ist auch der Kunstbegriff. Also diese Operation innerhalb der Erweiterung hat den ganzen Arbeits- und Kreativitätszusammenhang der Welt in ein einziges grosses ganzheitliches Totalproblem hineingebracht. Und an dieser Stelle hat er vor sich die Frage, wie ist es mit dieser Verbindung von Arbeitskollektiven, die aus der Erkenntnis heraus Dinge in das Gebiet hinein bringen, wo aus den Erkenntnissen heraus die Arbeit sich in einer anderen Weise vollzieht, als dass Menschen physische Produkte herstellen, beispielsweise Brot als ein Gut, was die Menschen zur Aufrechterhaltung ihrer physischen Kondition brauchen.

Auf der anderen Seite stellt er fest, dass in dem anderen Bereiche, den er jetzt erfahren hat, als der Arbeitswelt zugehörig immer nach dieser Operation ist dies nur möglich, sonst fällt er immer wieder zurück in einen

Begriff von Kunst, wo immer wieder behauptet werden kann, ja es kann doch nicht jeder Bilder malen oder nicht jeder Rubens sein. Die Gefahr liegt immer vor, dass die Operation nicht im Vergleich zu dem steht, was vorher geschichtlich war und was jetzt in Erscheinung tritt, nachdem man die Tatsächlichkeit des Vorganges in einer ganz anderen Weise sieht.

——

„In einem solchen [sozialen Organismus] aber müssen die Menschen das suchen können, was sie zu einem menschenwürdigen Dasein nötig finden. Auch der natürliche gesunde Organismus schafft von sich aus nicht, was die Seele an innerer Kultur entfalten muss; ein kranker natürlicher Organismus verhindert sie daran. Und ein gesunder sozialer Organismus kann nur die Voraussetzungen schaffen für dasjenige, was die Menschen in ihm durch ihre individuellen Fähigkeiten und Bedürfnisse entwickeln wollen.“
(GA 24, S. 219)

——

Auf diese Weise, in der Herstellung eines solchen, wie Eugen Löbel gesagt hat, integrierten Gesamtsystems menschlicher Arbeit als einem kreativen Arbeitsfeld, erscheint dieses Arbeitsfeld allerdings in einer arg verzerrten Form, wenn man es beschreibt, nach derselben Methodik, nach der wir bisher vorgegangen sind.

In der Beschreibung dessen, was vorliegt, erscheint es unmöglich, die Sache zunächst rein sachlich zu beschreiben. Es scheint zunächst die ganze Verwirrung dessen wieder aufzutauchen, das ich von dem, was gegenwärtig - ähnlich wie es beim Kunstbegriffe bestellt war - und wie es diesen Begriff verzerrt hat - also etwa in Erscheinung zu treten, was mich daran hindert, die Sache zu beschreiben.

Ich stelle etwas vor, was die Produktion in Bezug auf das, was der Konsument bedarf, nicht in einer rein menschlichen Form erfüllen kann. Ich muss phänomenologisch also nur auf das hinschauen, was das Wesen der Sache ist und in diesem Augenblick erscheint eben jenes integrierte System.

——

„Das erste System, das Wirtschaftssystem, hat es zu tun mit all dem, was da sein muss, damit der Mensch sein materielles Verhältnis

zur Außenwelt regeln kann. Das zweite System hat es zu tun mit dem, was da sein muss im sozialen Organismus wegen des Verhältnisses von Mensch zu Mensch. Das dritte System hat zu tun mit all dem, was hervorsprießen muss und eingegliedert werden muss in den sozialen Organismus aus der einzelnen menschlichen Individualität heraus." (GA 23, S.63)

——

Ich will hier einmal einen Schluss machen und vielleicht noch mal an einer anderen Stelle ansetzen. Aber vielleicht wäre auch jetzt hier schon - da wir ja jetzt auf die Fragestellung kommen allmählich, die wir in unseren Bemühungen durch diese Menschenrechtswoche ja an verschiedenen Punkten und aus den verschiedensten Richtungen getätigt haben, die Möglichkeit über das Wirtschaftsleben, über das menschliche Wirtschaften im Ganzen so zu sprechen, dass heraus kommt, was möglich ist, wenn man nur diesem Begriff des Wirtschaftens folgt und was sich aus der Notwendigkeit wirtschaften zu müssen, ergibt. Was sich aus dieser Tätigkeit ergibt in der Frage nach, wie werden also diese kreativen Möglichkeiten des Menschen an die Arbeit geführt? Wie werden also die kreativen Ergebnisse jener Unternehmungen, die Güter als Fähigkeitsgüter entwickelt haben, an die verschiedenen Arbeitsplätze geführt? Nach welchem Vorgang geschieht es?

Sind das Werte oder wie ist es damit bestellt, wie wird es reguliert in der Gegenwart und wie kann es auch ganz anders reguliert werden, damit diese Fähigkeiten zur Gänze - also wieder in Totalita - die Entwicklung von Welt im Sinne des Menschen selbst - also im Sinne seiner Forderung nach Leben erfüllen können.

Die Frage also der Wirtschaftswerte ist gestellt, der Wirtschaftswerte sowohl der Kreativitätswerte als der Werte, die Folgen der Kreativitätswerte und der Fähigkeitswerte der menschlichen Fähigkeiten sind, als die Produkte, die den menschlichen Bedarf abdecken.

——

Schmundt: „Von der Konsumtions- zur Produktionsseite hin, ergießt sich im täglichen Rhythmus der Strom der im Produktionsfeld Tätigen. Es seien die Wirtschaftswerte, die sie zum Einsatz bringen, mit dem Namen 'Fähigkeitswerte' benannt ('Fähigkeiten werden in der Arbeit eingesetzt'). Vom Produktionsfeld zum Konsumtionsfeld hin ergießt sich andererseits ebenfalls im Tagesrhythmus der Strom der 'Konsumwerte' (dessen, was im Produktionsfeld für den Bedarf des Konsumfeldes geschaffen wurde). Betrachtet man nun die Rolle, welche das Geld dabei spielt, so ergibt sie sich wiederum aus den Notwendigkeiten der Sache heraus.“[88]

——

Ja aber wenn kein Zwang mehr vorhanden ist zu dieser Freiheit, wer zwingt mich dann überhaupt etwas zu tun? Denn Zwänge können bei der Freiheit nicht vorliegen. Es liegt die Frage vor, wenn also das ganze System des kreativen Ausgangspunktes des Quellorgans für die Produktion und für die Arbeit der Menschen mich vollkommen in Freiheit lässt, was bringt mich dahin, zur Tat zu schreiten?

Die Antwort kann in einer intimen Betrachtung doch nur so gefunden werden, dass, wenn mich nichts mehr zwingt, wenn mich keine moralische Regel zwingt, keine Gesellschaftsnorm mehr zwingt, keine Gesetzesvorschrift an dieser Stelle mich zwingt, etwas in Freiheit zu denken, was treibt mich denn überhaupt noch an, es überhaupt zu tun?

Und hier ich muss es jetzt einfach wieder partiell einmal als Behauptung - nur um es einmal in einen Zusammenhang zu stellen - mal äußern, das einzige, was mich jetzt noch motivieren kann, ist die Liebe zur Sache.

——

„Sie werden mit dem, was Sie wirken wollen, nur durchkommen, wenn Sie in Ihrer Seele aus zwei Grundkräften heraus wirken, und da es sich heute um einen außerordentlichen Ernst handelt, der unsere Sache durchdringen muss, der unser Wirken beseelen muss, so sollen wir uns zunächst durchaus bewusst werden, ganz bewusst werden, dass wir nicht weiterkommen, ohne diese zwei Grundkräfte unserer Seele auszubilden: erstens aus einer wirklichen Liebe zur Sache heraus, zweitens aus einer einsichtsvollen Menschenliebe heraus zu sprechen.“
(GA 338, S. 18)

——

In dem Augenblick erscheint zwischen Wille und Denken dasjenige Feld, von dem ja gesagt wird - auch in mythologischen Bildern - auch in der Kunst, das Herzorgan, das mittlere Feld, in dem die Liebe zur Sache das einzige Motiv ist, was mich überhaupt veranlasst, etwas zu tun.

Also wiederum haben wir es mit einer Sache zu tun, die mich ganz in die volle Selbstverantwortung und in die volle Autonomie hinein stellt, ein kreatives Wesen in diesem ganzen Zusammenhang zu werden.

———

„Ein Wesen, welches unbedingt einem Impuls folgen muss, folgt ihm eben; ein Wesen, das auch anders handeln kann, für dieses gibt es nur eine Kraft, um zu folgen: die Liebe. Freiheit und Liebe sind zwei Pole, die zusammen gehören." (GA 110, S. 155)

———

In diesem ganzen Zusammenhang, der sich ja real an den Arbeitsplätzen, der real an den Arbeitsplätzen stattfindet durch körperliche Arbeit, durch geistige Arbeit kann betrachtet werden, was in dem, was Geben und Nehmen ist - also ganz herstammend aus den Liebeskräften - also aus den eigentlichen sozialen Kräften des Menschen an diesem Arbeitsplatz, was dort substanziell durch eine solche Konstellation, die jetzt der Revolutionär als Werkzeug in der Hand hat, was dadurch substanziell entsteht.

Wenn in alten Lebensbezügen, in älteren Lebensbezügen die Menschen diese Vorschriften ja als Offenbarungsweisheiten, als Führungsvorschriften und so weiter oftmals bezeichnet wurden als die Sakramente, die er braucht, um durch die Offenbarungsqualitäten seiner spirituellen Führer etwas als Kraft zu haben, was er braucht, um seinen Lebensweg zu gehen, den Entwicklungsgang der Menschheit, wie es an jenen kritischen Punkt zu treiben, an dem jetzt dieses Problem auftaucht. Erfährt er nun, dass in der Arbeitswelt er selbst der Produzent dieses sakramentalen Inhaltes ist, der dem Menschen verbindenden Wärmecharakter, Liebescharakter, in diesem Arbeitsfeld und hier wird er ein Lebewesen vor sich haben, was noch einmal in einem neuen Charakter und auf einer neuen Ebene erscheint.

———

Wenn wir durch alle Prozesse des menschlichen Organismus hindurch aufsteigen bis zum obersten Niveau, den Erwärmungsprozessen, so schreiten wir gleichsam durch das Tor des menschlichen Organismus, das gebildet wird durch die Wärmeprozesse, hinauf bis dahin, wo die Wärme des Blutes verwertet wird durch das, was die Seele daraus macht. Durch lebendiges Interesse für alle Wesen, durch Mitgefühl für alles, was um uns herum ist, erweitern wir, indem unser physisches Leben uns bis zur

Wärme hinaufführt, unser Geistig-Seelisches über das gesamte irdische Dasein, und wir machen uns eins mit dem gesamten Dasein. Es ist eine wunderbare Tatsache, dass die Weltwesenheit den Umweg gemacht hat durch unseren physischen Organismus, um uns zuletzt die innere Wärme zu geben, die wir Menschen in der Erdenmission berufen sind umzuwandeln durch unser Ich in lebendiges Mitfühlen mit allen Wesen. Wärme wird in Mitgefühl umgewandelt in der Erdenmission!
(GA 128, S. 177)
——

Den Zusammenhang von Leben zu Leben hat er hergestellt. Von Leben wieder zu Leben hat er hergestellt. Er hat erfahren, dass nur das die Tat des Revolutionärs sein kann. Und er hat auch erfahren, dass es noch niemals einen Revolutionär gegeben hat, denn bisher haben Revolutionäre den Tod verbreitet. Den Tod gesät.

An dieser Stelle erfährt er, dass aus seinem revolutionären Vorgang er ein Lebewesen betritt und in ihm lebt, was überhaupt noch niemals vorher auf der Erde war. Er bildet ein neues Wesen aus, was durchaus ein spirituelles Lebewesen auf der Erde ist, was auf etwas hinweist, das auf diesem Erdbestande es dem Menschen noch gegeben ist, ein ganz aus einer eigenen Kreativität stammendem Kosmos heraus zu bilden.

——

„Denn mit dem Tode wird das, was da im Menschen konzentriert ist, was sich da zusammengeschlossen hat, immer mehr und mehr kosmisch und wird dann aus dem Kosmos heraus später beim nächsten Erdenleben dem Menschen wiederum einverleibt, so dass alles, was wir tun, nicht uns selbst allein angeht. Sondern es ist so, dass sich uns etwas einverleibt, was aus dem Kosmos kommt und was auch die Tendenz behält, nach dem Tode unsere Taten dem Kosmos zu übergeben, aus dem heraus aber sich die karmischen Gesetze für die Gestaltung unseres Karmas wirksam erweisen, so dass wir dann dasjenige, was der Kosmos aus unseren Taten macht, in seiner Wirkung wiederum ins Erdenleben hereintragen beim Beginn eines nächsten Erdenlebens." (GA 212, S.113)
——

In diesem ganzen Zusammenhang des Lebens, was auf der Erde in dieser Weise - ich möchte fast sagen in Rückkoppelung - zu einer in dieser Weise erreichten sozialen Skulptur als einen neuen - ich möchte sagen, nur deswegen - weil man noch von sehr vielen anderen Gesichtspunkten das Problem beleuchten müsste.

Aber ich möchte irgendwie jetzt bald zum Ende kommen und sagen, dass in diesem neuen Wesen etwas sich andeutet, das, was ja nach dieser Dunkelheit der kritischsten Stelle an der, der Mensch sich gegenwärtig erfährt, es nachweislich möglich ist, durch das was beschrieben wurde, in seinen ganzen Zusammenstellungen und im Einbringen aller dieser Wertcharaktere und aller sagen wir einmal - auch sagen wir ruhig - der Wirtschaftswerte, die eingebracht ist - in dem einigen Ausüben dieses, jetzt dem Revolutionär in die Hand gegebenen Materials, dem Herzen was er zuletzt gefunden hat, in der Liebe zur Tat, dem Denken, in dem der Wille wohnt und in dem er erfährt, dass dieses Denken aus ihm selbst stammt, als einem die Welt weiter Schaffenden. Dass er an dieser Stelle erfährt, es ist dem Menschen möglich, eine Substanz aufzubereiten, die ihm erscheint wie eine progressive Produktion. Das heißt wie ein Wirtschaftswachstum - könnte man sagen - aber ein Wirtschaftswachstum aus dem heraus, aus den Wachstumswerten, die hier entstehen, der Mensch sich ernähren kann auf eine ganz neuartige Weise und dadurch, dass so etwas in Erscheinung tritt rückwirkt auf die Unterlage, auf der dieses Lebewesen nun ja lebt, denn alles geschieht auf dem Arbeits- platz auf dieser Erde.

Erfährt, dass er in diesem ganzen Begriffszusammenhang fähig ist, auch das Leben der Erde, nachdem es zuerst vertotet wurde, durch die einfache Wirtschaftspraxis der Vergangenheit durch Versalzung beispielsweise, durch Verhärtung, Versalzung, Versteinerung, dass er aus dieser Tätigkeit heraus die Erde zu einem Hefeteig machen kann.

Der also aufblüht und seiner aufrichtenden Kräfte wieder so einrichten kann, dass ein weiteres Leben für dieses Lebewesen, für diesen Planeten Erde möglich ist. Allerdings nur in diesem Zusammenhang mit dieser neuen planetarischen Haut möchte ich fast sagen. Denn dieser Planet wird eines Tages als Organismus wie alle Organismen sein Ende finden. Aber das, was vom Menschen aufbereitet wurde in seinem Wärmecharakter, dadurch dass Liebeskräfte, in ihm leben, weist der Mensch nach, dass er der progressiven erweiterten Produktion fähig ist, für seine weitere Entwicklung.

„Durch alles, was wir aus lebendigem Interesse in unsere Seele aufnehmen, wird unser Seelenleben erweitert. Und wenn wir dann durch viele Inkarnationen gegangen sind, in denen wir alle Wärme, die uns gegeben worden ist, verwertet haben, dann wird die Erde ihr Ziel, das innerhalb der Erdenmission zu erfüllen war, erreicht haben, dann wird sie als Erdenleichnam hinuntersinken und dem Verfall überliefert sein. Und aufsteigen wird die Gesamtheit aller jener Menschenseelen, die die physische Wärme umgewandelt haben in Herzenswärme.
Wie die einzelne Seele, wenn der Mensch durch die Pforte des Todes gegangen ist, aufsteigt zu einer geistigen Welt, nachdem der physische Leichnam den Erdenkräften übergeben wurde, so wird einstmals der Erdenleichnam den Weltenkräften übergeben werden, und die einzelnen Menschenseelen werden zu neuen Daseinsstufen fortschreiten. Nichts in der Welt geht verloren. Was die Menschenseelen als Früchte auf der Erde errungen haben, das wird durch die Menschenseelen in Ewigkeiten hinübergetragen." (GA 128, S. 178)

Jeder Mensch ist ein Künstler

Auf dem Weg zur Freiheitsgestalt des sozialen Organismus

Mitschrift eines Vortrags, gehalten am 23. März 1978,
im Humboldt-Haus, Achberg [89]

Anmerkungen

1972, während seiner 100-Tage-Aktion an der 'documenta 5', hatte sich Beuys in einer der täglichen Gesprächsrunden erstmals im Rahmen einer nennenswerten, öffentlichen Veranstaltung zu seinem Interesse an Rudolf Steiner bekannt. Wobei er vermied, den Begriff 'Anthroposophie', also die Lehre und Weltanschauung, zu nennen.

——

Frage eines Besuchers: „Sie äußern in Bezug auf Ausbildung überraschenderweise die selben Ideen, wie sie der Anthroposoph Rudolf Steiner hatte."

Beuys: „Ja. Wir arbeiten nach dem Dreigliederungsmodell von Rudolf Steiner."

Besucher: „Ah so!"

Beuys: „Ja. Ja. Wir würden ja viel zu kurz greifen, wenn wir nur sagen würden „Direkte Demokratie" und keine Vorstellung für eine zukünftige Gesellschaftsordnung diskutieren würden."[90] [...]

Besucher: „Manche Besucher, die Ihnen hier Fragen stellen, kommen eigentlich aus persönlichen, nicht politischen Motiven. Sie suchen ein Weltbild, einen Daseinssinn schlechthin. Es ergibt sich dann so etwas wie: Patient in der Sprechstunde des Seelenarztes - Existenzanalyse, Logotherapie. Nun muß es doch schwierig sein, aus Begriffsfetzen, die ein Bruchteil Ihrer Einsichten sind, klug zu werden. Würden Sie diesen Suchenden den Rat geben, nach welcher oder welchen Ihnen verwandten Weltanschauungen sie sich orientieren könnten?

Beuys: „Durchaus. Man kann ja sehr vielen Leuten den Rat geben, beispielsweise DIE KERNPUNKTE DER SOZIALEN FRAGE von Dr. Rudolf Steiner zu lesen. Um vor allen Dingen den Marxisten, die ja sehr viel Wert auf die Analyse legen, beispielsweise das geeignete Instrument zur Therapie oder zur Synthesis zu zeigen. Also man kann schon auf Quellen hinweisen, die sehr wichtig sind, daß man sie zur Kenntnis nimmt und zur Diskussion stellt."

Besucher: „Sie haben beim Begriff »Mensch« in seiner physischen, seelischen, geistigen Gestalt erwähnt, daß Sie oft mit technischen Begriffen operieren, etwa so: »Was ich hier von Ihnen sehe, ist zunächst nur die Bodenstation — was leiblich sichtbar ist. Das Andere ist doch viel größer.« Würden Sie das vielleicht noch ein bißchen mehr ausführen?"

Beuys: „Ja, das ist ja der Begriff des Menschenbilds, was erforscht werden muß durch Geisteswissenschaft beispielsweise, indem man zu einer anderen Vorstellung vom Menschen kommt, als wie sie vorliegt in einer materialistischen Weltanschauung. Daß erst der Mensch, der sich erkennt als ein geistiges Wesen in einem höheren Zusammenhang, geeignet ist, die sozialen Aufgaben zu lösen. Daß er erst erkennen muß, daß er nur eine Bodenstation ist für etwas viel Größeres."

Besucher: „Also wieder die Abhebefähre?"

Beuys: „Ja. Ja. Und die Abhebefähre, das meinte ich ja gerade bezogen auf den Wärmekörper, der im Wirtschaftsleben erzeugt werden kann."[91]

Beuys' Verhalten an diesem Tag war symtomatisch. Zwar sprach er zunehmend von Steiner, war jedoch sehr bedacht darauf, nicht von der Anthroposophie zu sprechen. „Von der Anthroposophie Rudolf Steiners und vielem anderen zu sprechen, vermied er solange, als es im Publikum die gute Bewegung, das „Flüssigwerden", was zuallererst wichtig war, nur gestört hätte", bemerke dazu der Beuys-Experte Dieter Koepplin.[92] Koepplin umschreibt hier, dass Beuys im anthroposophischen Umfeld durchaus offenlegte, dieser Lehre zu folgen, was dort auch unumgänglich war, er jedoch darüber hinaus Vorsicht walten lies.

In den Fünfzigerjahren hatte er schon einmal versucht, sein Umfeld für Steiner und Anthroposophie zu begeistern, womit er nur Unverständnis fand.[93] Bis in die späten sechziger Jahre, als er begann in seiner Akademie-Klasse, im Kreis an der Thematik interessierter Schüler, allen voran Johannes Stüttgen, über Steiner zu sprechen. Seine Situation als Akademie-Professor, war zu dieser Zeit gefestigt genug, dies zu tun.

Sein Bild in der Öffentlichkeit war indessen wesentlich fragiler. In der Presse wurde er als „Provokateur", als „verrückter" Kunstprofessor, als

„Scharlatan“ beschrieben. Ihm musste bewusst gewesen sein, dass seine gerade erst wachsende, künstlerische Reputation in Gefahr war, hätte er eingeräumt, Anhänger einer esoterischen Weltanschauung zu sein. Er hätte Öl ins Feuer der Kritik gegossen. Beuys waren insbesondere Museumsausstellungen wichtig, doch kein Museum hätte damals einen fragwürdigen Esoteriker ausgestellt. Beuys war schlau genug zu wissen, wo die Grenzen lagen. Esoterik war in diesen Zeiten ein gesellschaftliches Tabu. Seine politische Agitation musste vorerst genügen.

Nachdem aus der Akademie entlassen war, Anfang der Siebzigerjahre, hatte sich die Situation dahingehend geändert, dass sein künstlerischer Ruf nun stark genug gewesen wäre, auch Steiner und damit die Anthroposophie zu tragen. Steiner wurde salonfähiger, wenn es um gesellschaftliche Themen ging. Er nannte Steiner aber vermied bis an sein Lebensende, die Anthroposophie als seine Quelle zu benennen. Er hätte damit offengelegt, woher er seine Ideen bezog.

Anders war die Situation in anthroposophischem Umfeld. Hier musste er sich keine Zurückhaltung auferlegen. Seit er 1973 zum ersten Mal nach Achberg reiste, um an der 'Internationalen Sommertagung' des 'Internationalen Kulturzentrums (INKA)' teilzunehmen, hatte er Podium und Publikum für den Austausch über Themen der anthroposophischen Weltanschauung gefunden.

Im März 1978 kam Beuys wieder nach Achberg, um einen Vortrag vor anthroposophischen Freunden zu halten. Interessant an diesem Vortag ist, wie Beuys den „reduzierten, modernen Kulturbetrieb“ kritisiert, dem er eine „Gefängnissituation“ unterstellt und er gleichzeitig „einen revolutionär, evolutionären Vorgang im Sinne der Systemveränderung“ bewirken will. Helfen sollen hierbei „solche Werke der Kunst, die der Vergangenheit etwa eines Raffael, eines Rembrandt, eines Leonardo da Vinci, die ägyptische Kunst, die griechische Kunst, auf die Möglichkeit des Menschen hin, was aus der Zukunft mit seinem Leben werden soll“, so Beuys.

Wesentlich ist auch, wie dezidiert sich Beuys gegen den „Begriffswirrwarr der sogenannten Linken“ und die aus „verideologisierten Staats- und Wirtschaftsbetrieben“ bestehende Gesellschaftsordnung wendet und bereits deren Unterwanderung avisiert. Seine Aussagen könnten in Hinsicht auf aktuelle, rechte Strömungen nicht aktueller sein.

Sehr verehrte Anwesende

Ich habe mir heute vorgenommen, mich speziell bei dem erweiterten Kunstbegriffe aufzuhalten und vielleicht erscheint dem einen oder anderen das Begriffsmaterial auch trocken. Aber ich glaube weniger trocken kann es erscheinen, wenn man davon ausgeht, dass hier mit den Begriffen etwas gebaut werden soll, etwas ganz Konkretes gebaut werden soll, was wie ein Fahrzeug[94] da stehen soll, mit dem das, worunter die Menschen leiden, abgeschafft werden kann und eine neue soziale Struktur, eine gesamt gesellschaftliche Struktur, aufzubauen.

Deswegen möchte ich fast sagen, man sollte jeden Begriff technologisch fast nehmen, also wie ein Techniker ein Stück seines Werkes nimmt, um es einzubauen, etwa in ein Fahrzeug. Also auch in eine Maschine. Nun soll es selbstverständlich nicht auf eine Maschine losgehen, die im mechanistischen, technologischen Zusammenhang nun eines Tages dasteht als etwa die 'Concorde' oder so etwas. So ein super Ding. Ich glaube, das ist nicht gemeint. Sondern es soll ein Fahrzeug da sein, was vorgezeigt werden kann, um nachweisen zu können, dass mit diesem Fahrzeug etwas erreicht werden kann.

Der erweiterte Kunstbegriff will von sich heraus nachweisen, dass nur er geeignet ist, dass nur er ein geeignetes Instrument ist, ein geeignetes Werkzeug ist, um ein revolutionär, evolutionären Vorgang im Sinne der Systemveränderung zu bewirken. Der traditionelle Kunstbegriff, wie wir ihn gegenwertig kennen, hält sich auf in einem Freiraum der reduktionistisch, das heißt ganz beschränkt und eingeengt in einer Gefängnissituation sich betätigen darf - das wäre etwa der Kunstmarkt, das wären die Kunstakademien, das wäre der traditionelle Unterricht in den Schulen, Kunsterziehung, das Museumswesen, das Galerienwesen und so weiter und so fort. Die Wissenschaft der Kunstgeschichte im traditionellen Sinne gehört auch dazu.

„Gewiß, bei einzelnen Künstlern ist der Abscheu vor der Ausstellung vorhanden, aber wir leben heute in einer Zeit, wo der einzelne nicht viel vermag, wenn nicht das Urteil des einzelnen in eine Weltanschauung eingetaucht wird, die wiederum die Menschen so in ihrer Freiheit, in voller Freiheit durchsetzt, wie einstmals in unfreieren Zeiten Weltanschauungen die Menschen durchsetzt haben und dazu geführt haben, daß wirkliche

Kulturen entstanden, während wir heute keine wirklichen Kulturen haben. An dem Aufbau von wirklichen Kulturen und damit auch an dem Aufbau von wirklich Künstlerischem muß aber eine geistige Weltanschauung arbeiten, daran das höchste Interesse haben." (GA 276, S, 107,108)

——

Dieser erweiterte Kunstbegriff hat seinen erweiternden Charakter da, wo der Mensch steht. Der erweiterte Kunstbegriff will sich nicht weiter und ausschließlich nur beschränken auf das Tätigkeitsfeld der so genannten Künstler, das heißt, diejenigen die man gegenwärtig als Künstler bezeichnet, die Maler, die Bildhauer, die Musiker, die Tänzer, die Schauspieler, die Dichter und so weiter. Sondern dieser Begriff und nur so wird er zu einem Werkzeug, was die gesamten Begriffe und Details zur Herstellung eines solchen Werkzeuges, eines solchen Fahrzeuges, welches man vorzeigen kann, als das geeignete Fahrzeug zur Erreichung einer geänderten Gesellschaftsordnung nur dann herstellen, wenn man den Kunstbegriff anthropologisch macht.

Das heißt, der Kunstbegriff bezieht sich nicht länger nur auf diese Künstler, schon bereits genannten Künstler, in einem reduktionistischen Kulturbetriebe, sondern der Kunstbegriff richtet sich auf jedermann als einem Künstler. In jedem Menschen wird also das schöpferische, kreative Wesen angesprochen, in jedem Menschen wird das freie, sich selbst bestimmende und seine Umgebung mitbestimmende, umgestaltende, könnende Wesen gesehen, welches Gestaltungen im gesamt gesellschaftlichen Bereiche vollziehen kann. Was ist damit gesagt?

Es ist damit gesagt, dass das Freiheitsprinzip, das Selbstbestimmungsprinzip hier zum Ausgangspunkte genommen wird für alle weiteren Gestaltungen. In diesem tätig werden des Menschen als einem Künstler in jeweils seinem Arbeitsfelde erscheint dieser erweiterte Kunstbegriff als eine neue Kunstdisziplin. Man könnte sie die 'soziale Skulptur' nennen. Denn hier wird selbstverständlich nicht von dem Künstler Mensch, das heißt von der anthropologischen Grundgröße Mensch als einem Künstler erwartet, dass er Bilder malen muss, dass er Skulpturen machen muss, dass er ein Sänger werden soll. Sondern es wird festgestellt, dass der Mensch potenziell seinem Wesen nach ein schöpferisches Wesen ist und aus seiner Freiheit heraus Gestaltungen im gesamt gesellschaftlichen Bereich jeweils in seinem Arbeitsfelde vollziehen kann.

———

Schmundt: „Dieses Organismussystem „Wirtschaftsleben" erfährt seine Ausgestaltung, seine Impulse, seine Ziele aus dem Funktionssystem Geistesleben heraus, das sich zunächst der unbefangenen Betrachtung als ein das gesamte soziale Arbeitsfeld Durchziehendes zeigt; denn jede für das Soziale in Betracht kommende Arbeit geschieht aus den Gedanken und Fähigkeiten der Arbeitenden heraus."[95]

———

Im Tätig werden, in den verschiedenen Arbeitsfeldern innerhalb einer solchen Kunstdisziplin, die man 'soziale Skulptur' nennen könnte, wird an den verschiedenen Arbeitsplätzen eine zwischenmenschliche Substanz erkennbar werden, die im Laufe der Zeit für zunächst durchaus als soziale Skulptur unsichtbar sein wird. Das heißt erst in dem Masse, wo Menschen Wahrnehmungsorgane entwickelt haben, um diese unsichtbare Skulptur erkennen zu können, werden sie erkennen, dass in dieser unsichtbaren Skulptur eigentlich auch eine sakramentale Substanz darin enthalten ist.

Das heißt eine Substanz, die sich auf das Prinzip der zwischenmenschlichen Liebe bezieht, das heißt auf das elementar Soziale und das aus diesem Liebesbezuge heraus etwas geschaffen werden kann, was - wenn man den Blick in eine sehr ferne Zukunft richtet - sich sogar auf einen zukünftigen planetarischen Zustand der Erde ausrichten kann.

———

„Es kommt eine Zeit, in welcher die Erden- und Menschheitsentwickelung so weit fortgeschritten sein wird, daß die Kräfte und Wesenheiten, welche sich während der lemurischen Zeit von der Erde loslösen mußten, um den weiteren Fortgang der Erdenwesen möglich zu machen, sich wieder mit der Erde vereinigen können. Der Mond wird sich dann wieder mit der Erde verbinden. Es wird dies geschehen, weil dann eine genügend große Anzahl von Menschenseelen so viel innere Kraft haben wird, daß sie diese Mondenkräfte zur weiteren Entwickelung fruchtbar machen wird. [...]
Das wird in einer Zeit sein, in welcher neben der hohen Entwickelung, die eine entsprechende Anzahl von Menschenseelen erreicht haben wird, eine andere einhergehen wird, welche die Richtung nach dem Bösen genommen hat. Die gute Menschheit wird durch ihre Entwickelung den Gebrauch der Mondenkräfte sich erwerben und dadurch auch den bösen

Teil so umgestalten, daß er als ein besonderes Erdenreich mit der weiteren Entwickelung mitgehen kann. Durch diese Arbeit der guten Menschheit wird die dann mit dem Monde vereinigte Erde fähig, nach einer gewissen Entwickelungszeit auch wieder mit der Sonne (auch mit den anderen Planeten) vereinigt zu werden." (GA 13, S. 411)

———

Das heißt, hier wird an den verschiedenen Arbeitsplätzen, die auf der Erde vorhanden sind etwas erzeugt, was in einer fernen Menschheits- zukunft den Menschen aus eigener Kraft darstellt als einen Schöpfer eines zukünftigen Planeten. Man könnte ihn nach der Utopie, wie sie ja genannt wird von Campanella, den Sonnenstaat nennen.[96]

Das Werkzeug, die 'soziale Skulptur', aus einer Brutstätte, das heißt hier handelt es sich wieder um die neue Kunstdisziplin 'soziale Plastik', sie ist zu betrachten als eine Brutstätte aus der dieses Fahrzeug, diese Wärme-sphäre erzeugt werden kann, um eben jenen Punkt zu erreichen, indem die gesellschaftlichen Verhältnisse, wie sie in der Gegenwart vorgegeben sind, schon gleich jetzt in Angriff genommen werden können als zu Überwindende. Das heißt die bestehenden politischen Systeme des Ostens und des Westens, das privatkapitalistische System und das staatskapitalistische System können nach meiner Meinung - und das wird sich auch beweisen lassen - anhand des Diskurses, der Diskussion, des Aufgreifens der verschiedenen Aspekte auf diesen Punkt hin, dass das möglich ist. Und zwar vor dem menschlichen Denken erkennbar möglich ist.

———

Schmundt: „Entschlössen sich die Völker Mittel- und Westeuropas tatkräftig dazu, die Wirtschaftsbegriffe ins Rechte zu denken und Sozialgestaltungen im Sinne der Freiheitsidee zu verwirklichen, dann würden sie anders als heute den kommunistischen Systemen des Ostens gegenüber treten können, die mit einem gewissen Recht darauf hinweisen, dass sie die Sinnwidrigkeiten des westlichen Wirtschaftssystems glauben überwunden zu haben, aber, eingefangen in ihrer Parteidogmatik, unfähig sind, der Freiheit Raum zu geben."[97]

———

Das heißt nicht an irgend eine Ideologie soll geglaubt werden, sondern lediglich an das Denken des Menschen appelliert, welches allerdings dann sich nur aufgrund seines Denkens über die Richtigkeit oder Falschheit, über die Brauchbarkeit oder Unbrauchbarkeit eines solchen Angehens überzeugen lassen muss. Nur aufgrund seines Denkens.

Noch eine weitere Vorstellung ist von außerordentlicher Wichtigkeit. Erweitere ich den Kunstbegriff in der Weise, dass er sich nicht mehr bezieht auf den reduzierten, modernen Kulturbetrieb, wie wir ihn kennen, sondern erweitert er sich, wird also anthropologisch und bezieht sich auf jeden Menschen, der auf der Erde lebt prinzipiell und bezieht sich auf jede Frage, die auf dieser Welt existiert, dann haben wir es zu tun mit der Kreativität des Menschen in seiner Arbeit. Die Arbeit des Menschen als dem menschlichen Wirtschaften also stellt sich heraus als identisch mit dem erweiterten Kunstbegriffe. Der erweiterte Kunstbegriff ist also identisch mit einem erweiterten Ökonomiebegriff.

———

Schmundt: „Das Bild läßt zugleich erkennen, wie der Strom des Unternehmerkapitals (zugleich also der Fähigkeiten der tätigen Menschen), der mit der fortschreitenden technischen Rationalisierung in immer geringer werdendem Maße in der Produktion materieller Güter eingesetzt zu werden braucht, nun in immer stärkerem Maße zu solchen Unternehmen geleitet zu werden vermag, die sich den Kulturaufgaben im Bildungsleben und in der Pflege der Natur über die Erde hin widmen.“[98]

———

Erweitere ich den Kunstbegriff in dieser Weise vom Pole der Freiheit des Denkens und der Universalität des Denkens aus der Freiheit heraus, so erreiche ich einen Ökonomiebegriff, der in völligem Einklang steht mit einem solchen Kunstbegriff. Das heißt, der Ökonomiebegriff erweitert sich in derselben Weise, wie der Kunstbegriff sich erweitert und sie bilden eine Einheit.

Das menschliche Wirtschaften also ist es, worum es sich hier handelt. Nur ist dieser Begriff des menschlichen Wirtschaftens durchaus der Wirtschaftsbegriff der aus den Anforderungen der Kunst resultiert. Ich glaube, die Kunst selbst beantwortet diese Frage aus sich, auch oder vielleicht sogar ganz besonders, die Kunst der Vergangenheit. Ich glaube, ein Bild von Raffael stellt eine Anforderung an den Menschen, wie er sein Leben bewirtschaften soll. Wie wir es also nur anstreben können. Oder wenn wir es nicht anstreben wollen, wir uns als Menschen ausweisen, die keine Ansprüche an das Leben haben.

Also die Wahrnehmung aus der Anschauung der Kunst ergibt sich, dass die Systeme, wie sie gegenwärtig bestehen, verändert werden müssen. So kann man sagen, sind solche Werke der Kunst, die der Vergangenheit etwa eines Raffael, eines Rembrandt, eines Leonardo da Vinci, die ägyptische Kunst, die griechische Kunst, eine Frage auf die Möglichkeit des Menschen hin, was aus der Zukunft mit seinem Leben werden soll. Ganz schlicht und einfach: was mit seinem Leben werden soll und wie er dieses Leben entwickeln soll als Kultur?

Und zwar als progressive Produktion. Das heisst als Geschichtsentwicklung, die auf ein Niveau kommt, von der wir heute unter Umständen noch keine richtige Vorstellung haben. Wo wir uns aber in der Begegnung mit dem Werkzeugcharakter der Begriffe, die wiederum kontrolliert werden können nur aus dem eigenständigen, individuellen Denken der Einzelperson, der Einzelmenschen, dass wir finden werden, wir sind vielleicht auf dem Wege dazu.

„Dasjenige, was Sie führen kann zu einer Beantwortung der Frage, wie es mit der Zukunft unserer Erde sein wird, das kann die folgende Betrachtung geben: Was eigentlich bedeuten für die Erdenentwickelung Menschen, wie zum Beispiel Leonardo da Vinci, wie Raffael oder andere große Genien auf diesem oder jenem Gebiete? Was bedeutet es für die Erdenentwickelung, daß von Raffael oder Michelangelo jene wunderbaren Kunstwerke hervorgebracht worden sind, die da Tausende und aber Tausende von Menschen heute noch erfreuen? […] So ist es mit alledem, was Menschen auf der Erde schaffen und was in physischer Materie auf der Erde verkörpert ist. So ist es aber auch im Grunde genommen für die Erde selbst, ja auch mit den menschlichen Gedankenschöpfungen. Versetzen Sie sich einmal im Geiste in jene Zeit, wo die Menschen vergeistigt werden aufgestiegen sein in höhere Sphären. Gedanken im heutigen Sinne - ich will gar nicht sagen wissenschaftliche Gedanken, denn die werden nach dreihundert bis vierhundert Jahren schon keine Bedeutung mehr haben -, aber Gedanken der Menschen überhaupt, wie sie für die Erde eine Bedeutung jetzt haben, wie sie aus einem Gehirn hervorkommen, sie haben natürlich keine Bedeutung für die höheren Welten, sondern nur für die Erde.“ (GA 110, S. 156)

Ein Zeit-Sympton kann etwa die Tendenz, die in den Menschen vorliegt, doch beleuchten. Nur aus den Tagen, die also ganz kurz hier vor dem Osterfeste liegen, kann man sagen, daß wir gesehen haben, der Terroristenanschlag in Israel, dass wir gesehen haben, die Entführung von Moro, wir haben erlebt, dass in Frankreich Giscard d'Estaing wiedergewählt worden ist, das heisst, dass die Menschen dann doch letztendlich kein Vertrauen zu dem ganzen Begriffswirrwarr der so genannten Linken gehabt haben. Wir haben erlebt, dass im Lande Nordrhein-Westfalen die Bürger sich erhoben haben, gegen einen staatszentralistischen Schulverwaltungsgedanken der SPD-Regierung.

Hier soll nun nicht gesagt werden, am letzteren beispielsweise, dass die Menschen wegen eines staatszentralistischen Planes opponiert haben, sich in einer Weise erhoben haben, dass sogar die Politiker zugeben mussten, dass es für sie ein Stalingrad gewesen ist. Dass diese Menschen schon bereits eine Konzeption hätten, wie es denn nun sein müsste mit dem Schulwesen. Aber doch haben sie sich erhoben, um Sand ins Getriebe zu werfen, da wo sie fürchten einen noch stärkeren Klange im Sinne des Staatszentralismus will uns noch weiter umgreifen.

———

„Das geistige Glied im dreigliedrigen sozialen Organismus umfaßt Wissenschaft, Kunst, Religion, das gesamte Erziehungswesen und die richterliche Rechtsprechung. Alle diese geistig-kulturellen Faktoren können nur in vollkommener Freiheit von staatlichen Eingriffen ihre Aufgabe erfüllen und in rechter Weise das soziale Leben befruchten.“ (GA 24, S. 473)

———

Das muss man zunächst als ein Positivum sehen - als ein relatives Positivum - das man sieht in dem Menschen ist eine Wartestimmung da. Sie wissen es noch nicht, sie ahnen viel, aber sie wissen noch nicht wie. Sie hüten sich aber heute schon, den absoluten verschärften Schritt des Machtzugriffes der Mächtigen heute zu stören. Das heisst die Sabotagebereitschaft ist bereits da.

Der positive Aufbauwille ist im Keime ebenfalls vorhanden. Denn nicht Destruktion äußert sich hier, sondern es äußert sich tatsächlich Sorge. Ich sehe etwas ähnliches bei dem Wahlergebnis in Frankreich. Doch ist es für die Menschen eine große Frage, ob das, was in der so genannten Linken an Ideologien vorhanden ist und an Vorstellungen vorhanden ist, dann doch das erreichen könnte, was die Menschen von ihrer Zukunft erahnen oder erhoffen.

Für uns, die wir dieses Fahrzeug bauen wollen und wir wollen es - ich glaube wir sind nur hier zusammen - weil wir endlich ernst machen wollen damit, den Menschen etwas zu zeigen, womit sie sich wieder identifizieren können. Das heisst etwas vorführen, etwas entwickeln, etwas ausbauen und in einen Unternehmenszusammenhang bringen, daß die Menschen auf dieses Unternehmen, auf dieses Fahrzeug schauen können, es studieren können, um unter Umständen doch etwas zu finden, wo sie mitmachen können. Wo sie sich angliedern können.

——

„Nur wenn sich immer mehr und mehr Menschen finden, die den ehrlichen Willen und den Mut haben, diese Dreigliederung radikal zuerst zu verstehen und dann durchzuführen - durchzuführen ist sie von jedem Punkte aus, an dem man heute im praktischen Leben drinnensteht -, wenn genügend Menschen mit neuen Gedanken ablösen werden die Menschen mit alten, unfruchtbaren Gedanken, dann wird auf irgendeine Weise dasjenige werden, was zum Heile der Menschen und zur Befreiung der Menschen geschehen muß." (GA 330, S. 50)

——

Das ist meines Erachtens die Angelpunktfrage. Und in dieser Weise kann man oben anfangen. Man kann sagen, wenn dieser erweiterte Kunstbegriff, dasjenige ist, wodurch der Mensch nachweislich einen Wirtschaftsbegriff gefüllt hat, wodurch die gesamte anthropologische Größe Mensch in Erscheinung tritt als ein Kopf, als ein Herz uns als seine Willenskräfte.

Oder wenn man sagen kann, übertragen auf ein gesellschaftsbezogenes Bild, was sich zurück führen lässt auf die Dreigliederungsidee Dr. Rudolph Steiners, dann könnte man sagen, dass der Mensch sie erleben kann in einem 'sozialen Organismus', welcher gegliedert ist in 'Geistesleben', ‚Rechtsleben' und 'Wirtschaftsleben' unter der Voraussetzung, dass vorausgeht ein einheitliches Bild der Polarität von Denken und Handeln.
Ohne dieses vorausgehende einheitliche Bild, das heisst das Einheitsprinzip von Denken und Handeln aus einem polaren, aus einer polaren

Wirklichkeit, der Wirklichkeit oder der Polarität von Freiheit und Geldbegriff aus einem einheitlichen - ohne dieses gibt es nur ein Nebeneinander, wie wir es bereits kennen aus einer gewissen dogmatischen Strömung ebenfalls der Dreigliederungsbewegung, wo Geistesleben, Rechtsleben und Wirtschaftsleben in Erscheinung treten als Nebeneinander existierende autonome Glieder.

Das vorausgehende einheitliche, das aus - ich würde sagen meines Erachtens sich am aller einfachsten an einem erweiterten Kunstbegriff, wie ich ihn in dieser Weise geschildert habe - nachweisen lässt, kommt dann an die Frage: wie soll denn, wenn das Kapital die Kunst ist, das heisst, wenn die menschliche Fähigkeit das Kapital ist, wie es sich ja herausgestellt hat in der Betrachtung der verschiedenen Werkzeuge, die ich vor mir liegen habe und die ich zusammenbauen möchte, wer soll dann alles bezahlen, was bezahlt werden muss? Oder wer soll alles geben, was gegeben werden muss?

———

„Und doch, wenn der Zeitpunkt eintritt, wo irgend jemand, der zusammengewachsen ist durch seine Fähigkeiten mit einer bestimmten Summe von Produktionsmitteln, dieses Zusammengewachsensein nicht mehr aufrecht erhält, dann erwächst dem sozialen Organismus die Verpflichtung, diese Produktionsmittel ohne Kauf überzuleiten an eine andere Person oder Personengruppe. Das heißt nichts Geringeres als, es wird in der Zukunft stattfinden eine Zusammenfügung von - nun, nennen wir es Kapital oder wie wir wollen -, von Kapital und menschlichen Fähigkeiten ohne Kauf. [...] Dadurch wird für die Zukunft erreicht, was ich nennen muß Zirkulation des Kapitals und Aufhören des Privatbesitzes an Kapital! Das Kapital wird in gesunder Weise dem sozialisierten gesellschaftlichen Organismus einverleibt werden. Es wird zirkulieren in diesem gesellschaftlichen Organismus, wie das Blut im menschlichen oder im tierischen Organismus zirkuliert, wo es auch nicht einseitig in Anspruch genommen werden darf durch ein Organ, sondern durch alle Organe durchzirkulieren muß. Freie Zirkulation des Kapitals! Das ist es, was in Wahrheit für die Zukunft gefordert wird. In einem solchen sozialen Organismus, in dem so das Kapital frei zirkuliert, ist auch nur möglich wirkliche Freiheit der Arbeit.

———

An dieser Stelle kann man nur sagen, selbstverständlich muss mit demselben bezahlt werden, womit Kapital bezeichnet ist. Es muss bezahlt werden mit der Kunst. Es muss bezahlt werden mit der menschlichen Fähigkeit. Nur dadurch - oder nur deswegen - aber weil wir ja in einem konkreten leiblichen Zusammenhang die Dinge organisieren müssen, müssen wir etwas schaffen, das aber vor Absicht durchaus auf das Kapital beziehen muss.

Wenn also bezahlt werden muss, dann muss mit Kunst bezahlt werden. Es muss mit dem erweiterten Kunstbegriff bezahlt werden. Und wenn nur mit diesem Kapital bezahlt werden kann, muss es mit Menschenwürde und mit Menschenrecht bezahlt werden. Das heisst, hier erscheint aus der Sache heraus ein Rechtsproblem. Hier erscheint die Frage des Geldes als ein Mittel, welches nun den Kreativitätsprozess begleiten muss, aus einem Zirkulationsprinzip im Rechtsbereich.

———

„Zu einem fruchtbaren Urteil über die Art, wie das Kapital fördernd oder hemmend in den Kreisläufen des sozialen Organismus wirkt, kann man aber nur kommen, wenn man durchschaut, wie die individuellen Fähigkeiten der Menschen, wie die Rechtsbildung und wie die Kräfte des Wirtschaftslebens das Kapital erzeugen und verbrauchen.“ (GA 23, S. 91)

———

Wir sind also aus dem Freiheitsbereich menschlicher Schöpferkraft, menschlicher Intension in Bezug auf etwas Innovatorisches, auf etwas Erneuerndes, was vorher niemals auf der Erde existiert hat, also von den Menschen, die aus individueller, autonomer Betätigung ihres individuellen Denkens - hier wird einmal das Denken angesprochen, als der Quellpunkt aller Kreativität - schon als bereits ein plastischer Vorgang, also ein künstlerischer Vorgang, wobei man auf die Qualität, auf die Form und so weiter auf die Richtigkeit und Wahrheit des Gedachten achten muss.

Es wird weiter selbstverständlich in der Verkörperung dieses Gedachten sich auf die Sprache legen, und in dieser Sprache muss ebenfalls selbstverständlich das enthalten sein, was in der Initiationsformung des menschlichen Denkens nun Gestalt im Physischen angenommen hat in der Sprache.

Es muss also aus diesem Bereich heraus gesehen werden, wie der Zusammenhang zwischen Freiheit, zwischen Freiheitsbereich innerhalb des primär Kreativen ist und dem gegenüberliegenden Bereich, den wir betreten, wenn wir fragen, wer muss alles das bezahlen und was muss gegeben werden? In diesem Augenblick stellt sich klar, dass das Geld als ein Mittel des Rechtsbereiches in Erscheinung treten muss. Die Frage stellt sich, ist es nun so, dass das schon da wäre? Ist es nun so?

An diesem Punkte wäre zu sagen, ich will es nur berühren, weil ich doch beim erweiterten Kunstbegriff bleiben möchte, dass an diesem Punkt aus einem anderen Gesichtsfeld aus den nationalökonomischen Betrachtungen, aus den rechtssoziologischen Betrachtungen, aus den Betrachtungen des Geldwesens, wie es seinem wahren Wesen nach ist, Wilhelm Schmundt ein Mensch war, der idealerweise sich von einem anderen Pol an diesen erweiterten Kunstbegriff anlegen kann, um ihn bis in die Details eines erneuerten Geldwertes darzustellen.

Vielleicht geht es heute zu weit, auf Wilhelm Schmundt's Vorstellungen zu sprechen zu kommen. Aber in der Diskussion ist es durchaus möglich. Was in dieser Aufbauinitiative also jetzt vorliegt, die hier vorhanden ist, ist das, was als Fahrzeugcharakter angesprochen ist. Von dem angenommen werden kann, glaube ich - wenn man es studiert, dass sich Menschen vor ihrem Denken rechtfertigen können als mit einer Sache, die objektiv wahr ist. Die objektiv, das erfüllen kann, was Menschenzukunft ist. Im Bereich der menschlichen Arbeit. Im Bereich des menschlichen Wirtschaftens, im Bereich des menschlichen Gestaltens, im Bereich des menschlichen Kunstschaffens.

Hier ist vielleicht auch noch einzufügen, das Detail, dass geschichtsanalytisch betrachtet, geschichtsanalytisch betrachtet im ganz großen Bilde man auch vielleicht jetzt fragen kann, wie ist es möglich, daß heute ein erweiterter Kunstbegriff mit einem erweiterten Ökonomiebegriff sich vermählen kann und einen Kapitalbegriff ergeben kann.

Wie ist es also möglich, daß heute die Dinge in einander aufgehen müssen, damit wieder etwas entsteht, was sich auf des Menschen ureigensten Künstlertum, auf das ureigenste Künstlertum des Menschen bezieht. Ein historischer Überblick zeigt, dass in den alten mythologischen Ordnungen des Geistes, etwa in Ägypten und auch in der griechischen Kultur noch, da wo sie eine mythologische Kultur war, es nur ein Einheitsprinzip gab. Nämlich das des Geistes.

———

„Wenn Sie zurückblicken könnten auf frühere Entwickelungsphasen der Menschheit, so würden Sie sehen, daß jene Kulturen, zum Beispiel die ägyptische und die römische, wie aus einem Guß sind. Heute gibt es eine solche Kultur aus einem Guß nur in einem sehr geringen Grade. Bis zu dem Punkt ist jetzt die Menschheit heruntergekommen, wo nicht nur die Sitten und Gebräuche individuell sind, sondern sogar auch die Meinungen und Bekenntnisse, und es gibt sogar schon Menschen unter uns, die es für ein hohes Ideal ansehen, daß jeder Mensch seine eigene Religion habe. Es schwebt ja manchem die Idee vor, daß es einmal eine Zeit geben müsse, in welcher es so viele Religionen und Wahrheiten geben könne wie Menschen. Diese Entwickelung wird die Menschheit nicht nehmen. Sie würde sie nehmen, wenn sie den Impuls weiter verfolgen würde, der heute aus dem Materialismus herauskommt. Das würde zur Disharmonie, zur Zersplitterung der Menschheit in einzelne Individuen führen. Einen solchen Entwickelungsgang wird die Menschheit allerdings nur dann nicht nehmen, wenn eine geistige Bewegung wie die der Geisteswissenschaft von der Menschheit aufgenommen wird.“ (GA 102, S. 193)

———

Alles, was in dieser Kultur vorhanden war, war Kultur. Es wurde nur vom Geistprinzip her überhaupt gelebt. In der weiteren Entwicklung sieht man bereits, ganz besonders scharf ausgeprägt in Griechenland beginnt das, in der römischen Kultur bis in das Mittelalterliche hinein sehen wir ein dualistisches Prinzip, eine Rechtskultur, die sich vorwiegend mit den juristischen Staatsfragen befasst und erst in der Neuzeit, da, wo diese beiden Linien sich kreuzen, das heißt, da wo es so aussieht, als wäre der Wendepunkt der Zeitentwicklung - the turning of the time - das heißt, der Mittelpunkt der Erdentwicklung vielleicht, als würde jetzt, wenn wir auf eine ganz neue Zukunft hin gehen auf Liebe, Freiheit, Sonnenstaat das Prinzip des menschlichen Wirtschaftens die Führungsrolle ergreifen. In der Tat, es ist schon rein äußerlich selbstverständlich so.

———

„Die Pyramiden sind ein Abbild von dem, was der Mensch aus den Sternen ersah. Und wir gehen weiter hinüber, nachdem die ägyptisch-chaldäisch-assyrisch-babylonische Kultur in Dekadenz geraten ist, zu der griechisch-lateinischen Kultur, wo der Mensch in der griechischen Kunst die Materie so umgestaltet hat, daß er sein eigenes Abbild in sie

hineingeformt hat, wo der Mensch zur Überwindung der Materie durch die Schönheit gelangt. Das war früher nicht der Fall, daß, wie in der griechischen Plastik, griechischen Baukunst und Dramatik, der Mensch sein eigenes Abbild in die Materie hineinprägt. Die menschliche Persönlichkeit wird als der höchste Ausdruck der Schönheit in der griechischen Kunst verherrlicht. [...]
„Der «römische Bürger» ist ein neues Element in dem Entwickelungs-zyklus der Menschheit. Noch tiefer herab in die Materie muß der Mensch in der fünften, in der germanischen Kultur; die Überwindung der Naturkräfte, die Triumphe der Technik, sie sind die Folge davon. Doch sind wir über den tiefsten Punkt dieser Entwickelung etwas hinweg. Und ein neuer Zyklus ist derjenige, der dann da sein wird, wenn die Menschen das, was sich heute als Theosophie zeigt, ganz ergriffen haben werden. Wir sehen, wie jeder Zyklus in der Kultur seinen Gipfel erreicht und wieder heruntersinkt, und wie jeder neue Zyklus die Aufgabe hat, die Kultur weiterzubringen." (GA 102, S. 112, 113)

———

Wenn wir die Tageszeitungen aufschlagen, dann steht nicht etwa auf der ersten Seite etwas über Kunst, sondern da steht etwas über die Wirtschafts-katastrophen, denn heute gibt es ja nur Katastrophen. Wenn man genau analysiert, sieht man eigentlich nur Wirtschaftsfragen behandelt. Man hat einen dicken Wirtschaftsteil nochmals gesondert, aber alles das, was gegenwärtig Politik ist, ist ja als Wirtschaftspolitik die Komplizen-schaft zwischen den Interessen des Staates und der Wirtschaft und das nennt man Politik und das ist sicherlich ein Begriff, der überwunden werden muss.

Durch einen konkreteren, realeren Begriff, nämlich einem Kunstbegriff, nämlich dem Gestaltungsbegriff. Das heisst, wir werden sehr bald diesen Begriff nicht mehr brauchen. Es werden auch sehr bald Menschen da sein, ganz besonders junge Menschen, die nichts mehr hassen werden, als diesen Begriff Politik, wer eben geradezu diese Komplizenschaft zwischen diesen beiden Machtabsichten in einem verideologisierten Staats- und Wirtschaftsbetriebe erkannt hat, erlitten hat und nun auf etwas Neues zu leben möchte.

———

„Was auf die wirtschaftliche Gewalt des ungeistigen Kapitalismus baut, dem unbefangenen Blick zeigt es sich: es wird zerfallen. Aber auch das,

worauf der internationale Sozialismus hinzielt, ist im Grunde genommen die Sehnsucht nach Macht. Diese Macht wird in Zukunft dem Rechte weichen müssen, denn was der Mensch durch sein Machtstreben im sozialen Leben an sich reißen kann, kann nur zum Heil der Menschheit ausschlagen, wenn es dem Rechtsleben eingegliedert, vom Rechtsleben durchleuchtet wird." (GA 329, S. 40)

―――

Also das ist noch einmal wichtig, sich vor Augen zu führen, dass wir in einer Zeit leben, in der aus den Wirtschaftsfragen heraus umgedacht werden muss. In der sozusagen aus diesem Dreierpunkt heraus über das Einheitsprinzip das neue Dreiheitsprinzip gefunden werden muss. In dem sich dann, wenn diese Dinge in dieser Weise sich vollziehen, wie sie beschrieben worden sind in der Aufbauinitiative, wie sie auch jetzt beschrieben worden sind durch die Werkzeuge, die ich im Einzelnen vorgelegt habe, dass dadurch etwas in Erscheinung treten kann, wodurch der soziale Organismus mit Kopf, Herz und Willensorgan erscheint als ein einheitliches Symbol, als wie ein Dreigegliedertes.

Was in der Mitte als Herzorgan die menschlichen Geldprozesse hat, die in der Lage sind, dann den Ursprung aller Leiden der Vergangenheit oder aller Leiden der Neuzeit, die aufgrund der Ideologien eines Wirtschaftskreislaufes der mit den Ideologien von Profit, Eigentum und Lohnabhängigkeit arbeitet, überwinden kann. Bei Wilhelm Schmundt ist klar beschrieben, wie ein Wirtschaftskreislauf umgedacht werden kann, ins Rechte gedacht werden kann, um aufgrund dieses ins Rechte denken der Wirtschaftsbegriff ins Handeln zu kommen.

Ins Handeln zu kommen, entsprechend diesen umgemachten Begriffen. Dann stellt sich heraus, dass nichts hier eine Erfindung ist, weil einem das vielleicht eine Laune macht, weil einem das vielleicht interessant erscheint, sondern dass die Tendenz praktisch vorhanden ist und dass es in der Wirklichkeit bereits so ist. Dass wir einen Sozialismus in elementarer Weise eigentlich schon haben, weil wir auf Gegenseitigkeit arbeiten, weil wir ganz besonders auf der Produktionsseite arbeitsteilig arbeiten müssen, ein Mensch arbeitet für den anderen Menschen. Menschen arbeiten für andere. Das heisst Arbeit ist in der Gegenwart, in der Neuzeit grundsätzlich Arbeit für andere.

„Arbeit darf in der Zukunft nicht mehr Ware sein, das heißt in der zukünftigen sozialistischen oder sozialen Gesellschaft, im gesunden sozialen Organismus wird das Lohnverhältnis aufhören. Arbeit oder Arbeitskraft darf fernerhin nicht Ware sein. Derjenige, der handarbeitet, produziert als Kompagnon mit dem geistigen Arbeiter in der Weise, wie es schon charakterisiert worden ist.
Es besteht kein Arbeitsvertrag, es besteht ein Vertrag lediglich über die Teilung der Leistungen. Das ist dasjenige, was nur erreicht werden kann, wenn der Arbeiter dem Arbeitsleiter als ein völlig freier Mensch gegenübersteht, das heißt, wenn er imstande ist, auf einem ganz anderen Boden als dem der Wirtschaftsordnung Maß, Zeit, Art seiner Arbeitskraft festzulegen, wenn er frei verfügen kann über sich als ganzen Menschen, bevor er in ein Vertragsverhältnis eintritt."
(GA 330, S. 178)

Das heißt, in elementarer Weise ist der Sozialismus bereits da. Er kann nicht Wirklichkeit werden, weil die Ideologien eines veralteten Wirtschaftsbegriffes, eines veralteten Geldbegriffes, die Entwicklung verhindern. Die Entwicklungen verhindern, die überall zutage liegen, die überall sich zeigen.

Ich hatte schon von der Grundstimmung gesprochen, dass man keine Angst und Furcht zu haben braucht, als würden wir Menschen zusammen treten, die etwa die Not der Zeit verwalten wollen. Also etwa einen kleinen, bescheidenen Weg, etwa einen fabianistischen oder maltusianistischen Weg eines Nullwachstums vertreten, wodurch sozusagen nur das aller Spärlichste zur Aufrechterhaltung der ökologischen Fragen getätigt werden soll und so weiter. Dass also sozusagen die Armut verwaltet werden soll.

Wir meinen, dass der Reichtum verwaltet werden kann, dann, wenn man unter Reichtum nicht nur materiellen Reichtum versteht, sondern die erweiterte Produktion des Lebens mit Ideen, Geist und Kunst versteht. Das heisst, deswegen legte ich einen gewissen Wert darauf, dass die Grundstimmung doch technisch sein möge. Dann allerdings erscheint ein anderer Begriff der Technik als der, der einfach fix sich eines materialistischen Wissenschaftsbegriffes bedient, der alles auf die technische Verwertbarkeit und Machbarkeit reduziert und eine Technologie in die Welt setzt, die gegen den Menschen sich bereits richtet.

Also ein gewandelter Begriff der Technik, der evolutionär energetisch ist, ist durchaus in der Richtung der zukünftigen Verwaltung eines unendlichen Reichtums angelegt. Und nicht etwa eines Nullwachstums in absoluter Weise. Das ist sehr wichtig.

Denn es werden uns Menschen begegnen, die unter Umständen mit diesem Argument kommen. Und sagen, die Menschheit ist angelegt auf Erweiterung ihrer Technologie. Dem kann man zustimmen. Wenn man unter der Technologie etwas versteht, was auf einer anderen Ebene sich nun vollziehen muss. Das ist wichtig.

Die therapeutische Maßnahme, die allerwichtigste, die zur Erreichung eines solchen Zieles von Nöten ist, steht allerdings an aller erster Stelle, um etwas erreichen zu können an diesem Punkt. Es muss als einer der wichtigsten und wesentlichsten Programmpunkte angesehen werden, dass die Befreiung des Schul-, des Universitätswesens, der Informationsebene aus den Händen des Staates und der Wirtschaft sukzessive befreit wird. Das heißt, das Prinzip der freien Schule macht es erst möglich, daß der erweiterte Kunstbegriff bei jedem Menschen zur Wirkung kommen kann.

———

Schmundt: „Der Staat kann seine Aufgaben nicht in gesunder Weise erfüllen und bleibt gleichsam ein Fremdkörper im eigenen Volke, wenn er sich nicht in echter demokratischer Weise auf die gesetzgeberische Funktion und auf Verwaltung und Schutz des Rechtslebens beschränkt, das Feld der Arbeit aber dem freien selbstverantwortlichen Wirken seiner Bürger und ihrer Initiativen überläßt.
Wenn die Urteilsgrundlagen für das freie Handeln aller Tätigen in den kollegial beratenden Gremien, die das gesamte soziale Leben als sein „Geistesleben“ durchziehen, erarbeitet werden, besteht die größtmögliche Gewähr, daß sich der soziale Organismus gesund entfaltet und die selbstverständlich immer auftretenden Krankheitsprozesse ihre Heilung aus dem Organismus selbst heraus finden.“[99]

———

Der erweiterte Kunstbegriff wird nicht zur Wirkung kommen, wenn die registische Vorschriften des Staates oder der Wirtschaft, die mit einem materialistischen Wissenschaftsbegriff arbeiten und die mit Machtideologien wirken, wenn diese durch ein verstaatlichtes Bildungswesen, durch eine verstaatlichte Wirtschaft also - wir leben also auch in einer verstaatlichten Wirtschaft - denn wir haben bereits gesehen, dass mit dem erweiterten Kunstbegriff der Wirtschaftsbegriff durchaus in der Kunst selbst findet. Sogar im Denken bereits der Wirtschaftsbegriff enthalten ist, dass also ein solcher Wirtschaftsbegriff nicht zum Zuge kommen kann, nicht bewusst werden kann, wenn die Machtinstrumente der gegenwärtig existierenden politischen Systeme des Ostens wie des Westens in dieser Weise weiter wirken dürfen. Wenn wir es zulassen, dass sie weiter wirken dürfen.

Es wird also hier von Nöten sein, die Frage der freien Kultur als erste therapeutische Massnahme in den Mittelpunkt des Bewusstseins zu bringen. Die zweite therapeutische Massnahme ist ein Umdenken in der Wirtschaft von Kunstbegriffen. Das ist bereits eigentlich gesagt worden, in welcher Weise umgedacht werden muss. Im Speziellen ist ganz genau in der Aufbauinitiative beschrieben, wie umgedacht werden müsste. Prinzipiell ist es geschildert worden, wie umgedacht werden muss.

Eins noch in Bezug auf das Denken. Das Denken des Menschen ist gegenwärtig so klein gemacht durch einen materialistischen Wissenschaftsbegriff, dass in allen möglichen Dimensionen der naturwissenschaftlichen Vorstellungen die unendlichen Messwerte, die ein solcher moderner Wissenschaftsbegriff produziert, etwa sagen wir einmal im kosmogonischen oder im astronomischen Bereiche, den Menschen wie eine Winzigkeit erscheinen lassen.

Ich habe hier also eine Zeichnung gemacht, in der etwas Entgegengesetztes in Erscheinung tritt oder sagen wir etwas Richtigstellendes in Erscheinung tritt. So groß die kosmologische Grundeinheit Welt im Ganzen sein mag, mit wie vielen Lichtjahren und Lichtgeschwindigkeiten hier herum geworfen wird und wie sie auch sein mögen, noch viel größer ist das menschliche Denken, weil es alles dieses umfassen kann.

Das heisst, es gibt keine Galaxie, es gibt keine planetarische Einheit, die nicht im menschlichen Denken umgriffen und umfasst werden kann. Es gibt keine Tierkreis-Konstellation aus der nicht das menschliche Denken einmal so und einmal so sprechen kann, sodass es also wiederum vom menschlichen Denken umfasst werden kann. Das menschliche Denken als ein universelles Werkzeug zur Erneuerung der menschlichen Zukunft ist also noch größer als alles dieses.

Auch ist in dem, was vielleicht dem einen oder anderen als die geistigen Kooperateure der Menschen bekannt ist, dass Menschen ja nicht als geistige Wesen alleine in der Welt sind, sondern, dass sie ihre spirituellen Helfer und Führer finden in diesem Kosmos, in dieser Welt. Was bekannt ist als Hierarchien, dass auch diese Hierarchien nichts anderes sind und darstellen in ihrem Wesen als die höheren Formen des menschlichen Denkens.

Also wiederum ist, wenn man die Dinge so sieht, die Spitze eines hierarchischen Kegels - man nennt ja im Allgemeinen die Hierarchie, da ist der Kegel oben und unten da sind die armen Schweine - so dass eigentlich von diesem Gesichtspunkt des menschlichen Denkens aus, der hierarchische Kegel auf den Menschen zielt, daß er allerdings nach oben eine Erweiterung erfährt, die genau der Notwendigkeit der Erweiterung des menschlichen Denkens auf alle diese Dimensionen hin entspricht.

———

„Entsprechend den vorangehenden Ausführungen kann man die geistige Leitung im Werdegang der Menschheitsentwickelung bei den Wesenheiten suchen, welche ihre Menschheit während der vorigen Verkörperung des Erdenplaneten - während der alten Mondenzeit - durchgemacht haben. Dieser Leitung stellt sich eine andere entgegen, die erstere hemmend und doch im Hemmen in gewisser Beziehung wieder fördernd, welche von den Wesenheiten ausgeübt wird, die während der Mondenzeit ihre eigene Entwickelung nicht vollendet haben. Damit ist hingedeutet auf die führenden Wesenheiten, welche unmittelbar über dem Menschen stehen. Auf diejenigen sowohl, welche vorwärts führen wie auch auf diejenigen, welche dadurch fördern, daß sie Widerstände hervorrufen und dadurch die Kräfte, welche durch die vorwärtsbewegenden Wesenheiten entstehen, in sich erstarken, festigen, ihnen Gewicht und Eigennatur verleihen.
Im Sinne der christlichen Esoterik kann man diese zwei Klassen von übermenschlichen Wesen Engel (Angeloi) nennen. Über diesen Wesenheiten stehen in der Rangordnung nach aufwärts diejenigen der höheren Hierarchien, der Archangeloi, Archai und so weiter, die sich ebenfalls an der Menschheitsführung beteiligen.[100] [...]
Die Menschen der Gegenwart leben in der fünften nachatlantischen Kulturepoche. Die führenden Wesenheiten dieser Epoche gehören derselben Hierarchie an, die bei den alten Ägyptern und Chaldäern herrschend war. In der Tat beginnen dieselben Wesenheiten, welche damals geführt haben, wieder in unserer Zeit ihre Tätigkeiten. Es ist angeführt worden, daß

gewisse Wesenheiten während der ägyptischchaldäischen Kultur zurückgeblieben sind, und daß man diese in den materialistischen Gefühlen und Empfindungen unserer Zeit findet." (GA 15, S. 61,64)

—

Fast möchte ich an diesem Punkt schließen, aber es ist vielleicht doch noch wichtig, einzugehen auf die Vorstellung des Geldbegriffes von Wilhelm Schmundt. Dass also aus der Notwendigkeit, die sich ergibt, indem man mit einem erweiterten Kunstbegriff operiert, dass man an einen Punkt geführt wird, wo die Geldfrage als Rechtsfrage erscheint, dass man im Umdenken der Wirtschaftsbegriffe im Beschreiben der Phänomene des elementaren Wirtschaftskreislaufes, wenn man nur das beschreibt, was das Phänomen der menschlichen Arbeit erbringt, die keiner Weise solche Ideologien stößt wie Profit, Eigentum, Lohnabhängigkeit. Dass heißt, sie sind eigentlich Fiktionen. Sie existieren nicht. Sie sind künstlich eingeführt durch Machtideologien der bereits geschilderten Machtminoritäten. So dass der Wirtschaftswert auch hier bei Schmundt durchaus erscheint als die Kunst.

Die die menschliche Stoffes-Seite, das heisst die menschliche Stoffes-Seite und auch die Stoffes-Seite der Natur ergreifende menschliche Kreativitätspotenz, das heisst eine Kunstfähigkeit, seine Fähigkeit und seine Kreativität erscheinen auch hier rein von der phänomenologischen Beschreibung der Fakten als das Kapital.

—

Schmundt: „Von Kapital in dem hier möglichen Sinne muß man da sprechen, wo die Fähigkeiten von Menschen und Menschengruppen sich zur Arbeit hinwenden, wo diese von den Fähigkeiten durchdrungene und geleitete Arbeit an den Arbeitsstätten zum Einsatz kommt. Dieser Kapitalbegriff deckt sich mit dem, was in der heutigen sozialen Tatsachenwelt das „Unternehmerkapital" seiner Wirklichkeit nach ist."[101]

—

Allerdings wird hier zur Leitung dieses Kapitals und zur Organisierung der menschlichen Arbeit das Geld gebraucht. Dieses Geld hat bereits aus der Konsequenz eines erweiterten Kunstbegriffs als Rechtsproblem hier seine Natur dargestellt als im Rechtsbereich liegend. Das heisst, bei Schmundt erscheint auch das Geld als Rechtsdokument, während es in den bestehenden Systemen als ein fixer Wirtschaftswert existiert.

Die Wirtschaftswerte ein, die primären Wirtschaftswerte ein der menschlichen Kreativität, die in der Arbeit die Stoffes-Welt der Natur ergreifen, um daraus die Produktionsmittel zu bilden, um aus den Produktionsmitteln die Güter zu bilden, sowohl die spirituellen Güter als die materiellen Güter in einem umfassenden Wirtschaftsbegriff diese Wirtschaftswerte als Wirtschaftswert eins, der eben genannte erzeugt den Wirtschaftswert zwei die entsprechenden geistigen und materiellen Güter. Es erscheint in keiner Weise Profit, Eigentum, Lohnabhängigkeit oder etwa ein dritter Wirtschaftswert als Geld.

In dem Gang des Kapitals,aus der Kreativität aus dem die menschlichen Produkte entstehen, werden durch den begleitenden Rechtsdokumentprozess oder Geldprozess die Unternehmen verpflichtet, die menschliche Kreativität an den Arbeitsplätzen zu beschäftigen. Andererseits berechtigen sie die Menschen, die Einkommen erhalten haben, das heisst die nun nicht mehr einen Lohn bekommen als Tauschvorgang. Das heisst Lohn als Tauschvorgang ist nur mit einem fixen Wirtschaftswert möglich. Mit einem Rechtsdokument ist es ein Absurdum. Im Einkommen erhalten berechtigt es denjenigen, der es bekommen hat, zum Einkauf der Güter, die er eigentlich ja selbst produziert hat. Und die er als Produzent auch eigentlich selbst in Auftrag geben kann. Denn wer sollte der Auftraggeber für die Wirtschaft sein als der Mensch selbst. Das heisst der Konsument.

Da der Produzent zu gleicher Zeit auch Konsument ist, ist er also der elementare Auftraggeber für die Produktion. In dem Berechtigtsein zum Einkauf der Waren werden die durch die menschlichen Kreativitäten erzeugten Güter auf dem Markt gekauft. Da es sich hier um einen Kauf mit Rechtsdokument-Charakter hat, das heißt, um einen Kauf mit Rechtsdokumenten handelt, verschwindet nach dem Kauf jeder Bezug zu irgend einem dieser beiden elementaren Wirtschaftswerte der menschlichen Kunstfertigkeit, der Fähigkeit oder der Kreativität, wie man sie jeweils nennen mag und denjenigen, was aus ihr erfließt, als den Gestaltungen. Man könnte auch sagen aus den Waren und nach dem Kaufprozess ist dieses Rechtsdokument ein wertloses Geld, welches lediglich einen Rückfluss zu tätigen hat zur Schöpfungsstelle eines Systems - also eines neuen demokratischen Banksystems, welches für die Kreditierung zu sorgen hätte.

Ich glaube, das möge erst einmal genügen und ich hätte jetzt sehr gerne schon ein Gespräch.

(Nachfolgender Text stammt aus dem von Wilfried Heidt und seinem Co-Autor Ulrich Rösch verfassten Vorwort zu Schmundts Buch 'Revolution und Evolution'. Beuys vorgehende Ausführungen sind dessen Paraphrase.)

„Im Prozess des sozialen Gestaltwandels hebt sich von diesem Wirtschaftsleben das Rechtsleben als ein gleichsam über ihm stehendes Glied mit einer spezifischen Aufgabe ab. Die Werteströme des Wirtschaftslebens - „Fähigkeitswerte" einerseits und „Konsumwerte" andererseits - werden durch das Geld, den Repräsentanten des Rechtslebens, gelenkt, Arbeitsteilung und Fremdversorgung, Produktion und Konsumtion werden durch das Geld in Rechtsbeziehung zueinander gesetzt.

Durch die Geldprozesse greift also das Rechtssystem in umfassender Weise in das Wirtschaftsgeschehen ein: So werden mit dem „Mittel des Geldes als rechte- und pflichtengebendem Organ einerseits die „Fähigkeitswerte" zu den Produktionsstätten geleitet, andererseits die Konsumwaren und -dienste zu den Haushalten. Durch diese Verpflichtungen zum Einsatz der Fähigkeiten aller Tätigen in der Produktion (Produktionsgeld) und Berechtigungen zum Bezug von Waren für den Verbrauch (Konsumtionsgeld) entsteht ein sich mehr und mehr differenzierendes Kreislaufsystem zwischen den Polen Produktion und Konsumtion.

Dieses Kreislaufsystem, das auf der einen Seite den vom Produktionsgeld begleiteten Strom der „Fähigkeitswerte" auf der anderen Seite den vom Konsumgeld begleiteten Strom der „Konsumwerte" umfasst, ist nur gesund, wenn aus dem Rechtsleben heraus - eben mit Hilfe des Geldes - stets auf das Gleichgewicht zwischen Produktion und Konsumtion, „Fähigkeitswerten" und „Konsumwerten" hingearbeitet wird.

Schon aus diesen wenigen Andeutungen kann deutlich werden, daß das Geld seine wichtige Ausgleichs- und Harmonisierungsfunktion jedoch niemals wahrnehmen kann, wenn es als Tauschmittel, also wie eine Ware, das heißt aber als „Wirtschaftswert" behandelt wird.

Diese Tatsache weist zugleich auf die beiden Hauptkrankheiten hin, die den sozialen Organismus in diesem Zusammenhang quälen. Die Behandlung des Geldes als „Wirtschaftswert" muß folgerichtig immer wieder zu Störungen im Wirtschaftskreislauf führen: Durch (legale) Spekulation kommt es entweder zu Geldstauungen, Geldüberhängen oder Geldmangeler-

scheinungen. Daran kann deutlich werden, daß das Rechtsleben, dessen Basis - vom Wesen der Sache her betrachtet - das Geld ist, sich vom Wirtschaftsleben abheben, aus ihm herausgliedern muß, damit es seinen ausgleichenden, harmonisierenden Dienst am gesellschaftlichen Ganzen erfüllen kann.

Damit ist etwas außerordentlich Notwendiges, eine in der Natur der Sache selbst begründete Forderung von allergrößter Tragweite ausgesprochen. Denn dem Rechtsleben seinen eigenen Boden zu verschaffen heißt ja, das Geld nicht mehr als „Wirtschaftswert" als Ware zu behandeln, sondern ausschließlich als Rechtsphänomen in den sozialen Organismus hineinzustellen. Als solches ist es dann einerseits - nämlich in der Hand der Unternehmen - Verpflichtung zum Einsatz von Fähigkeiten und es wird andererseits - als Einkommen in der Hand der Verbraucher - zur Berechtigung zum Bezug von Konsumwerten.

Ist das Geld so seines Warencharakters entbunden, verlieren auch die Begriffe „Privat- oder Staatseigentum" (an Produktionsmitteln), „Profit" (als Wirtschaftsziel) und „Lohnen" (als Tauschvorgang) ihren Sinn. Sie werden sinnlos, unwirklich; sie werden verschwinden.

Im Prozess des sozialen Gestaltwandels hebt sich von diesem Wirtschaftsleben das Rechtsleben, als ein gleichsam über ihm stehendes Glied, mit einer spezifischen Aufgabe ab. Die Werteströme des Wirtschaftslebens - „Fähigkeitswerte" einerseits und „Konsumwerte" andererseits - werden durch das Geld, den Repräsentanten des Rechtslebens, gelenkt, Arbeitsteilung und Fremdversorgung, Produktion und Konsumtion werden durch das Geld in Rechtsbeziehung zueinander gesetzt.

Durch die Geldprozesse greift also das Rechtssystem in umfassender Weise in das Wirtschaftsgeschehen ein: So werden mit dem „Mittel des Geldes als rechte- und pflichtengebendem Organ einerseits die „Fähigkeitswerte" zu den Produktionsstätten geleitet, andererseits die Konsumwaren und -dienste zu den Haushalten. Durch diese Verpflichtungen zum Einsatz der Fähigkeiten aller Tätigen in der Produktion (Produktionsgeld) und Berechtigungen zum Bezug von Waren für den Verbrauch (Konsumtionsgeld) entsteht ein sich mehr und mehr differenzierendes Kreislaufsystem zwischen den Polen Produktion und Konsumtion."[102]

Aktive Neutralität

Die Überwindung von Kapitalismus und Kommunismus.

Die Alternative ist machbar.

Mitschrift eines Vortrags am 20. Januar 1985,
im Stadthofsaal Rorschach/Schweiz,
im Rahmen einer Tagung, die von einem
so genannten 'Mitteleuropäischen Dialogforum'
veranstaltetet wurde.[103]

Anmerkungen

Diese Veranstaltung war eine Irreführung. Ein „Mitteleuropäisches Dialogforum“ hat institutionell nie existiert. Beuys selbst sprach vom „Vorhaben eines solchen kontinuierlichen Forums“. Es blieb, so weit dies feststellbar ist, bei einer der für Beuys und sein Umfeld typischen, hochtrabenden Ankündigungen ohne Substanz und Folgen.

Letztlich ging es nur um den Vortrag von Beuys und in diesem, wie sich zeigen wird, nicht im engeren Sinn um politische Fragen, die man mit den Titeln „Aktive Neutralität“ oder „Die Überwindung von Kapitalismus und Kommunismus“ in Verbindung bringen könnte. „Die Alternative ist machbar“ letztlich wird auch das Versprechen dieses Untertitels nicht eingelöst, ausgenommen man würde in der anthroposophischen Weltanschauung eine alternative Lebensform sehen.

Vor etwa 600 Zuhörerinnen und Zuhörern versuchte Beuys diese Weltanschauung zu vermitteln, wobei er das Kunststück fertigbrachte, Steiner erst in der anschließenden Publikumsdiskussion auf Nachfrage zu erwähnen. Wobei er ihn dann jedoch den „Größten in unserer eigenen Zeit“ nannte.

Da er frei sprach, ergab sich ein wie von ihm gewohnter, unstrukturierter, für Nicht-Anthroposophen oftmals sinnfreier Wortschwall. Der Vortrag ist eben deswegen interessant, weil Beuys hier in völliger Klarheit über das Gesellschaftskonzept Steiners referiert.

Beuys' Äußerungen umkreisen folgende These Steiners: Die Menschheit muss zu ihrem prosperierend gesunden Fortbestand die 'Dreigliederung des sozialen Organismus' realisieren, also die von Beuys so genannte 'Soziale Plastik' formen, durch die Einbringung der kreativen Fähigkeiten jedes einzelnen. Hindernis auf diesem Weg ist ein „unfreies Geistesleben“, wodurch die Entwicklung menschlicher Kreativität unterdrückt wird. Unterdrücker sind die „staatszentralistischen“ und „privatwirtschaftlichen“ Machtsysteme, „die kein Interesse an der menschlichen Bewusstwerdung haben, durch die Medien, durch die Mittel also, die solche Machtstrukturen besitzen“, so Beuys.

Was bei erstem Ansehen nach sozialistischen Parolen klingt, verdeckt die Absicht einer gesellschaftlichen Unterwanderung, bei der die anthroposophische Weltanschauung in den sozialen Organismus implantiert werden soll - evolutionär durch „menschliche Bewusstwerdung". Dass diese „Bewusstwerdung" zuerst in den Schulen und Hochschulen erfolgen soll, ist der Infiltrierungs-Wunschtraum aller radikalen Kräfte, die unsere Gesellschaftsordnung zu Fall bringen wollen.

———

„Das ist es, was wir vor allen Dingen verstehen müssen, daß es schon recht ist, wenn man davon redet, in der Zukunft müsse die Menschheit durchdringen die soziale Ordnung; daß aber es notwendig ist, daß diese soziale Ordnung von den Menschen selber verwirklicht wird, indem die Menschen sich bequemen, der Wissenschaft der Eingeweihten zuzuhören von den Imaginationen, Inspirationen und Intuitionen. Es ist eine ernste Sache, denn ich sage Ihnen ja nichts Geringeres damit, als daß es ohne Geisteswissenschaft keine soziale Umgestaltung für die Zukunft gibt; aber das ist wahr. Sie werden niemals die Möglichkeit bekommen, die Menschen zum Verständnis zu bringen in einer solchen Weise, wie es notwendig ist in Bezug auf diese Dinge wie Intuition, Imagination, Inspiration, wenn Sie zum Beispiel die Schule dem Staate überlassen. Denn was machen die Staaten aus den Schulen?" (GA 296, S. 62)

———

Will man sich vorstellen, wie eine Bildung konnotiert wäre, die Steiner und Beuys fordern, sollte man sich deren kulturellen Kanon in Erinnerung rufen - Antike, Kelten, deutsche Romantik, Wagner. Beuys feierte die spirituellen, intellektuellen und künstlerischen Leistungen dieser Epochen, während er sich immer wieder herablassend über moderne Kunst und die Kulturschaffenden der Gegenwart äußerte. Den Stilrichtungen rechnete er zwar die Möglichkeiten einer „Anknüpfung an höhere Geisteswelten" zu. Indessen er den Kulturschaffenden Denkfaulheit vorwarf und damit deren Blindheit für diese „Anknüpfungen", womit sich deren Untätigkeit im Sinne des sozialen Organismus verband.

Quintessenz war seine generelle Ablehnung der materialistischen, liberalen Lebensweise des Westens, die er natürlich mit Steiner teilte, weshalb mit ihrer sozialistischen auch eine nationale Rhetorik verbunden ist. Was sich nicht zuletzt aus der Verwendung des Begriffs „Mitteleuropa" erschließt, eines in rechten Kreisen geläufigen Tarnbegriffs für „Deutschland".

In einer Studie über neofaschistische Strategien schrieb der Sozialwissenschaftler Fabian Virchow: „So verbindet sich der Mitteleuropa-Begriff mit den Vorstellungen von einer deutschen Führungsrolle, die sich mal mehr durch eine angestrebte „Brückenfunktion zwischen Ost und West", mal mehr durch konkrete Neuordnungsvorstellungen des Staatengefüges realisieren soll. Grundlage der Neuordnungsperspektive der extremen Rechten ist dabei die Absolutsetzung des völkisch bestimmten „Selbstbestimmungsrechts der Völker."[104]

Natürlich ist es auch hier aufschlussreich, die Sichtweise Steiners zu kennen, um nachvollziehen zu können, was Beuys meinte, wenn in seinem Vortrag er „Mitteleuropa" sagte:

„Wir sehen, daß Europa der kleinste Erdteil ist, und je weiter der Mensch nach Westen fortschreitet, desto mehr strebt er nach einem Zusammendrängen. Er strebt in Halbinseln hinaus ins Meer und schnürt sich immer mehr zusammen nach dem Westen hin.
Dies hängt alles mit dem geistigen Gang der Entwickelung zusammen. Sie sehen hier in eigenartiger Weise in die Mysterien der geistigen Entwickelung hinein. Aber mit dem Zusammendrängen nach Westen hin ist eine Krisis gegeben. Da ist eine Krisis, durch welche ein mehr unproduktives Element zu wirken beginnt. Die Produktivität stirbt in den Halbinselgebieten nach dem Westen hin in einer gewissen Weise ab.
Diese Unproduktivität zeigt sich in dem, was vorhin charakterisiert worden ist, daß nämlich sozusagen selbst die Kultur, je weiter sie nach Westen geht, ein starres, greisenhaftes, nach dem Absterben hin gehendes Element annimmt. Das ist etwas, was in den Geheimschulen immer bekannt war.
Sie werden nun begreifen, daß ich sagte, das, was ich mitteilen werde, könnte etwas gefährlich werden, weil die Menschen entrüstet werden könnten. Und es darf noch lange nicht alles gesagt werden, was dazu diente, den Menschen in Bezug auf die höheren Gebiete seines Wesens unabhängig zu machen, damit er wahrnimmt, was aus der Erde rassebestimmend aufsteigt, was später den Kulturcharakter bestimmt und was in noch späterer Zeit wieder unbedeutend werden wird, wenn der Mensch zum Geistigen wieder zurückkehrt.
Sie werden daher begreifen, daß mit diesem ganzen Gang der Menschheitsentwickelung der Gang der geistigen Entwicklung, den diejenigen immer gekannt haben, die tiefer in die Geheimnisse des Daseins

eingeweiht waren, zusammenhängt. Die Richtigkeit des Gesagten hängt nicht davon ab, ob man für das eine mehr, für das andere weniger begeistert ist; die hängt von der Notwendigkeit in der Entwickelung ab. Wer gegen die Notwendigkeit sprechen würde, der könnte nichts erreichen. Gegen sie sprechen heißt ihr Hindernisse in den Weg schieben. Daher ist es nur natürlich, daß in gewisser Weise die Menschen, die in das Gebiet ziehen, das mehr nach Westen liegt, sich eine Auffrischung wieder vom Osten holen müssen, einen Einschlag vom Osten erhalten müssen, daß aber das mitteleuropäische Gebiet sich auf die eigene Produktivität, wie sie vor der Halbinselbildung bestanden hat, besinnen muß.

Das ist der Grund, warum in Europa gerade - ich meine in dem Strich, der unser gemeinsames Gebiet umfaßt: Skandinavien und Deutschland - die Menschen sich auf ihr eigenes Seelisches besinnen müssen und warum dagegen gerade im Westen aufgesucht werden muß der Teil der Menschheit, der etwas von Osten übertragen erhalten soll. Das ist tief durch den Gesamtcharakter der Erdenmenschheit bedingt. Sie sehen, daß selbst in der theosophischen Entwicklung das sich noch wiederholt. Auch tritt uns das entgegen in der vierten nachatlantischen Kultur bei dem Römer- und Griechentum. Es ist Tatsache, daß die Römer in gewisser Beziehung weiter sind als die Griechen, daß sie aber von dem von ihnen eroberten Volke, welches weiter östlich wohnt, das Geistesleben nehmen. (GA 121, S. 82, 83)

―――

Sehr verehrte, liebe Anwesende und liebe Freunde!

Da es sich hier um eine Veranstaltung handelt, die dem eben gekennzeichneten Thema dient und unter dem Thema gewisse Absichten von Menschen, die hier versammelt sind, ja auch im Programm beschrieben sind - dass im Programm auch ein Gottesdienst vorgesehen ist, deutet vielleicht schon auf eine Grenzüberschreitung der geistigen Gewalt der Menschen hin, die sie dennoch haben inmitten der Machtkräfte, habe ich mir gesagt: zu einer solchen Absicht eines ökumenischen Gottesdienstes würden auch einige Sinnsprüche vielleicht passen.

Ich habe mir deswegen zwei Sinnsprüche ausgedacht, die eigentlich nicht verstanden werden können, sondern die er-meditiert werden müssen. Und zwar heißt der erste Sinnspruch: 'Der Primat'.

Ich knüpfe mit diesem Begriff 'Der Primat' an einen Begriff von Niklas Luhmann an, der ja ein bekannter Systemforscher ist und der mit Recht - wie ich meine - festgestellt hat, dass die Menschheit in ihrem gegenwärtigen Gestelltsein, in ihren gegenwärtigen Aktivitäten, nur zu kennzeichnen ist als Zivilisationsbegriff oder als Kultur, wenn man einmal diesen Begriff bemühen will, unter dem Begriff des Wirtschaftslebens.

———

Schmundt: „Gerade auf dem Hintergrunde der zeitgenössischen Soziologie wird das Außerordentliche der Forscherleistung Rudolf Steiners deutlich, die in den beiden zentralen Ansätzen kulminiert, die wir hier mit den Worten „Gestaltprinzip" und „Freiheitsprinzip" bezeichneten.
Bei dem Gestaltprinzip handelt es sich um die Entdeckung, daß das soziale Ganze als die Wirklichkeit eines Organismus erkannt werden kann, der von drei Funktionssystemen durchzogen ist.
Will man diese Gestalt schildern, so wird man von dem System des Wirtschaftslebens ausgehen, dem durchaus der „Primat" zukommt (R. Luhmann), und zwar aus der unvoreingenommenen Betrachtung heraus, daß auf dem Felde der Arbeit sich heute das soziale Leben der Kulturmenschheit entfaltet. Freilich muß dann der Begriff „Wirtschaftsleben" aus der Enge, die ihn auf die materielle Produktion und Konsumtion einschränkt, zu dem Begriff „soziales Tätigkeitsfeld" erweitert werden."[105]

———

Also ich lese diesen Sinnspruch vor:

> *„Stellen wir uns einmal vor, der Mensch, die Menschheit würde sich in einen ganz reinen, seelischen Zustand versetzen, das heißt sie würde sterben, so würde sie sich damit noch keineswegs außerhalb des Wirtschaftlichen befinden. Die Freiheit, die Gleichheit, die Brüderlichkeit - das Kapital - gelten auch im Übersinnlichen, ja - sie sind geradezu übersinnliche Substanzformen, sind Lebewesen, sind Wirklichkeiten, weil sie Ideen sind."*

Vielleicht kann ich diesen Spruch am Ende noch einmal vorlesen. Jetzt kommt der zweite Sinnspruch, der sich bezieht auf die Absicht, ein Forum für die aktive Neutralität zu gründen, das heißt einen Unternehmens-zusammenhang rein im Geistigen zu bilden, der ausstrahlen soll und der Einfluss nehmen soll auf möglichst viele Menschen. Also heißt der zweite Sinnspruch: 'Zur aktiven Neutralität':

> *„Stellen wir uns einmal vor, alle Menschen deutscher Zunge würden sich in einen ganz seelischen, aktiven Zustand bringen, so wäre das Gewollte, das heißt die aktive Neutralität, erreicht. Aber sie hätten es nach den Gesetzen eben dieses reinen Seelischen nicht etwa für sich selbst erreicht, sondern für alle anderen Völker."*

———

„Eine gerade Entwickelungslinie geht von der Begabung des alten nordischen Volkes mit dem Ich ausströmend durch den Gott Thor oder Donar aus der Geistwelt bis in diese Philosophie.
Dieser Gott hatte das alles vorzubereiten für die Bewußtseinsseele, damit sie einen ihr angemessenen Inhalt habe, denn sie ist darauf angewiesen, in die äußere Welt hineinzuschauen und innerhalb dieser Welt zu wirken.
Aber diese Philosophie findet nicht bloß die äußere, grobsinnliche, materialistische Erfahrung, sondern sie findet den Inhalt der Bewußtseins-seele selber in der äußeren Welt und sieht die Natur nur an als die Idee in ihrem Anderssein.
Nehmen Sie diesen fortwirkenden Impuls, so haben Sie darin die Mission der germanisch-nordischen Völker in Mitteleuropa."
(GA 121, S. 175)

———

Daran ist anzuschließen, dass hier etwas über das Wesen des Menschen ausgesagt wird, das in der allgemeinen Diskussion um das Gestellten des Menschen hier auf der Erde innerhalb materialistischer Wissenschaftsvorstellungen ja gar nicht erscheint: die eigentliche Gewalt des Menschen in seinem Geist, der größer ist als die ganze Welt, der nicht mit seinem Körper endet, der nicht endet mit seinem Tode, der vor seinem Leben begonnen hat und nach seinem Leben weiterwirken wird.

———

„Nur dadurch, daß der Mensch immer wieder, wenn eine Inkarnation zu Ende geht, durch die Pforte des Todes schreitet und seine Hüllen abstreift, nur dadurch kommt er zum eigentlichen Bewußtsein des Ich. Der Mensch muß lernen, den Tod zu überwinden.
Ohne daß der Tod in die Welt getreten wäre, hätte der Mensch nicht das Selbstbewußtsein kennengelernt. So mußte der Tod der große Lehrmeister der physischen Welt werden.“
(GA 108, S. 111)

———

Wenn man ein solches Bild vom Menschen versucht, behutsam in das Gespräch einzuführen, so wird es von vielen Menschen auf dieser Erde, von vielen Völkern auf dieser Erde mit Sicherheit aufgenommen werden, das heißt es wird zu einer Resonanz kommen. Ein Substantielles, ein Substanzhaftes im Menschen wird berührt werden. Und selbst wenn nicht Massen von Menschen, große Mehrheiten von Menschen einen solchen Standpunkt der menschlichen Arbeit - sage ich jetzt schon mal gleich - , also des menschlichen Wirtschaftens und Wirkens vertreten werden, so wird eben auch eine genügend große Anzahl von Menschen genügen, die Welt zu verändern.

Wie groß diese genügend große Anzahl von Menschen ist, darüber wollen wir keine festen Zahlenwerte feststellen, ich denke aber, dass die Wirkung auf die Welt, auf dieses Plasma, das sich ganz im Geistigen um den Erdball spannt und als „die Soziale Substanz“, die soziale Substanz schlechthin, genannt werden kann, dass diese Substanz auch impulsiver werden kann von drei Menschen oder von vier Menschen oder von sieben Menschen oder von sechzehn Menschen, einundzwanzig Menschen, dreiunddreissig Menschen usw.

———

Steiner: „Verstummen sollten alle Einwände, die von der Ansicht ausgehen: es sei jetzt nicht die Zeit, sich an Ideen hinzugeben. Denn von einer Zeit, die für das deutsche Volk die Keime wirklicher Lebensmöglichkeit enthält, kann erst gesprochen werden, wenn die Kraft der Ideen von einer hinlänglich großen Menschenzahl erkannt sein wird. Nicht nach dem, was sonst geschieht, darf der Ideenglaube eingerichtet werden; sondern in allem, was durch Deutsche geschieht, muß dieser Ideenglaube die treibende Kraft sein." (GA 24 S. 115)

———

Dass diese Vorstellung nicht absurd ist, sondern einer konkreten Wirklichkeit entspricht, das beweist ja auch, dass wir nicht mehr absolut auf dem Nullpunkt stehen in Bezug auf die absolute Unmöglichkeit, etwas zu bewirken; denn immerhin: markieren wir einmal die Zeit der Studentenrebellion, der Studentenbewegung, der ausserparlamentarischen Opposition!

Sehen wir einmal zurück auf diese Zeit, die wir mit der Feststellung versehen können, dass eine solche Bewegung ja auch gescheitert ist, sie dennoch aber weitergewirkt hat in ganz anderen Menschen, das heißt, dass durch wenige eine Übertragung gewisser Impulse stattgefunden hat, die sich in ganz anderer Richtung ausgewirkt haben!

Wir sehen ja, dass nach der Studentenbewegung die Bewegung für eine demokratische Gesellschaft mehr in den Vordergrund gerückt ist, wir sehen Organisationsformen, die sich mit dem Begriff elementarer und direkter Demokratie auseinandersetzen, wir sehen Bürgerinitiativen, wir sehen Organisationsformen in ganz kleinem Rahmen entstehen, wir sehen aber auch größere Bewegungen entstehen, die man dann die 'Ökologische Bewegung' genannt hat.

Wir sehen, dass aus dieser 'Ökologischen Bewegung' heraus sich sogar eine Gruppierung gebildet hat, die heute in vielen Parlamenten der Bundesrepublik vertreten ist - ich meine die 'Grüne Partei'. Wie immer es mit der 'Grünen Partei' bestellt sein mag und welche Widersprüche und welche inneren Kämpfe innerhalb der Grünen Partei auch bestehen mögen, so ist sie dennoch ein Beweis für das, was ich gesagt habe: dass wenige Menschen im Anfang etwas bewirken können, das nach einer gewissen Zeit sich weithin sichtbar und bemerkbar macht.

Das Phänomen der Bundesrepublik Deutschland ist für die Welt zum Rätsel geworden. Man kann sagen, das, was hier entstanden ist unter den Menschen, die die deutsche Sprache sprechen, das ist für viele Menschen sowohl ein Magnet wie ein Diskussionsthema größten Stiles geworden.

Wenn also heute Menschen nach Deutschland kommen und sich irgendetwas anschauen, sei es sie schauen sich einen Dom an, eine Kirche, eine romanische oder eine gotische Architektur oder sie besuchen eine große internationale Kunstausstellung, so kann der wirklich genau beobachtende Blick feststellen, dass diese Menschen sich eigentlich diesen Dom nicht allein anschauen, sondern dass sie eigentlich heute diesen Dom anschauen mit der Neugierde auf das hin, was denn in diesem etlichen Teil von Deutschland entstanden ist, das sie nicht duften können, das sie so und so beurteilen, das sie aber immerhin fasziniert, dass sie Fragen stellen: Was wird aus so einer Bewegung, aus so einem Impuls werden?

———

„Die Evolution des Menschengeistes geht ja in der Art vor sich, daß von der esoterischen Urweisheit in gewissen Epochen immer Teile in das Volksbewußtsein übergeführt werden.
Und dem deutschen Volksbewußtsein fiel eben am Ende des achtzehnten und am Beginne des neunzehnten Jahrhunderts die Aufgabe zu, das spirituelle Leben des reinen Gedankens in seinem Verhältnis zu dem einzelnen persönlichen Dasein auszugestalten. Zieht man in Betracht, was schon im Zusammenhange mit Schillers Persönlichkeit hier ausgeführt worden ist, daß die Kunst zu dieser Zeit in den Mittelpunkt des geistigen Lebens gerückt werden sollte, so wird man die Betonung des persönlichen Gesichtspunktes um so begreiflicher finden."
(GA 35, S. 59)

———

Ich hatte nach diesem zweiten Sinnspruch, der ja doch eigentlich den Menschen als ein ganz vergeistigtes Wesen sieht, das mit seinem Leibe in den Erdenverhältnissen nicht mehr darinnen steht, das seine Leiblichkeit in diesem vorgegriffenen Modell abgelegt hat, und zwar generell, um dadurch in Verhältnisse hineinzukommen, die objektiven Charakter haben, und die aus diesem objektiven Charakter die volle Qualität dessen, was zu schaffen ist, bewirken.

Ich hatte an dieser Stelle eigentlich das Bedürfnis gehabt, die Frage zu stellen: Aber warum pflanzen wir dann noch Bäume? Wenn es dem Menschen gegeben ist, diese Erde auf dem geistigen Wege zu verlassen, und in den physischen, körperlichen, fürchterlichen Schwierigkeiten und den schlimmen Leiden, die ganz besonders unsere Zeit über die Menschheit hingeworfen hat - wofür hat es denn dann einen Sinn, die äußersten Bemühungen auf das hinzulenken, was doch ganz und gar dem physischen Teil des Menschenwesens zugehört?

Ich wollte diesen Punkt nur andeuten, um dann zu sagen, dass es gerade für die spirituelle Zukunft des Menschen ja gar keine andere Möglichkeit gibt, als das Physische aufzubereiten, so dass das eigentliche Geistige entstehen kann. Also waren eigentlich meine Sprüche - sie waren sehr, sehr weit vorgegriffen in die menschliche Zukunft hinein! - deswegen gebracht worden, um klarzustellen, wie wichtig die physische Welt ist mit all ihren Schwierigkeiten, mit all ihren Leiden, an denen die Menschen sich stoßen, mit all ihren wirklichen Bemühungen aus dem, was schon weitgehend dem Leben entzogen und zerstört ist, dennoch wieder etwas aufzubauen, was den Gang der Evolution dieses Planeten fortsetzt, damit von der Erde aus dasjenige entwickelt werden kann, was nur von der Erde aus entwickelt werden kann.

„Wenn überall, wo wir hinblicken, Leiden in der Welt ist, so müssen wir sagen: Den Menschen muß Leiden befallen, wenn er in diese Welt des Leidens hineintritt.
Was ist die Ursache, daß der Mensch leiden muß? Die Ursache ist, daß er einen Trieb, einen Durst nach Verkörperung in diese Welt hat.
Die Leidenschaft, aus der geistigen Welt heraus in eine physische Körperlichkeit zu treten, die äußere Welt des Physischen wahrzunehmen: darinnen liegt der Grund für das Menschendasein." (GA 58 S. 269)

Das heißt aber zur gleichen Zeit, dass alles, was in der Zukunft geschehen wird, durch die Menschen auf der Erde - denn durch wen sollte es sonst geschehen? - eine Schöpfung des Menschen ist. Alle zukünftige Natur, jeder von nun an gepflanzte Baum trägt die Merkmale des Menschen an sich. Jedes zukünftig getane Werk ist in viel weiterem Maße eine Schöpfung des Menschen als in jeder Vergangenheit.

Denn jede Vergangenheit vor diesem Zeitpunkt ist doch weitgehend noch eine gewesen, die durch inspirierende Führungskräfte den Menschen dorthin gebracht hat, wo er selbständig werden musste, und wo er selbständig wurde, etwa vor 200 Jahren, wo er sich also eigentlich erst richtig in diese Erde inkarniert hat und selbst mit seinen Füssen diesen Planeten erreicht hat.

———

„Die objektive Tatsache ist einfach die, daß sich im November 1879 jenseits der Sphäre der sinnlichen Welt, im Übersinnlichen, dasjenige abgespielt hat, was man so ausdrücken kann: Michael hat sich die Kraft erobert, wenn die Menschen ihm entgegenkommen mit all dem, was in ihren Seelen lebt, diese so zu durchdringen mit seiner Kraft, daß sie die alte materialistische Verstandeskraft, die bis dahin in der Menschheit groß geworden ist, umwandeln können in spirituelle Verstandeskraft, in geistige Verstandeskraft. Das ist die objektive Tatsache; sie hat sich vollzogen.
Wir können davon sprechen: Michael ist in ein anderes Verhältnis zur Menschheit getreten, als dasjenige war, in dem er früher gestanden hat, seit dem November 1879. Aber es ist erforderlich, daß man dem Michael dient."
(GA 195, S. 35)

———

An dieser Stelle entsteht der Materialismus als Denkgesinnung, als Wissenschaftsgesinnung, um ganz und gar und gottverlassen den Menschen auf seine eigenen Füße zu stellen, damit er mit der Rätselfrage der Materie zu einem Ende kommt aus eigenen Kräften.

Auf diesen Punkt hin müssen wir verstehen, welche einerseits fürchterlichen Ergebnisse der Materialismus durch die Methodik des exakten naturwissenschaftlichen Denkens dem Menschen gebracht hat. Aber auf der anderen Seite müssen wir sehen, welche ungeheuren Fähigkeiten durch diese Disziplinierung im Menschen entstanden sind, die vor allen Dingen in ihm etwas bewusst haben werden lassen, was man das Selbstbewusstsein nennt, was man das Ich-Bewusstsein des Menschen nennt.

Also haben wir es beim Materialismus wahrhaftig mit einer gossen und gewaltigen Sache zu tun, die wir durchaus von zwei verschiedenen Gesichtspunkten aus beurteilen lernen müssen. Wir müssen wirklich das Geheimnis dieses Materialismus lüften.

„Also um der Freiheit willen hat die Menschheit die verstandesmäßige Entwickelung der letzten drei, vier Jahrhunderte durchgemacht. Diese verstandesmäßige Entwickelung hat zu einer im weitgehenden Sinne so zu nennenden materialistischen Anschauung der Welt geführt, einer materialistischen Anschauung, die heute noch in vollem Schwünge ist überall da, wo Weltanschauung in ausgedehntem, in intensivem Maße in das Weltgeschehen eingreift.
Wieviel man auch davon redet auf den wissenschaftlichen Gebieten, daß der Materialismus schon zurückgetreten sei, diejenigen, die ihn so zurückgetreten wähnen, die wissen oftmals gar nicht, wie tief sie noch in der materialistischen Anschauung stecken. Diese materialistische Anschauung, die in ihrer Art in großartiger Weise herausgekommen ist in den letzten drei bis vier Jahrhunderten und die nicht kritisiert werden soll, weil die Menschheit sie auch braucht, diese materialistische Anschauung kann aber niemals weiterkommen als zu einem Verständnisse alles desjenigen, was tot ist, was unlebendig ist; und würde nur die verstandesmäßige Anschauung der Welt herrschend werden im Erdenwerden der Menschen, so würde man nur das Tote, das Leblose begreifen. Man würde alles Verständnis verlieren müssen für das Lebendige, geschweige denn für das Geistige.“
(GA 171 S. 77)

Denn innerhalb dieser Phase, die man auch charakterisieren kann als die Phase der „Moderne“, erscheinen Persönlichkeiten, Menschengruppen, Zeitströmungen, Stile, Symbole, die als große Rätsel empfunden werden können, zum Beispiel in der Kunst.

Es sind in der sogenannten Moderne, also in der modernen Kunst, eine Fülle geheimnisvoller Rätsel zu finden. Man braucht nur an Mondrian, Picasso, den Surrealismus, den Kubismus, den Suprematismus in Russland zu denken, dann sieht man, dass eine Erneuerung in Bezug auf ein Signal-Geben stattfindet, also Symbole erscheinen, die auf etwas hinweisen, das noch der Lösung bedarf.

Diese Symbole sind nicht gemeint als platte, modische Innovationen irgendeines Stiles. Wenngleich die Moderne in vielen ihrer Findungen zu einer stilistischen Innovation allein nur fähig ist, so hat sie dennoch einen großen Mehrwert, der sich etwa in einem Satz von Picasso so äußert, dass er sagt über die Kunst: „Die Kunst ist nicht dazu da, um unsere Wohnungen und Schlafzimmer zu schmücken. Die Kunst ist eine Waffe gegen den Feind."[106]

Hier findet innerhalb der Moderne eine Aussage über die menschliche Kunstfähigkeit statt, die ernstgenommen werden will. Hier wird etwas über den Menschen ausgesagt, das ihn darstellt als einen, der große Mittel hat.

Wenn ich einmal von mir sprechen darf, so habe ich an einer bestimmten Stelle meines Lebens von komplizierten Spekulationen einen großen Abstand genommen und habe vieles, was in wissenschaftlichen Terminologien und in gewissen Wissenschaftspraktiken mir als ein intellektueller Hochmut erschienen ist, einmal ganz einfach zurückgefragt, wie es sich denn auf mein Leben, auf das Leben meiner Mitschüler auf der Schule, auf das Leben meiner Mitkameraden während des Krieges, auf das Leben meiner Mitstudierenden auf der Universität ausgewirkt hat. Ich habe doch gesehen, dass diese Menschen von irgendetwas bewegt waren, was sich schon in ihrer Kindheit bemerkbar gemacht hat. Ich habe gesehen, dass sich etwas entwickelt hat zu unterschiedlichen, aber zu immer wachsenden Fähigkeiten. Ich habe sehr tüchtige, ich habe geniale Menschen kennengelernt. Und ich denke, daran muss sich die Frage anschließen, dass sich so etwas selbstverständlich niemals abschließen lässt, dass also in den Menschen grundsätzlich etwas lebt, was sich entwickelt. Bis wohin es sich entwickelt, dafür kann man doch naturgemäß, das heißt aus der Sache heraus, nach einer solchen Beobachtung keine Grenzen stecken.

———

„Alle die Zeiten, die für das Künstlerische wirklich ursprünglich schöpferisch waren, standen von der menschlichen Seele aus in einer ganz bestimmten Beziehung zur geistigen Welt. Und auch aus dieser geistgestimmten Beziehung zur geistigen Welt ist das Künstlerische hervorgegangen.
Niemals eigentlich wird aus etwas anderem als aus der Beziehung der Menschen zur geistigen Welt das Künstlerische hervorgehen können."
(GA 276, S. 28)

———

Ich habe also alle diejenigen Vorstellungen, die als Ideologien auch in der Moderne vorhanden sind, gesehen als das Ende dieser Epoche, da diese

Ideologien nicht in der Lage waren, den Entwicklungsgedanken zu fassen, das heißt überhaupt einen Begriff vom menschlichen Wesen und seine biologische Gestelltheit zwischen Geburt und Tod zu fassen - also, dass das doch darauf hinweisen muss in Bezug auf die dennoch in der Moderne vorhandene Signal- und Symbolwelt und eine solche Äußerung von Pablo Picasso, dass diese eine Schwelle ist zu einer anderen Kunstfertigkeit des Menschen schlechthin.

Wenn ich auch in der Moderne noch die Unterscheidung feststelle, dass Kunst etwas ist, was mit dem Leben eigentlich insofern nichts zu tun hat, als es nicht einwirken kann auf diese Lebensverhältnisse, da ja auch exakt in dieser Phase der Moderne das entstanden ist, was unseren neuen Staatsbegriff formiert hat, den Parteienbegriff formiert hat, die moderne Naturwissenschaften gebracht hat, die Persönlichkeiten gebracht hat, die zwar ungeheuer interessante Experimente anstellen konnten an dieser Schwellensituation - einer Schwellensituation, die aber aus der Lage heraus, in welcher eben das Gestelltsein, ich sage jetzt gleich des Kunstbegriffes selbst, des Verständnisses der menschlichen Fähigkeit, der Kreativität, einfach nicht weiterkam als bis an einen bestimmten Punkt, der gebunden war in einer Kulturvorstellung, die der Moderne.

―――

„Wenn man sich im Sinne der heutigen intellektualistisch-materialistischen Wissenschaft der Erkenntnis hingibt, so versucht man durch Gedanken die Welt erkennend zu erfassen. Man hat zuletzt eine Summe von Gedanken, welche einem die Naturerscheinungen, die Naturwesen gedankenmäßig, vorstellungsmäßig repräsentieren. Man spricht Naturgesetze in Gedanken aus. Alles das, was wir als Naturgeschichte aussprechen und was wir den Stolz unserer Wissenschaft heute nennen, sind tote Gedanken, sind Gedanken, welche die Leichname sind dessen, was unsere Seele war, bevor sie aus dem überirdischen Dasein in das sinnliche heruntergestiegen ist.“ (GA 276, S. 112)

―――

Das heißt dem Materialismus, der Zeit des einseitig wirkenden, exakten naturwissenschaftlichen Denkens angehört, und also das Leben in seinem grösseren Bezug - nach dem Leben, die Seele -, in dem noch viel größeren Bezug - nach der Seele, den Geist -, in einem immer größer werdenden Bezug - nach dem Geist, die höheren Stufen dieses Geistes -, überhaupt nicht fassen konnte. Und deswegen wurde für mich erlebbar, dass diese Moderne mit ihren Signalen nichts anderes bedeutet als eine Schwelle zu einer ganz anderen Macht, die den Menschen gegeben ist, zu einem ganz anderen Kunstbegriff also, der auf den so gearteten Menschen mit seiner geistigen Gewalt stimmen muss. Das wäre ein anthropologischer Kunstbegriff.

——

„Denn dieses anthroposophische Erkennen, wenn es wahrhaftig ist, führt an einem gewissen Punkte dazu, daß man sich sagt: Ja, was du mit deinen Gedanken umfassest, das ist gar nicht die ganze lebendige Wirklichkeit, du brauchst noch etwas anderes. Und so strömt man, weil das ganze Seelenleben beim anthroposophischen Erkennen lebendig bleibt, nicht durch die toten Gedanken getötet wird, hinüber in das Bedürfnis, künstlerisch die Welt zu empfinden und künstlerisch die Welt zu erleben." (GA 276, S. 113)

——

Also die Logik des historischen Prozesses in Bezug auf die Fähigkeit des Menschen lässt sich fassen aus einem Verständnis innerhalb der Moderne mit ihren Ideologien und Einseitigkeiten, und sie lässt sich logisch überführen in die darauffolgende Metamorphose dieses Kunst- und Fähigkeitsbegriffes im anthropologischen Rahmen.

Im anthropologischen Rahmen heißt aber dann, bezogen auf alle Parameter dieses anthropologischen Feldes. Und es heisst ganz besonders konkret und real, dass jeder Mensch ein Künstler ist. Beschreibbar ist der Mensch nur als der Träger der Fähigkeiten.

——

„In alles, was durch das Wirtschaftsleben und das Rechtsbewußtsein in der Organisation des sozialen Lebens hervorgebracht wird, wirkt hinein, was aus einer dritten Quelle stammt: aus den individuellen Fähigkeiten des einzelnen Menschen.
Dieses Gebiet umfaßt alles von den höchsten geistigen Leistungen bis zu dem, was in Menschenwerke einfließt durch die bessere oder weniger gute körperliche Eignung des Menschen für Leistungen, die dem sozialen Organismus dienen." (GA 23, S. 80)

——

Dieser Logik bin ich - man kann sagen - ruhig gefolgt, habe viele Experimente angestellt und habe viele Menschen provoziert. Ich habe provozierende Formen deswegen benötigen müssen, um überhaupt eine Aufmerksamkeit, das heisst eine Wachheit, eine Reaktion von den Menschen zurückzubekommen. Ich denke in dieser Weise - ich greife einmal vor auf unser gemeinsames Vorhaben eines solchen kontinuierlichen Forums hier in der Dreiländerecke-, dass wir dieses künstlerische Mittel nicht unterschätzen dürfen und uns also auch nicht scheuen dürfen, andere Menschen mit Fragen, Bildern und Gestalten zu konfrontieren, die sie provozieren, das heisst, die etwas in ihnen hervorrufen - denn „Provozieren" heisst ja nach dem lateinischen Wort „Hervorrufen".

Man ruft etwas hervor mit dem Ergebnis, dass etwas sehr Einfaches geschieht: man kommt in ein Gespräch. Dabei ist es ganz uninteressant, ob man in diesem Gespräch durch seine Provokation unterliegt, obsiegt oder irgendwo im Gleichgewicht bleibt, sodass dieser ganze Vorgang das Gesprächs zunächst unentschieden ausläuft. Aber mit Sicherheit ist eines zu beachten: dass dieses in Kontinuität, in einem ständigen Üben mit nie nachlassender, ja besser mit steigender Intensität sich durch keinerlei Schwierigkeiten entmutigen lässt, dass man sich also nicht entmutigen lässt, dieses Gespräch zu führen.

Ich denke, dass das eines der wichtigsten Ergebnisse eines erweiterten Kunstbegriffes ist: den Menschen als Künstler zu bezeichnen, weil er einer ist - jeden Menschen als einen Künstler zu bezeichnen, weil er einer ist, weil er ja doch nichts anderes ist als derjenige, der in die Verhältnisse, zum Beispiel in die Stoffeswelt so eingreift, dass irgendein Produkt zustande kommt, dass irgendeine Gestalt zustandekommen, dass also dieser Mensch als Träger von Fähigkeiten begriffen wird, und dass mit diesem Komplex der Ausgangspunkt bezeichnet ist: der Primat - „Primat" zwar jetzt nicht im Sinne von Luhmann (wenn es auch sehr richtig ist, dass das Wirtschaftsleben das Wichtigste ist für unsere Kultur, und dass wir uns dort auseinander müssen), aber dennoch hängt ein anthropologisch verstandener Wirtschaftsbegriff ja organisch mit diesem Ausgangspunkt zusammen.

———

Schmundt: „Gelingt es nicht, den üblichen Begriff „Wirtschaftsleben" in dieser Richtung zu wandeln, so daß er die Gesamtheit dessen umschließt, was von den Berufstätigen gearbeitet wird ohne Rücksicht darauf, wie das Geschaffene geartet ist, so läßt sich das „Geistesleben" nicht als ein Funktionssystem denken, das das gesamte Wirtschaftsleben organisch durchdringt. In diese Richtung geht auch die Ansicht, die Friedrich Häusler darlegt, wenn er schreibt: „Die individuellen Fähigkeiten, die im ganzen Bereich des sozialen Lebens benötigt werden - angefangen bei der Anwendung starker Körperkräfte in der wirtschaftlichen Produktion bis zu den höchsten, rein geistigen Leistungen in Kunst und Wissenschaft -, betätigen sich in einem besonderen Glied des Gesamtorganismus. Es wird von Rudolf Steiner das Geistesleben genannt, das zu dem Wirtschaftsleben und dem Rechtsleben hinzutritt. [...] „Geist" als Name für alles, was sich im Menschendasein als individuelle Fähigkeiten zur Erscheinung bringt."[107]

——

Dieser Ausgangspunkt findet statt in dem Wirken menschlicher Kreativität. Dieses Wort enthält wieder eine lateinische Wurzel und ist von Gott genommen. Hier wird vom Menschen etwas behauptet, als wäre er ein Gott. Ich glaube, das entspricht einer objektiven Realität in Bezug auf den Werdegang des Menschen: heraus nämlich aus seinem Geführt werden durch Götter hin zu seinem Sich-Selbst-Finden und selbst ein göttliches Wesen zumindest in sich zu bemerken.

——

„Und an einem bestimmten Punkte fühlt man, jetzt muß man anfangen, künstlerisch zu gestalten, sonst hat man gar nicht die Wirklichkeit. Also der Anthroposoph fühlt an einem bestimmten Punkte seiner Erkenntnis, er muß zur Kunst übergehen. Und dann entsteht bei ihm wirklich die Anschauung, daß man in Ideen die Welt gar nicht voll inhaltlich geben kann, sondern daß man das Künstlerische zur Welterkenntnis überhaupt hinzufügen müsse."
(GA 276, S.114)

——

Er wird sich vielleicht gerade durch ein solches Erleben, das er heute nur durch Schwierigkeiten in sein Bewusstsein bekommt - denn so einfach wird es ihm ja nicht mehr gegeben! - zurückerinnern, dass dieses eigentlich ja die christliche Wahrheit nicht nur gewesen ist, sondern ist, dass sie aber in der Zwischenzeit - zwischen gewesen und ist - völlig aus dem Bewusstsein verschwunden ist: dass ja ein Gott in den Menschen eingezogen ist.

Also wird dieses Keator-Prinzip von diesem Gott, der sagt: ICH WERDE EUCH FREI MACHEN! Nichts anderes bedeuten, als dass gesagt werden muss: Kreativität ist Freiheitswissenschaft.

———

„Der Geist der Freiheit waltet in dem Geist, der sich ausgegossen hat über die ersten Versteher des Christentums am ersten christlichen Pfingstfest, der Geist, dessen bedeutsamste Eigenschaft von dem Christus Jesus selber angedeutet wird: «Ihr werdet die Wahrheit erkennen, und die Wahrheit wird euch frei machen!» Frei werden kann der Mensch nur im Geiste. Solange er abhängig ist von dem, worin sein Geist als in seiner Leiblichkeit wohnt, so lange bleibt er ein Sklave dieser Leiblichkeit. Frei werden kann er nur, wenn er sich im Geiste wiederfindet und aus dem Geiste heraus Herr wird über das, was in ihm ist. «Frei werden» setzt voraus: sich als Geist finden in sich selber." (GA 118, S. 174)

———

Kreativität ist eben nicht eine modische Erscheinung. Sie wird wie in allen Machtsystemen, die kein Interesse an der menschlichen Bewusstwerdung haben, durch die Medien, durch die Mittel also, die solche Machtstrukturen besitzen, heruntergewirtschaftet zu einem „fashonable creativity". Da wird den Menschen gesagt: „Ja gut, du hast doch dein Hobby!", da wird dieses Ganze, das der allerhöchsten Menschenwürde entspricht, herunter manipuliert in einen Hobbycharakter. Beim Auftauchen eines solchen Begriffes wird der Mensch sofort dergestalt bearbeitet, dass kein Bewusstsein über ihn selbst entstehen kann.

Also ist wieder dieser Anfang die Fähigkeit - die Fähigkeit, etwas zu gestalten, es auch den Menschen ganz handfest klarzumachen einfach im Experiment des Gesprächs, dass die erste Gestaltung, die dieser Mensch als Bildhauer ja vollzieht, die Formen seines Denkens sind.

———

„Verstanden wird werden müssen, daß im sozialen Leben der Zukunft etwas davon abhängt, wovon sich die Menschen gegenseitig unterhalten, was die Menschen ernst nehmen, indem sie gegenseitig ihre Ideen, ihre Empfindungen, ihre Gefühle austauschen." (GA 296, S. 56)

———

Dass die Formen seines Denkens durch das Zusammenwirken der Formen seiner Gefühle mit den Formen seines Denkens zur Sprache impulsiver werden, kennzeichnet ihn als einen Bildhauer des sprachlichen Bereiches. Alleine durch diese Feststellung ist doch in sich selbst gegründet, dass der Mensch ein gestaltendes Wesen ist. Wenn dieses dem Menschen bewusst ist, wir ihm auch etwas weiteres bewusst: dass er dadurch ein sich selbst bestimmendes Wesen ist.

Denn aus dem Freiheitsbegriff und aus dem Kreativitätsbegriff geht ja hervor, dass dieses seine Kraft ist, die ihn sich selbst bestimmen lässt, wodurch er sich selbst bestimmen kann. Mit diesem Begriff ist organisch verbunden der des Souveräns. Flugs wird ihm klar, dass nichts mehr an dem, was überkommen ist an Staatslehren, an Staatsphilosophien, an Wirrwarr sogenannter Staatsrechtlicher Vorstellungen noch eine elementare Bedeutung hat, sondern dass das staatliche Wesen, d.h. die letzte Instanz, die zur Entscheidung gerufen wird, er selbst als Mensch ist, mit seinen Menschenbrüdern und Menschenschwestern zusammen selbstverständlich.

Denn der Freiheitsbegriff führt in der Konsequenz ja auf das hin, dass nur das Freiheit genannt werden kann, was das Gegenteil von Willkür ist (auch von sogenannter „Wahlfreiheit", die ja auch dem Willkürbereich angehört), sondern dass die Freiheit eigentlich nur dann eine richtige Tätigkeit ist, wenn sie Einsicht in alle Zusammenhänge der Mitmenschen und der Natur herstellen kann. Wenn sie aus Einsicht in alle Zusammenhänge zur gestalterischen Aktion schreitet, dann handelt es sich um Freiheit.

„Und ich darf sagen, schließlich durchdringt doch alles dasjenige, was den Hauptinhalt, den Hauptimpuls dieser geisteswissenschaftlichen Bewegung bilden soll, von der ich zu sprechen habe, jene Sehnsucht der gegenwärtigen Menschheit, die sich ausspricht in dem Drang nach einer solchen Lebensgestaltung, innerhalb welcher der einzelne individuelle Mensch auf der einen Seite wohl seine sozialen Pflichten erfüllen kann, aber dennoch andererseits als einzelner, individueller Mensch ein freies Wesen sein kann." (GA 329, S. 230)

Ich will noch einmal zurück, dass es also der Kunst gelungen ist - da sind gewisse Anfänge durchaus gut geraten -, an der Schwelle der Moderne an die Schwelle anthropologischen Bewusstseins, eines anthropologischen Kreativitätsbegriffes, eines vom Menschenwesen her begründeten Freiheitsbegriffes zu stoßen. Kunst jetzt aber nicht so gefasst, wie sie ja in der Sphäre der Moderne durchaus noch - man sieht es ja an den Tageszeitungen - bis in unsere Zeit hinein weiter wirkt.

Dort, in dieser Sphäre, ist die Kunst abgedrängt in eine Nischenexistenz. Sie hat keinerlei Bedeutung für die großen Tagesfragen, vor die die Menschheit gestellt ist, sondern wird ebenfalls, wieder Kreativitätsbegriff, zur Dekoration der Systeme benutzt auf diese oder jene Art, so dass etwa im privaten Kapitalweise, von Seiten dieses Systems und seiner Machthaber gesagt werden kann: „Da, schau einmal, wie frei sie sind! Die Künstler können machen, was sie wollen!"

Sie sehen, wie schlimm das ist: die Künstler dürfen machen, was sie wollen, was sie ja eigentlich gar nicht dürfen aus dem heraus, was wir vorhin gesagt haben. So sieht man, wie wieder von Seiten der Machtmanipulation der Gesellschaftssysteme im Westen wie im Osten, das heisst innerhalb des staatszentralistischen wie innerhalb des privatwirtschaftlichen Kapitalismus die eigentlichen, sich aus dem Menschen herausgingen wollenden Gewalten und geistigen Kräfte herunter manipuliert werden, an den Rand gerückt werden.

Bestenfalls lässt man ihnen Narrenfreiheit, aber dann sind diese Künstler auch Narren! Man lässt ihnen eine Spielwiese, wo sie sich austoben dürfen, etwa des nächsten Bereiches, den der Mensch vorfindet als ein zu gestaltendes Feld aus seiner Stellung als der Souverän einer Menschengemeinschaft. Wir - der denkende und erkennende Mensch, der Mensch, der die Freiheit versteht als die Einsicht in die Zusammenhänge - müssen doch als das nächste Feld selbstverständlich das Feld der Rechtsregelungen aller Menschenbeziehungen in dieser gestalterischen Tätigkeit, d.h. in dieser Arbeit sehen.

Dieses ist der zunächst zu gestaltende Urstoff. Das Rechtsfeld muss vom Menschen, vom Souverän neu gestaltet werden. Dieses Feld muss eine Form finden, wie Michelangelo eine Form gefunden hat für seine verschiedenen Figuren, die die Menschen ja kenne, weil eine große Wirkung durch die Zeit von einem solchen Giganten ausgegangen ist. So wird auch der Mensch dieses Rechtsfeld, so wie Michelangelo, in eine gewaltige Figur hinein formen müssen. Es ist dann eigentlich ganz selbstverständlich, dass in diesem Formengebilde die Formen in Form von Rechten erscheinen, die die Formen für das menschliche Wirtschaften im dritten Gestaltungsfelde herstellen, die richtigen Rechtsformen über das Wie, Wer, Wann, Wo dessen, was zu produzieren ist im Rahmen des menschlichen Arbeitsfeldes und im Rahmen des menschlichen Konsumtionsfeldes.

Aus all dem, was jetzt gesprochen ist, geht zunächst nicht hervor, dass wir einen Begriff wie „Politik" brauchen, was bis jetzt geschildert wurde von mir. Und ich lege großen Wert darauf, ich insistiere darauf, dass der Mensch zunächst sich einmal ein Bild von sich als einem gestaltenden Wesen verschafft, dass das alles, was den Sozialen Organismus in eine menschliche Figuration bringen kann, nicht das geringste zu tun hat zunächst mit Politik.

———

„Im sozialen Organismus sind zunächst einmal diese individuellen menschlichen Fähigkeiten vorhanden. Und wir können ihr Gebiet verfolgen von den höchsten geistigen Leistungen des Menschen in der Kunst, in der Wissenschaft, im religiösen Leben bis herab zu jener Form der Anwendung individueller menschlicher Fähigkeiten, wie sie mehr oder weniger im Seelischen oder im Körperlichen begründet sind, bis zu jener Anwendung individuell-menschlicher Fähigkeiten, die im gewöhnlichsten, im materialistischen Prozesse verwendet werden müssen, der auf kapitalistischer Grundlage beruht, bis in den Wirtschaftsprozeß hinein, den man gewöhnlich mit einem absprechenden Worte den materiellen Bereich nennt. Bis da hinein läßt sich eine einheitliche Strömung von den sonstigen Geistesleistungen herunter verfolgen. Innerhalb dieses Gebietes beruht dann alles auf der entsprechenden, auf der fruchtbaren Anwendung dessen, was immer von neuem aus den Urquellen der menschlichen Natur herausgehoben werden muß, wenn es in der richtigen Weise hineinfließen soll in den gesunden sozialen Organismus." {GA 329, S. 25, 26}

———

Sie sehen also - auch ein Beweis für die Notwendigkeit eines anthropologischen, neuzeitlichen, auf der Höhe der Zeit befindlichen Kunstbegriffes, Kreativitätsbegriffes, Fähigkeitsbegriffes, Freiheitsbegriffes -, man muss verstehen lernen, dass das, was der Mensch zu vollziehen hat, ist: nach Formen zu suchen, seinen Produkten eine Form abzuringen, die der Form dadurch würdig sind, dass er sie den anderen zeigt, dass die Form also veröffentlicht wird und nicht für sich behalten wird, so dass sie alle Menschen sehen können. Nehmen wir einen großen Platz oder einen großen Tisch, da wird die Form daraufgestellt und alle Menschen schauen sich diese Form an und sprechen über diese Form! Sie haben unter Umständen sehr viel an dieser Form auszusetzen. Wiederum kommt es nicht darauf an, dass der erste Gestaltungsversuch gelingt. Aber es kommt darauf an, dass er veröffentlicht wird, dass sich der Mensch seinen Mitmenschen gegenüber so offen darstellt mit all seinen Schwächen - ja, indem er gerade eine Wunde nach außen kehrt, die der Mensch hat, um diese Wunde den anderen Menschen zu zeigen, aus der heraus er die Gestaltung der Zukunft bewirken will mit Hilfe der anderen. Also tritt hier durch das, was ich durch Worte und Begriff aneinandergereiht habe, doch organisch das in Erscheinung, was wir sehen wollen.

Wir wollen also zu diesem großen Tisch, zu dieser Plattform kommen, wo die Fragen Mitteleuropas und damit selbstverständlich die Fragen der ganzen Welt nach all diesen Richtungen hin diskutiert werden, die ich versucht habe aufzureißen, die also ein über die materialistische Verengung hinaus alle Erweiterungen, die Erweiterung des Kunstbegriffes, die Erweiterung des Wissenschaftsbegriffes, die Erweiterung des religiösen Begriffes zusammenfassen dann schließlich wieder in einen erweiterten Kunstbegriff, der klarmacht, dass dieses das Kapital der Menschheit ist.

Dass Marx ein dickes Buch geschrieben hat mit dem Titel „Das Kapital“, dass dieser große, wollende und strebende Mensch allerdings eine gigantische Kritik des kapitalistischen Systems geliefert hat und gar nichts über das Kapital ausgesagt hat, wird dann eine Wahrheit sein, die auf dieser Plattform, das heisst bei dieser permanenten Konferenz von sprechenden und denkenden Menschen, die nach außen wirken wollen, dann offenbar wird.

Marx wird dadurch nicht kleiner, sondern vielleicht sogar größer. Bei solchen Figuren verhüllt man gewisse Dinge. Dass sie in der Moderne gewisse Experimente gemacht haben, habe ich eingangs schon gesagt. Das gilt auch für die Frage der Nationalökonomie, denn Marx ist ja aus irgendeinem unklaren Wollen in ein pragmatisches Feld aus der Philosophie ausgestiegen und wollte Nationalökonom werden. Dass er das wollte, war schon ganz folgerichtig, aber dann hat er ein Experiment angestellt, das - so wichtig wie es ist - in der Menschheit zu ganz großen Katastrophen geführt hat trotz seiner genialen und innerlich gigantisch impulsirrenden Moralität eines alttestamentarischen Propheten.

„Marx war in seiner Jugend auch ein idealistischer Denker und hat auch noch in dem Sinn, wie ich es eben charakterisiert habe, an die Realisierbarkeit von Utopien gedacht. Aber er war es gerade, und nach ihm dann auch sein Freund Engels, der in der allerradikalsten Weise von dieser Rechnung auf die Einsicht der Menschen abgekommen ist.“
(GA 330, S. 386)

„Das ist zum Beispiel das Furchtbare der Karl Marxschen Nationalökonomie, daß diese ausgeht von dem Vorbild der naturwissenschaftlichen Denkgewohnheiten, und daß sie dadurch nicht zu wirklichkeitsgemäßem Erfassen der äußeren sozialen Lage der Menschheit kommt, sondern nur zu einer tötenden Kritik und zu der Anregung unfruchtbarer revolutionärer Bewegungen. Das ist die Tragik des gegenwärtigen Denkens.
Und da kommt man dann, wenn man die Möglichkeit hat, Geisteswissenschaft auf der einen Seite zu haben und die großen sozialen Fragen auf der anderen Seite zu haben, darauf, daß man sich sagt:
Zum Erfassen des sozialen Lebens ist diese Denkweise nicht hinreichend, die sich die Menschen in den letzten drei bis vier Jahrhunderten unter dem Einfluß des ideologischen Denkens, der Unwirklichkeit des Geisteslebens heranerzogen haben. Es gehört dazu, um dieses soziale Leben zu erfassen, eine Geistesschulung, die man nur an der geistigen Welt selber heranerziehen kann.“ (GA 333, S. 352)

Es ist durch Sigmund Freud ein Experiment gemacht worden mit dem Versuch, die menschliche Seele in den Mittelpunkt des menschlichen Bewusstseins zu rücken. Trotz seiner interessanten Dispositionen und Literaturen und psychologischen, experimentellen Systeme ist ihm durchaus nicht gelungen, etwas über die Seele auszusagen, sondern es ist ihm gelungen, über das Leibliche des Menschen etwas auszusagen, über das biologisch Leibliche, hauptsächlich über das sexuelle Leibliche, insoweit es unter Umständen mit dem Seelischen zusammenhängt.

—

„Ein Mensch wie Dr. Freud ist genötigt, das Sexualgebiet auszudehnen über das gesamte menschliche Wesen, damit er aus dem Sexualgebiet heraus alles erklären kann, was an solchen Seelenerscheinungen auftritt. Ich sagte zu verschiedenen Menschen, die mit psychoanalytischen Tendenzen an mich herankommen, eine Theorie, eine Weltanschauung muß standhalten können, wenn man sie auf sie selbst anwendet, sonst zerbröckelt sie in nichts." (GA 178, S. 169)

—

Also diese eigentliche Seelenwissenschaft müssen wir im Rahmen des ökonomischen Wollens, das heißt des wirtschaftlich Handelnden entwickeln; denn jetzt merken wir doch, der erweiterte Kunstbegriff ist fähig, in das Herz der Gesellschaft einzudringen. Wenn der erweiterte Kunstbegriff klarstellt, dass die Fähigkeiten der Menschen das Kaptal sind - einerseits - und das, was aus den Fähigkeiten der Menschen entsteht als Gestalt, dass diese beiden zusammengenommen das Kapital sind, dann ist die Sache ja eigentlich in einem Felde, wo sie die Frage der menschlichen Seele gerade auf dem sehr anspruchsvollen Niveau berührt.

—

„Dasjenige aber was leben wird, das wird etwas sein, was geistige Stoßkraft hat, was die menschliche Seele zu tragen vermag in all ihren geistigsten Bedürfnissen für das Leben.

[...]

Von einem wahren, auf sich gestellten Geistesleben zu der Leitung des Wirtschaftslebens führt eine wirklich praktische Brücke.

Der Kapitalismus kann in seinen Schäden nur dann überwunden werden, wenn die Verwaltung des Kapitalismus eng angeknüpft wird an die Gesundung des Geisteslebens.

Dann wird das herauskommen, was gesunde Sozialisierung des Kapitals genannt werden kann. Dann werden aus dem Geistesleben immer diejenigen Menschen aufsteigen, die auch Kredit, neuen Kredit in das Wirtschaftsleben hineintragen können, die das Wirtschaftsleben immer neu befruchten können. Dann wird der Kreislauf des Kapitals möglich sein, von dem ich in meinem Buche spreche."

(GA 330, S. 156)

—

Denn in dieser Bearbeitung des menschlichen Kapitals als dem wesentlichen Stoff der Entwicklung in alle Menschenzukunft hinein und über das Schicksal der Erde hinweg, dort wird sich das menschliche Wirtschaften, integriert mit dem erweiterten Kunstbegriff, eben erweisen als eines, das den materiellen Bedarf der Menschen auf dieser Erde befriedigen kann, das den seelischen Bedarf der Menschen befriedigen kann, das den Lebensbedarf der Natur befriedigen kann, das die Stoffe und Kräfte dieser Erde schützen und organisieren kann, so dass dieser Planet bis zu seine Transformation durch das sich transformierende und metamorphisierende Menschenwesen hindurch reicht, bis die Transformation an diesem Planeten selbst stattgefunden hat, so dass die Soziale Substanz selbst der Sonnenstaat wird, d.h. der zukünftige Planet ist, auf dem die Menschen unter anderen, höheren Lebensbedingungen arbeiten und wirtschaften werden.

Ich möchte jetzt schließen und es zu einer ersten Diskussionsrunde kommen lassen, nachdem ich jetzt versucht habe, es so anzufassen. Es ist ja immer so: ich hatte gedacht, ich fass es vielleicht ein bisschen anders an, aber dann habe ich Sie gesehen, und Sie haben mich inspiriert, es so zu äußern, wie ich es jetzt getan habe.

Die Gespräche

Anmerkungen

Es gibt ein 'Beuys-Kompass' genanntes Kompendium, in dem 514 Gespräche, Interviews und andere Äusserungen gelistet sind, die von Beuys aus Mitte der sechziger Jahre bis wenige Tage vor seinem Tod bekannt wurden.[108] Das Gespräch mit Sarenco ausgenommen, fehlen die weiteren, nachfolgenden Gespräche jedoch in dem Kompendium, das den Begriff 'Anthroposophie' nur zwei Mal auf den 632 Seiten ausweist.

Man könnte fragen, warum in dieser editorischen Fleißarbeit Gespräche unberücksichtigt blieben, in denen Beuys seine anthroposophische Weltanschauung darlegte und seine fragwürdigen Ansichten zur NS-Zeit preisgab? Und wurde es vielleicht als peinlich empfunden, dass der Vielredner Beuys auch mit einem Soft-Porno-Magazin sprach?

Jedenfalls sind die Gespräche äußerst lehrreich, weil sie unverstellte Blicke auf Beuys' esoterischen Kosmos wie seine gesellschaftlichen Ideen zulassen, die ohne Hintergrundwissen mitunter als neuer Sozialismus zu lesen wären und doch aus einer anderen Richtung kommen. Beuys war erklärter Anti-Marxist. Er verachtete die Linke und seine Aussagen decken sich nicht selten mit rechtem Gedankengut.

Wenn Beuys etwa einem deutschen Leitmedium unterstellte, ein „etabliertes Organ der etablierten Macht" zu sein, klingen hier Haltungen an, die nicht weit vom „Lügenpresse"-Begriff der Rechtsextremen entfernt ist.

Interessant sind die hier abgedruckten Gespräche ebenfalls, weil sie eine mit oberflächlichem Halbwissen garnierte Geschwätzigkeit bloßlegen, die den Geniekult um Beuys konterkariert.

So als Beuys Mao-tsetungs Äußerungen als „Ohnmacht des alten, traditionellen Kunstbegriffs" bezeichnet und an anderer Stelle über den „heldenhaften" Beitrag Malewitschs zur russischen Revolution fabuliert, ist das absurdes Gerede. Malewitsch war ein opportunistischer Nutznießer des Regimes und Mao ist allenfalls auf Warhol-Bildern mit einem Kunstbegriff in Verbindung zu bringen.

Dass Beuys die Verwendung der Materialien Fett und Filz ohne jeden Bezug zur sogenannten „Tatarenlegende" erläuterte, sollte all jenen zu denken geben, die weiterhin verbissen an der Fabel festhalten. Beuys selbst war nahe bei der Wahrheit, wenn er ausführte er habe „irgendeinmal in einem Katalog zu einer Ausstellung so eine Lebensgeschichte von mir gegeben, und dann hat es einer vom anderen abgeschrieben, und auf einmal gab es da diese Geschichte."

Tatsächlich hatte er die Geschichte im Januar 1969 dem Journalisten Ernst Günter Engelhard aufgetischt. Nach dessen Bericht verselbstständigte sie sich und wurde vor allem von Beuys' Umfeld mit Ausschmückungen wie einer „Metallplatte im Kopf" oder „schwerste Verbrennungen" weitererzählt.

Allerdings nahm Beuys nicht wirklich Abstand von dem Märchen, das er gleichwohl relativierte: „Dass ich bei Tataren war und dass die mich in Filzdecken gewickelt und mit Käse und Milch eingeschmiert haben, das mag schon stimmen, aber ich habe mich nicht deshalb für die Fett- und Filzobjekte entschieden, weil die mich damals mit diesen Stoffen behandelt hatten."

Letztlich sind die fortwährenden Überhöhungen seiner eigentlich mediokren Initiativen und Organisationen, die notorische Überschätzung der eigenen Positionen von Interesse. Wenn er etwa behauptete, er habe „als beratendes Organ mit der F.I.U. eine zentrale Funktion" bei den Grünen, so geht dies vollkommen an der Realität vorbei. Seine anthroposophische Fraktion um die F.I.U. die mit rechtsgerichteten Kreisen und Altnazis kooperierte, war innerhalb der Grünen isoliert und wurde nach der Gründungsphase aus der Partei gedrängt.

Problemtisch werden Beuys' Auskünfte, wenn er seine freiwillige Kriegsteilnahme in Hitlers Luftwaffe „moralisch richtig" nannte oder im Gespräch mit einer Schülerinnen und Schülern sagte: „Wenn ich die Schulbücher meiner Kinder sehe, könnt' ich wirklich sagen, dass unsere Schulbücher besser waren. Wie man überhaupt sagen kann: Der Zugriff des Staats, wie er heute ist, war ja längst nicht so stark damals. Die Autonomie der Schule war relativ groß." Das ist vollkommen absurd und gibt Anlass Beuys' historisches Verständnis wie seine politische Haltung zu hinterfragen.

Gespräch mit dem italienischen Künstler und Verleger Sarenco

1979 (Auszug) [109]

Welche Elemente haben deiner Meinung nach dazu beigetragen, dass du dich in der jetzigen, ziemlich privilegierten Situation, was deine künstlerische Arbeit anbetrifft, befindest?

BEUYS: Ich weiß nicht, ob man das so privilegiert nennen kann. Denn ich bin mir nicht dessen bewusst, dass ich irgendwelche Privilegien benutzt habe, um mich auf diese Plattform zu begeben. Ich habe gerade die Privilegien, die andere, beispielsweise die Kollegen, die ich in den Institutionen gehabt habe, ja nie gehabt. Ich habe zum Beispiel nie die Verbeamtung bekommen, seitdem ich Lehrer war, also ich kann sagen, dass das alles nicht aufgrund von Privilegien entstanden ist, sondern aufgrund meiner Arbeit.

Es liegt nur einfach jetzt das Phänomen vor, dass die nicht etablierten Interessen in der Gesellschaft einiges von meiner Arbeit halten; also wir brauchen jetzt nur die ganze Opposition zu nennen, die seit der deutschen Studentenbewegung bis heute gelaufen ist und die sich heute zum Beispiel in der ökologischen Bewegung 'die Grünen' organisiert, wo ich ja als beratendes Organ mit der F.I.U. eine zentrale Funktion habe. Hier liegt ein Großes Interesse an meiner Arbeit vor und gleichzeitig in den etablierten Institutionen.

Also du glaubst, dass das Interesse an deiner Arbeit daher führt, dass die Basis, d.h. die Linken, die Grünen u.s.w. sich stark für deine Arbeit interessiert haben. Meine Frage geht dahin, ob das Interesse an deiner Arbeit auch bei den etablierten Kreisen eine Folge davon ist, dass die Basis auf dich aufmerksam geworden ist? Oder sind das zwei Phänomene, die sich unabhängig voneinander entwickelt haben? Haben zum Beispiel die Studentenbewegung und die Grünen das Interesse erweckt oder wuchs es unabhängig davon?

BEUYS: Ich glaube, es ist einerseits einfacher und andererseits komplizierter. Selbstverständlich hat sich auch etwas innerhalb der Studentenbewegung und in den anschließenden Formen, sagen wir mal der außerparlamentarischen Auseinandersetzung ergeben, was im Establishment ganz grosses Interesse gefunden hat. Also man kann sagen, auch das System hat sehr vieles aufgenommen, was Rudi Dutschke gesagt hat, oder viele andere Persönlichkeiten aus der linken Bewegung, wie zum Beispiel Marcuse.

Das Establishment hat weitgehend in dem Augenblick, wo es gemerkt hat, man kann die Sache nicht verdrängen, diese Dinge aufgenommen. Und man dekoriert sich heute ja sogar damit, grüner zu sein als die Grünen. Alle etablierten Parteien, die FDP, die am Rande des Ruins steht, die CDU und die SPD, alle sind grüner als die Grünen, lassen sich nur noch mit grünen Telefonen fotografieren und tragen nur noch grüne Krawatten.

Ja, diese Situation, die wir jetzt geschildert haben, spiegelt sich auch wieder, wenn man sieht, wie der SPIEGEL im Grunde ja auch ein etabliertes Organ der etablierten Macht ist.

Man könnte sagen, dass er ein bisschen sogar durch Augstein von der FDP-Seite her beeinflusst wird und eine Art von Meinungsmonopol-Absicht hat. Deshalb schildert er heute dieses Ereignis in Guggenheim im Zusammenhang mit der politischen Sache, die dahinter steht.

Sie können nicht mehr, was sie noch vor zwei Jahren immer getan haben, das Politische abtrennen, wie das früher im Feuilleton geschehen ist. Im Feuilleton hat man immer manche Sachen gebracht und das Politische daran verschwiegen.

[…]

Mao-tsetung hat in einem seiner wichtigsten Werke über die Kunst erklärt, dass es sich oft, wenn es um revolutionäre Kunst geht, darum handelt, ein kleines Rädchen dem großen Getriebe der Revolution hinzuzufügen. Glaubst du also, dass es sich wirklich dabei um ein kleines Rädchen im großen Getriebe handelt? Oder ist Kunst heute die Begründung eines neuen, schon revolutionären Getriebes?

BEUYS: Ja, an das, was Mao-tsetung da deklariert hat, kann ich keine Hoffnung knüpfen, und ich sehe überhaupt keinen Sinn darin.
Hier handelt es sich hingegen wieder um die Ohnmacht des alten, traditionellen Kunstbegriffs.

Die glaubten, daß man nicht durch ein kleines Beiwerk, wie das beispielsweise auch in der Russischen Revolution ja heldenhaft durch Leute wie Malewitsch versucht worden ist, zur Revolution beitragen kann. Aus einem kleinen Beiwerk kann man keine Revolution machen. Also kommt hier nur in Frage, dass man den Kunstbegriff radikal anwendet und ihn sich auf etwas ganz anderes beziehen lässt als bisher.

Das aber kann nicht willkürlich geschehen, sondern das muss sich von der Sache her als Notwendigkeit ergeben, denn sonst wäre es eine individualistische Erfindung, von der man sagen müsste, es wäre Subjektivismus oder vielleicht sogar Mystizismus. Es handelt sich hier nicht darum, sondern es handelt sich in diesem Falle darum, auf ein Grundbedürfnis des Menschen oder eben alle Grundbedürfnisse der Menschen im sozialen Bereich einzugehen, das, was ja als Grundbedürfnis begrifflich schon seit der Französischen Revolution herausgearbeitet ist, nämlich die Bedürfnisse des Menschen nach Freiheit.

Das heißt, man muss für seine Kreativität, für seine freie Meinungsäußerung, für die Entwicklung seiner Fähigkeiten, für das demokratische Bedürfnis nach Gleichheit vor dem Recht und für eine solidarische Wirtschaftsordnung ohne Profit, Eigentum und Lohnabhängigkeit wirken. Und das ist ja eine Gestaltungsaufgabe allerhöchsten Grades.

Es wird also hier in der Theorie des erweiterten Kunstbegriffes angenommen, dass man, um das zu bewirken, von allen vorliegenden vorgegebenen Ideologien auch von der Marxistischen Ideologie Abstand nehmen muss.

Man sollte von den Phänomenen selbst ausgehen und annehmen, dass sich aus den Phänomenen also die Begriffe ergeben, mit denen man handeln muss. So kann also beispielsweise die Klassenkampftheorie nicht mehr in Frage kommen. Wenn es sich um einen anthropologischen Kunstbegriff handelt, bezieht sich dieses Revolutionsmodell auf alle Menschen, bezieht selbstverständlich auch den politischen Gegner mit ein.

[…]

Welche Beziehung siehst du zwischen deiner künstlerischen und deiner politischen Aktivität, die dich vielleicht in den Bundestag bringen wird? In mehreren Zeitschriften ist schon davon gesprochen worden, dass du die Aussicht hast, in den nächsten Bundestag zu kommen. Wie wirst du dann in dieser möglichen nahen Zukunft diese Beziehung praktizieren?

BEUYS: Erst einmal darf man jetzt nicht wieder den Fehler machen und die beiden Begriffe auseinander dividieren, hier ist der Künstler und da ist der Politiker, sondern das ist ja längst ein integrales System geworden, nach der Theorie des erweiterten Kunstbegriffs.

Da besteht also gar kein Bruch, denn es ist ja schon ganz klar geäußert worden, dass die eigentlichste und wichtigste Kunst, die Transformation des Gesellschaftskörpers ist, man könnte auch sagen, des sozialen Organismus, wenn man einen ökologischen Begriff nimmt. Und es ist natürlich klar, dass man im Bundestag, wenn man Abgeordneter wäre, diese Kunst praktizieren muss.

Und jetzt muss man sagen, wie er sich verändern muss. Man muss erkennen, dass es nur zwei Wirtschaftswerte gibt, die menschliche Fähigkeit, die in der Arbeit wirkt und die Produkte, die dadurch erzeugt werden. Sinn gibt diesem elementaren Vorgang, an dem diese zwei Wirtschaftswerte beteiligt sind, die menschliche Fähigkeit und was sich aus ihr als Produkt ergibt, dass diese Produkte den Bedarf aller Menschen auf der Welt befriedigen. Nur das kann Sinn der Wirtschaft sein. Also ist der dazwischen lebende Kapitalbegriff, den wir als Geldbegriff haben, wodurch Geld ein Wirtschaftswert wird und also handelbar und tauschbar ist, ein Unding von der Sache her.

Dieser Kapitalbegriff muss verschwinden und das Geld muss wieder in die demokratische Sphäre überführt werden, das heißt, wir brauchen ein Rechtsdokument, ein demokratisches Rechtsdokument als Geld- und Kreditbegriff, das nach dem Kaufprozess als wertloses Rechtsdokument zur demokratischen Zentralbank zurückfliesst. Hier tritt das Geld als ein demokratischer Regulator für alle kreativen Prozesse der Menschen auf allen Feldern der Arbeit auf. Das ist in Kürze die Konsequenz eines erweiterten Kunstbegriffes.

[…]

In all deinen Werken gebrauchst du eine Reihe von Materialien, die schon ziemlich kodifiziert sind, wie zum Beispiel den Filz, das Fett, du gebrauchst Aktionen und die unmittelbare Beziehung zu verschiedenen Tieren. Könntest du uns diese Arbeit mit ihren zentralen Elementen erklären?

BEUYS: Ja, man könnte zu dem, was wir vorher über einen erweiterten Kunstbegriff gesagt haben - wir haben auch von einem anthropologischen Kunstbegriff und von der sozialen Plastik gesprochen - noch etwas hinzufügen.

Diese Materialien sind eigentlich ziemlich bewusst eingesetzt worden, um diese ganze Theorie als Imagination, als Bild darzustellen. Das Fett hat von hier aus eine ganz bestimmte Funktion in den Aktionen, denn es wird ja hauptsächlich in den Aktionen gebraucht. Das Fett wird in drei Bewusstseinskonstellationen verwandt: also erst einmal in einer chaotischen, unbestimmten Energiequalität, man könnte es mit dem Willenselement bezeichnen, aber mit dem ungerichteten Willen und auf dem anderen Extrem gibt es die sogenannten Fettecken, also architektonisch plastisch prismatische Formen, also mathematisierte Formen. Hier tritt das Fett als Form auf. Also die zwei Pole von bestimmt und unbestimmt, werden aber durch die Aktion und durch die Bewegung vermittelt, also: Chaos, Bewegung, Form.[110]

Sie sind die drei wichtigsten Wesensbeschreibungen auch der menschlichen Kreativität, wenn man das auf seine Willenskreativität, auf seine Empfindungskreativität und auf seine intellektuelle Formqualität im Denken überträgt.

Man könnte sagen, ich habe auch versucht, den Begriff der Plastik, der ein konventioneller Begriff ist, in seine Kräftebestandteile aufzuspalten. Ich habe also von drei sehr verschiedenen Energien gesprochen und wir sehen ja auch, wenn wir vorhin über den sozialen Organismus gesprochen haben, dass wir da auch drei verschiedene Energien haben: das Freiheitselement, das Gleichheitselement und das Wirtschaftsprinzip oder das solidarische Arbeiten.

Also das Fett hat diese Funktion in den Aktionen, durch den Filz aber werden mehr die isolierenden Elemente betont. Filz wird also sozusagen eingeschaltet, um ein Gebiet, etwa das chaotische Prinzip vom nächsten Kraftfeld, dem Bewegungsprinzip oder das Bewegungsprinzip vom Formprinzip abzugrenzen.

Das Hauptaktionsmaterial Fett also wird durch Filz, durch den Isolator, in seiner jeweiligen Wirkungsweise durch Isolation bewusst gemacht. Man kann also sagen: der Filz hat eine analytische Funktion.

Da gibt es aber auch noch ein drittes Element, das ist ein ziemlich edles Metall, es ist Kupfer. Es tritt eigentlich als Leiter auf, man könnte sagen wie eine elektrische Leiter. Das vermittelt also in einer absoluten Verbindung über diese Felder. Isolator und Leiter sind zwei entgegengesetzte Prinzipien und treten meistens zusammen auf. Da ist das Bewegungsmoment verabsolutiert. Nun ist das natürlich rein optisch nicht so ohne Weiteres zu sehen, wenn die Dinge dann nachher als Aktionsinstrumente statisch im Museum stehen. Dann kann man entweder die Sache so ansehen, dass man nur die formale Seite betrachtet, obwohl sie dann auch noch Kraft haben muss.

Man hat natürlich mehr davon, wenn man auch die Begriffe kennengelernt hat, die der Grund waren, warum überhaupt solche Skulpturen entstanden sind. Aber sie genügen auch dem naiven Zuschauer, der also die Sache gar nicht kennt und alles wie ein Stück Natur anschaut. Der kann sich dafür interessieren wie auch nicht.

Es muss also etwas Faszinierendes sein, das von den Objekten ausstrahlt. Das habe ich erstens durch meine theoretischen Überlegungen und auch durch genaue Größenbestimmungen zu erreichen versucht.

Dem naiven Zuschauer, der diese theoretischen Zusammenhänge nicht kennt, der wird, wenn er sich dafür interessiert, fragen, warum das alles so gewählt worden ist. Der wird also einfach fragen, wie ist denn diese Maschine entstanden, was war der Grund und was waren die Überlegungen dazu und vielleicht wird er sich auf fragen: oder ist es nur Willkür?

Aber ich glaube nicht, dass er auf die Idee, dass es Willkür sein könnte, kommen wird, denn es ist ja selten nur eine Sache da. Meistens gibt es auch etwas, das sozusagen eine begriffliche Form hat, meistens ist eine Tafel vorhanden, da stehen Diagramme drauf und so weiter.

Zum Beispiel ist im Guggenheim Museum diese Funktion der begrifflichen Begründung durch den Katalog erledigt worden. Im Katalog werden viele Begriffe erklärt, die für die plastische Theorie verwandt worden sind.

Und welche Bedeutung hat der Gebrauch der lebenden Tiere?

BEUYS: Der Gebrauch der lebenden Tiere hat etwas mit einem viel größeren Begriff vom Menschen zu tun. Tiere sind ja etwas, was zur Natur gehört, also zum Beispiel zu derjenigen Natur, die die Ökologen jetzt gerne wieder retten möchten. Ich möchte an Hand dieser Aktionen mit Tieren, manchmal habe ich natürlich auch Pflanzen und manchmal auch Mineralien genommen, bewusst machen, dass es außer dem Menschen Reiche gibt, die mit dem Menschen zusammenhängen und dass das Tier ja nicht jenseits vom Menschen existiert, sondern wie ein Organ des Menschen zu betrachten ist. Wenn diese Tiere nicht da wären, dann wäre es genauso, als hätte der Mensch keine Leber mehr und ohne Leber kann man nicht leben.

Genauso ist es bei den Pflanzen und bei den Mineralien, also die Natur wird hier als Organ des Menschen genommen. Hier wird auch letztlich darüber reflektiert, dass, wenn dieses Wesen Mensch zu Tieren, Pflanzen und Steinen zugehört, erkrankt ist, man dann natürlich zur Heilung Schreiten muss. Das ist eben der Gedanke der Grünen, ein therapeutischer Gedanke.

Es ist aber auch noch etwas anderes interessant, dass, wenn man ein Wesen aus einem anderen Reich nimmt, das im Alltagsbewusstsein der Menschen oder auch in einem abstrakten materialistischen Wissensbegriff oftmals instinktiv so behandelt wird, als hätte es mit dem Menschen nichts zu tun, dass dadurch dann die Frage gestellt werden muss: Wenn es also auf der sichtbaren Seite der Welt noch Reiche gibt, die ganz anders als die des Menschen sind, mit ganz anderen Organisationsprinzipien wie im Tierreich, im Pflanzenreich und bei den mineralischen Bestandteilen des Planeten, muss sich der Mensch dann nicht fragen, ob es vielleicht auch nicht noch unsichtbare Kooperateure des Menschen gibt.

Das würde die Frage nach der religiösen Komponente im Menschen anrühren, jetzt muss er sich fragen, ob die alten Mythologien von Zeus, Diana, Jave, Jesus und so weiter sinnlose Utopien sind oder ob das nicht ganz wichtige Kooperateure des Menschen sind. Und darüber, wie das alles verläuft, muss der Mensch Auskunft haben, wenn er ein Bild von sich selbst haben will.

Denn wenn er das nicht weiß, dann wird er gar nicht in einer Wirklichkeit, sondern immer nur in einer unwirklichen Welt leben. Er wird sich vielleicht nur mit einem Sektor befassen, eben mit dem, was durch Physik, Chemie oder Biologie nach materialistischen Wissenschaftsbegriffen jeweils messbar, wägbar oder zählbar ist. Und dieser Wirklichkeitsbegriff ist kein Wirklichkeitsbegriff, er hat den Menschen nur dazu veranlasst, ihre Raffgier zu entwickeln, also den Egoismus zu kultivieren und einen antisozialen Trieb in der Welt zur Wirkung kommen zu lassen. Wenn erst einmal herausgestellt wird, dass das alles ein Denkfehler ist, dann kann man mit dem Heilungsprozess beginnen. Also diesen egoistisch antisozialen Trieb, der auf Grund dieser einseitigen, materialistischen Betrachtung von Mensch, Natur und Geist entstanden ist, habe ich gemeint.

Er hat im Grunde die soziale Frage überhaupt erst ins Leben gerufen und sie wird nicht eher gelöst werden, bevor nicht der Mensch ein anderes Bewusstsein von der Wirklichkeit hat. Das ist der Zusammenhang.

Du hast vor mehr als 10 Jahren in einer Galerie eine Aktion gemacht, wo du toten Hasen die Werke moderner Kunst erklärtest, während das Publikum draußen bleiben musste. Es war wehrlos und ohnmächtig.

BEUYS: Ohnmächtig war es sowieso, das ist es jetzt auch noch.

Welche symbolische Bedeutung misst du jener Aktion bei?

BEUYS: Ich wollte, dass die Menschen, die in ihrem egoistischen Fehlverhalten gegenüber der Wirklichkeit sich so sehen, wie sie eben sind, mal zeigen, dass sogar ein toter Hase noch viel mehr von diesem Wirklichkeitszusammenhang weiß, also zum Beispiel die Bilder in diesem Fall Bilder der modernen Kunst, besser versteht, als der Mensch mit seinem verkorksten so genannt rationalistischen Intellekt.

In dieser Sondersituation wollte ich die Menschen nicht hereinlassen, weil sie diesen reinen, heiligen Vorgang mir im Moment nicht stören sollten. Aber ich wollte es natürlich für die Menschen machen, nicht für die Hasen, ich wollte es für die Menschen produktiv machen.

Interview mit dem Männermagazin PENTHOUSE

Erschienen im Mai 1980
(Auszug)

Sie sind ein sehr kontaktfreudiger Mensch. Brauchen Sie, um in Ruhe nachdenken zu können, auch manchmal die Einsamkeit?

BEUYS: Ich versuche, dieses Nachdenken, das ja wirklich sehr wichtig ist, im allgemeinen mit anderen zusammen zu machen. Sie wissen vielleicht, dass ich auch verschiedene Organisationen gestartet habe, die Freie Internationale Universität zum Beispiel, da stehe ich in kontinuierlichem Kontakt mit anderen Menschen.

Woher, glauben Sie, kommt die verbreitete Vorstellung, der Künstler sei ein Mensch, der die Einsamkeit braucht, um schaffen zu können?

BEUYS: Ich glaube, es ist ein sehr bürgerlicher Kunstbegriff, der so etwas transportiert, also der den Künstler zum Einsamen stempelt. Man möchte ihn sich wahrscheinlich mit einer solchen These vom Leibe halten. Diese Sache vom einsamen Künstler geht nicht so sehr vom Künstler selbst aus, sondern resultiert aus einem Verdrängungseffekt, dass man sich den Künstler vom Leib halten möchte, weil er ja in der Regel Dinge vorstellt, die sich gegen die üblichen Denkgewohnheiten richten.

Ich könnte mir vorstellen, dass das gesellschaftsanalytisch aus einer Verdrängung herkommt. Andererseits muss man aber auch sagen, dass viele Künstler diese Einsamkeit, also den sogenannten Elfenbeinturm, sogar lieben und die Kunst als einen isolierten Bereich betrachten gegenüber den Fragen, die die Gesellschaft anliefert. Es gibt doch eine ganze Reihe von Künstlern, die sich da ziemlich zu Hause fühlen.

[…]

Nach einer Mitteilung der Schriftstellerin Stella Baum, der Sie eine Zeitlang recht nahestanden, haben Sie sich früher eher abfällig über Frauen geäußert. Da heißt es, Frauen seien zur Herstellung von Kunst nicht geeignet.

BEUYS. Ach was, das war so eine Bemerkung, das kann durchaus sein, dass ich das mal gesagt habe, weil die Stella irgendwas gemacht hat, was mir nicht passte, da habe ich ihr das vielleicht persönlich gesagt, aber das war auf den besonderen Fall bezogen, also keine grundsätzliche Äußerung über die Kunst von Frauen. Im Gegenteil. Ich bin doch der Meinung, dass

Frauen viel besser in der Lage sind, Kunst zu machen, als Männer. Nur muss man dann eben schon den erweiterten Kunstbegriff haben, nicht den traditionellen, der ja tatsächlich meistens durch die Männer bedient wird.

Sie meinen das Herstellen von Werken?

BEUYS: Ja, das Herstellen von Werken, das ist ja immer eher eine Männersache gewesen. Aber der erweiterte Kunstbegriff, wie ich ihn verstehe, der spielt sich ja viel mehr ab im sozialen Geschehen, und da hat die Frau, ich möchte fast sagen, die Führungsrolle.

Das ist natürlich ein kluger Schachzug, den Kunstbegriff auf den sozialen Bereich anzuwenden, also beispielsweise zu sagen, Kindererziehung und Krankenfürsorge sei Kunst und dann der Frau in diesem Bereich die Führungsrolle zu lassen.

BEUYS: Ich meine doch mit sozialem Geschehen nicht bloß die Kindererziehung. Das geht doch hinein in sämtliche Bereiche zwischenmenschlichen Lebens.

Ihren Ruhm verdanken Sie aber nicht Ihrem sozialen Wirken, sondern den Werken, die Sie geschaffen haben.

BEUYS: Mit so etwas wie Ruhm habe ich doch überhaupt nie gerechnet. Wenn ich auch nur eine Sekunde daran gedacht hätte, berühmt zu werden, wäre ich es bestimmt nicht geworden, denn dann hätte ich ja spekulativ darüber nachdenken müssen, wie man so etwas anstellt. Ich war doch nachweislich schon über vierzig, als ich zum ersten mal an die Öffentlichkeit ging mit meinen Sachen, was aber nicht heißt, dass ich vorher im stillen Kämmerlein gearbeitet habe. Ich habe schon immer im Freundeskreis wild diskutiert, auch schon während der Militärzeit, also ich habe schon immer das Gespräch als die einzige Möglichkeit angesehen, die Maschine in Gang zu halten. Nehmen wir mal an, man würde die Welt wie ein Fahrzeug betrachten, dann habe ich das Reden seit jeher als die einzige Energie angesehen, damit es überhaupt weiterfährt, auch über Abgründe hinweg, die sich auftun.

Das Reden hat aber doch nur eine begrenzte Wirkung. Sie können ja nicht mit Millionen Menschen Gespräche führen, außer Sie benutzen die

Medien. In die lässt man Sie aber erst, wenn Sie berühmt sind und berühmt sind Sie geworden, weil Sie das nach den Wertvorstellungen unserer Leistungsgesellschaft imponierende Kunststück zuwege brachten, für ein Stück Fett oder Filz oder zwei verrostete Leichenbetten mehrere hunderttausend Mark zu kassieren.

BEUYS: Das stimmt doch gar nicht, dass ich das kassiere. Sie überschätzen meine Einnahmen bei weitem, wenn Sie meinen, dass ich viel Geld verdiene. Die größte Arbeit, die ich jetzt in New York ausgestellt habe, diese große Talgplastik, an der habe ich keinen Pfennig verdient. Das ist so entstanden, dass man in Münster an mich herantrat und sagte, ich solle da eine größere Sache machen, da habe ich dann diese Fettskulptur vorgeschlagen, aber als ich die Unkosten berechnet hatte, also die Menge an tierischen Fetten und so weiter, was man ja übrigens heute alles wegschmeißt, wo man Schmierseife draus macht und solche Sachen, da ergab sich eine Größenordnung, da wären so ungefähr 700 000 Mark nötig gewesen, und da haben die sofort gesagt, nein, das können sie nicht bezahlen.

Ich hatte mich aber schon so eingearbeitet in diese Sache, dass ich mir sagte, jetzt musst du mal sehen, ob du nicht einen Geldgeber findest, der dir das Material zahlt, um dann die Arbeit umsonst zu bekommen. Ich habe diesen Geldgeber gefunden, einen Bauunternehmer, dem gehört jetzt die Arbeit, aber ich habe dafür überhaupt nichts bekommen. Da machen sich die Leute Vorstellungen, als wenn ich wer weiß, was verdiene, und in Wirklichkeit verdiene ich überhaupt nichts.

Das ist ja gerade das Schlimme, dass an Ihnen die Kunsthändler, also ausgerechnet jene Leute, die den von Ihnen abgelehnten Kapitalismus verkörpern, so viel verdienen.

BEUYS: Aber das ist doch immer so. Das ist der Marktmechanismus. Über das Prinzip des Kunstmarktes komme ich ja auch dann nicht hinweg, wenn ich meine Sachen selber verkaufe, wenn ich also hier etwas habe, und es kommt jemand zur Tür rein und sagt, das hätte er gerne, und ich geb's ihm ... schon geht es los.

Sie könnten einen Vertrag mit ihm machen, der ihm verbietet, die Sache an jemand anderen zu verkaufen.

BEUYS: Das hielte ich für einen unlebendigen Vorgang, das wirkt nicht dynamisch, denn man weiß doch, die Sachen werden von einer Hand zur andern getragen. Also das wäre gegen das Leben.

Ja, gegen das kapitalistische Leben, also eigentlich völlig in Ihrem Sinne. Sie sagen doch dauernd, Sie wollen keinen Kapitalismus.

BEUYS: Nein, will ich nicht. Aber ich kann's ja nicht ändern. Die Leute versuchen eben Geld rauszuholen aus allem. Es ist doch so, dass diese Dinge, die heute in irgendwelchen Museen landen, schon bei etlichen Vorbesitzern gewesen waren, im allgemeinen sind es sechs oder sieben. Das heißt also, da gibt es Leute, die vielleicht für zehn Mark 1950 oder 52 etwas erworben haben, und heute ist das auf einmal 25 000 Mark wert.

Ja, ärgert Sie denn das nicht?

BEUYS: Nein, das ärgert mich überhaupt nicht. Das ist doch bei Briefmarken genauso. Das ist ganz einfach der Marktmechanismus in einer kapitalistischen Wirtschaft. Neuerdings wird ja auch schon mit meinen abgetragenen Hüten gehandelt. Ich stehe dem mit Humor gegenüber. Ich wusste, dass es anders nicht geht, solange dieses System existiert. Ich wusste das vorher.

Kurz und gut, Sie funktionieren besser als jeder andere in genau jenem System, das Sie in Ihren Reden und Schriften dauernd bekämpfen. Sie sind ein Opfer dieses Systems geworden.

BEUYS: Nicht mehr als Sie.

Das nicht, aber spektakulärer.

BEUYS: Na gut, okay, spektakulärer.

Und trotzdem ist Ihre Hoffnung, das System verändern zu können, immer noch ungebrochen?

BEUYS: Ich brauch' gar keine Hoffnung. Mit dem Begriff Hoffnung arbeite ich überhaupt nicht. Das ist für mich etwas Irrationales. Ich kann es mir leisten, auf Hoffnung total zu verzichten, weil ich in jeder Ecke der

Wirklichkeit sehe, dass man sie in was Positives verwandeln könnte, also ich sehe die Möglichkeiten, und zwar nicht als Täuschung, sondern ganz objektiv. Ich sehe, dass, wenn man das oder jenes so oder so machen würde, der ganze Apparat, also der ganze Organismus zum Leben käme, sich regenerieren könnte, ganz neue Prinzipien zur Diskussion gestellt werden könnten, eine neue Gesellschaftsordnung beginnen könnte, eine völlig andere menschliche Zukunft.

Die Möglichkeiten sehe ich auch, aber ich sehe nicht, dass von ihnen Gebrauch gemacht würde. Das hoffe ich höchstens.

BEUYS: Wie man es nennt, ist ja gleich. Meinetwegen können Sie es auch Hoffnung nennen. Nur hat dieser Begriff heute für mich so eine passive Seite bekommen. Ursprünglich, im Mittelalter, waren ja Glaube, Liebe, Hoffnung Erkenntnisorgane des Menschen. Heute ist Hoffnung zu so einer merkwürdigen Einstellung geworden: Na ja, es wird schon irgendwie gehen, von irgendwo wird die Rettung schon kommen, also so eine Art Fatalismus, anstatt mit aktiver Arbeit an die Probleme der Menschen heranzugehen, deren Lösung ja nur in Gang kommt, wenn man zunächst mal darüber nachdenkt. Also bleiben wir mal einfach beim Denken, aus dem doch eigentlich die Kraft und Freiheit im Menschen herkommt. Ich bin ja jemand, der den Gedanken im ganz bildnerischen Sinne als eine Plastik bezeichnet. Ein Mensch, der denkt, ist schon mal kreativ. Mein Ziel ist, die Menschen zur Kreativität anzuregen.

Das geht aber doch nur, wenn man sie mit der Realität, so wie sie ist, konfrontiert und sagt: So, jetzt denkt euch mal etwas aus. Was ich an Ihnen beobachte, ist, dass Sie zu allen Fragen immer auch gleich die Lösungen wissen. Eine Ratlosigkeit habe ich an Ihnen noch nie feststellen können. Also Sie haben zu allen Problemen schon die Rezepte, was dazu führt, dass Sie so eine Art Leitfigur werden, der gewisse Leute dann passiv Gefolgschaft leisten.

BEUYS: Das wäre in der Tat fatal, denn Gefolgschaft würde bedeuten, dass die Leute Anhänger wären, die immer hinterherlaufen hinter einem, der sie anführt.

Aber das passiert doch.

BEUYS: Das passiert gelegentlich, aber das kann nicht sehr lange gut gehen, denn die Anhänger werden sehr schnell erfahren, dass sie eben Anhänger sind. Meine Lebenserfahrung ist, dass es gelegentlich solche Abhängigkeit im Sinne einer Anhängerschaft gibt, dass die aber nach kurzer Zeit doch erkannt wird und dass sich die Menschen, jedenfalls die meisten, dann zu ihrem eigenen Leben aufmachen, oft sogar in der Weise, dass sie zu Gegnern werden.

Gegnerschaft ist ja nur die andere Seite derselben Sache. Ob Anhänger oder Gegner, jedenfalls sind immer Sie der Kristallisationspunkt. Man ist entweder gegen Sie oder für Sie. Mit selbständigem Denken hat das wenig zu tun.

BEUYS: Na gut, in der gegenwärtigen Situation ist es noch so, dass sich Lager bilden, das ist richtig, das artikuliert sich in der Gegenwart tatsächlich noch zu wenig aus den Menschen selber heraus, aus ihrem eigenen Standpunkt oder Gesichtspunkt, aus ihrer eigenen Beschreibung dessen, wie es sein müsste. Aber das ist ja nicht nur bei mir so, so ist es überall. Es gibt viele Menschen, die gegen Franz Josef Strauß sind, und viele, die dafür sind, also da gibt es sogenannte politische Führer, an denen sich die Volksmeinung aufreibt.

Aber mein Beitrag geht ja gerade auf das Selbsttätigwerden der Menschen. Ich will ja gerade das Gegenteil von dem, was Sie mir da unterstellen. Dass das noch nicht in Gang kommt und die ganze Szenerie sich verändert, das liegt eben daran, dass es nicht möglich ist, in einem so kleinen Stückchen Jahrhundert die ganze Sache herumzureißen.
Das braucht Zeit. Wenn die Menschen zweihundert Jahre in der falschen Richtung, also im Sinne von Gefolgschaft, erzogen werden, dann kann man nicht erwarten, dass die Selbsttätigkeit im Denken und Handeln so rasch um sich greift. Vielleicht ist es in der Gegenwart wirklich noch nötig, dass sich die Menschen an einer physischen Erscheinung festhalten, also dass sie zum Beispiel sagen: der Mann mit dem Hut und mein körperliches Auftreten als das Wichtigere ansehen gegenüber meinen Ideen.

Das könnten Sie leicht vermeiden, indem Sie sich weniger auffällig kleiden. Sind Sie als Kind eher ein Außenseiter gewesen oder jemand, der um sich eine Clique hatte?

BEUYS: Ich glaube, ich war sowohl Außenseiter als auch immer mitten zwischen den andern. Ich habe mich, sagen wir mal, nie abseits gehalten, schon als Kind nicht. Ich hatte um mich herum immer große Gruppen von Kindern, aber nicht als Führer, sondern ich verkörperte so einen bestimmten Typus. Ich war sehr hart im Nehmen und hatte deshalb den Spitznamen »Panzer«. Wenn irgendwas war, dann schoben die mich nach vorne.

Sie müssen bedenken, es war ja die Zeit, wo sich diese ganzen Kämpfe zwischen den Parteien abgespielt haben. Da gab es die Kommunisten, den Stahlhelm, die Nationalen, die Hitlerleute, die Kirchenanhänger. Die Kinder sahen die Großen diesen Blödsinn machen und machten es dann auf dem Schulhof im Kleinen.

Haben sich auch Ihre Eltern an diesen Partei kämpfen beteiligt?

BEUYS: Nein, meine Eltern waren, kann man sagen, politisch nicht interessiert. Ich hab' eigentlich nie richtig herausfinden können, was mein Vater gewählt hat. Er war ein sehr humorvoller Mensch und hatte an allem was rumzumäkeln. Er konnte über alle Sachen, ob von rechts oder links, seine Witzchen machen.

In Ihrer Autobiografie schreiben Sie, Sie seien damals mit einem Wanderstab als Hirte, umgeben von einer imaginären Herde umhergezogen. Hat Ihr Vater das auch komisch gefunden?

BEUYS: Ich denke, er hat das als eine sehr positive Sache betrachtet, obschon ich das natürlich in aller Heimlichkeit machte. Also ich war überhaupt ziemlich weitab von meinen Eltern und bin selten mit ihnen zusammen gewesen. Meistens lebte ich bei anderen Leuten.

Viele Ihrer späteren Plastiken, die Fett- und Filzobjekte, auch die »Honigpumpe« auf der Kasseler documenta, haben Sie als Symbole zwischenmenschlicher Wärme beziehungsweise als Signale für das Fehlen dieser Wärme bezeichnet. Kommt das aus einem Mangel an emotionaler Zuwendung in Ihrer Kindheit?

BEUYS: Nicht in der Form, wie das ein Psychiater vermuten würde. Ich habe diese ganze Kälte nicht in meinem Elternhaus, sondern in der Zeit überhaupt, also wie damals die Menschen waren zu spüren bekommen, obwohl es ja nach außen hin eine sehr erhitzte Zeit war. Es war ja das Zeitalter des Expressionismus.

Die Leute brüllten leicht, waren ungeheuer leicht zu erregen, schlugen ein aufeinander. Auch in meiner Familie hat es das häufig gegeben, weniger zwischen den Eltern, aber zwischen den Tanten und Onkeln. Das hätte man also durchaus für erhitzt halten können. Es war aber trotzdem eine, sagen wir mal, anschleichende Kälte in der Zeit selbst. Die spürte man, und die hat mich wahrscheinlich beeinflusst.

Bei Kriegsausbruch haben Sie sich freiwillig zur Luftwaffe gemeldet. Was waren die Gründe?

BEUYS: Erstens einmal ganz allgemein ein Interesse an technischen Dingen, zweitens hat wohl auch Abenteuerlust eine Rolle gespielt.

Wollten Sie den Heldentod sterben?
BEUYS: Nein, ich wollte auf jeden Fall überleben.

Warum sind Sie dann ausgerechnet zur Luftwaffe gegangen, wo doch die Überlebenschancen vergleichsweise geringer sind?

BEUYS: Ich wollte eben das Risiko und trotzdem überleben, wie heute ja auch noch also etwas machen, was eine radikale Außenposition darstellt, und trotzdem siegen, sich durchsetzen mit einer Sache, wo man meint, man hätte die richtige Entscheidung getroffen.

Ich bin auch heute noch der Meinung, dass es eine vernünftige Entscheidung war, mich damals freiwillig gemeldet zu haben.

Manche, die heute alles so hochnäsig besser wissen, sagen ja, diese nationalen Triebe, die hochgekommen sind im Nationalsozialismus, die wären jetzt überwunden, also die setzen sich auf das hohe Ross und sagen: Wie konntest du Dich damals nur zur Hitlerarmee freiwillig melden?

Ich sehe das völlig anders.

Wie?

BEUYS: Na, ich sehe es erst einmal als ein Gefühl der Zugehörigkeit und Solidarität mit meinen Altersgenossen. Ich wollte eben mit denen das gleiche Schicksal teilen. Ich wollte keine Extrawurst haben, nicht so eine feige pazifistische Haltung einnehmen. Ich bin schon immer grundsätzlich gegen jedes Emigrantentum aufgetreten.

Ich wollte mitten in der Scheiße drinstehen, in der auch die anderen standen. Also ich halte meine damalige Entscheidung auch heute noch für moralisch richtig.

Kannten Sie denn damals die Hintergründe des Krieges, in den Sie da zogen?

BEUYS: Ich wusste natürlich, dass alles ein Ergebnis des Versailler Vertrages war. Das war mir klar, dass dieser Vertrag ein Unding war für Europa und ganz speziell auch für Deutschland, aber es war mir natürlich auch nur in der Form klar, wie es mir beigebracht wurde durch meine Lehrer, die ich verehrte, auch noch heute verehre.

Das waren alles ehemalige Offiziere, die hatten alle irgendwo ein Bein ab oder die Hand, was weiß ich, die waren schwer angeschlagen, seelisch, psychisch und körperlich. Dadurch waren sie natürlich für uns Kinder als Vorbilder sehr gut geeignet, denn Sie wissen ja, Kinder haben eine Menge Vorstellungskräfte, auch Devotions- und Verehrungskräfte. Also da war immer was los, wenn die von ihren Kriegsabenteuern erzählten.

Würden Sie zustimmen, wenn ich Sie als einen Kämpfer bezeichne, der es schwer aushält, still zu sitzen?

BEUYS: Ich habe sehr lange und oft still sitzen müssen zwischen den Einsätzen während der Kämpfe. Es war ja nicht so, als hätte man da nun andauernd ballern können. Da gab es ja große Pausen. Da wartete man entweder in einem Erdloch oder einem Zelt oder einer Pferdebaracke. Eigentliche wartete man ja immer. Das Soldatentum ist ja im Grunde ein einziges Warten, bis es dann losgeht.

Dann aber ist es eine Art von Befreiung?

BEUYS: Na ja, eine Befreiung vom Warten, aber es ist nicht eine Befreiung im Sinne der menschlichen Freiheit. Man ist ja da hineingestellt in einen Zusammenhang, wo man sich überlegen muss: Will ich nun untergehen oder weiterleben?

Sie hätten sich ja erst gar nicht in solchem Maße für den Krieg engagieren müssen.

BEUYS: Ja, aber das kam eben für mich nicht in Frage. Das ist ein Kameradschaftsbegriff. Deswegen bin ich ja auch bis zum letzten Kriegstag bei meinen Kameraden geblieben.

Dieser Kameradschaftsbegriff ist ja heute sehr angeschlagen durch die Auswüchse, die er gebracht hat. Da ist doch ein furchtbarer Blödsinn herausgekommen?

BEUYS: So habe ich das niemals erlebt. Ich bin in das Leben gegangen. Der Krieg, das bedeutete für mich: Leben. Ich wollte nicht in dieser Todeszone zu Hause bleiben. Ich habe gesagt: Ich will dasselbe Schicksal haben wie meine Altersgenossen. Ich sah keinen ethischen oder moralischen Grund mit irgendwelchen Tricks, die man hätte in Gang setzen können, zu Hause zu bleiben. Da ist so etwas im Spiel gewesen wie: auf Gedeih und Verderben zusammenhalten.

Haben Sie Bomben geworfen?

BEUYS: Ja, natürlich, das war ja nicht zu vermeiden.

Also gab es da Tote?

BEUYS: Städte wie die Amerikaner oder die Engländer haben wir nie angegriffen, sondern nur taktische Ziele, Flakstellungen, Kriegsschiffe, Brückenköpfe. Aber dass es da Tote gegeben hat, ist wohl wahrscheinlich.

Trotzdem möchte ich hier betonen: In die Zivilbevölkerung oder marschierende Truppen haben wir niemals hineingeschossen.
Wenn wir einzelne Russen gesehen haben, sind wir mit der Maschine hinaufgegangen. Ich glaube, das war eine Moral, die innerhalb einer solchen Waffengattung wie ein ungeschriebenes Gesetz da war. Man hätte ja sehr leicht einen Tiefangriff machen können auf marschierende Russen.

Wir haben sie manchmal so nahe gesehen, dass wir sie von der Toilette, also vom Donnerbalken, hätten wegschießen können. Aber das gab's nicht. Zumindest, soweit ich Augenzeuge war, hat es das nicht gegeben, das muss ich wirklich mit aller Wahrheit hier sagen, auch nicht Frauen gegenüber.

Da mag es wohl Vergewaltigungen an anderen Orten gegeben haben, aber dort, wo ich war, hat es das nicht gegeben. Die wirklichen Gräueltaten sind am Schreibtisch begangen worden.

Sie sind insgesamt fünfmal verwundet worden und haben das schwarze, dann das goldene Verwundetenabzeichen bekommen. Sind Sie da stolz gewesen?

BEUYS: Das kann man nicht sagen. Solche Sachen wurden zwar mit einem untergründigen Stolz angenommen, aber es wurde ja auch sehr viel ironisches Zeug darüber geredet. Diese Sachen bekamen ja alle möglichen Namen. Die hießen 'Dödel' oder 'Spiegelei'. Die wurden doch immer so ironisch umschrieben. Das wurde doch alles gar nicht so ernst genommen.

Was fühlten Sie, als Sie nach Ende des Krieges das wahre Ausmaß der Scheußlichkeiten erfuhren?

BEUYS: Das war ein Schock mit Sicherheit, und zwar irreversibel.

War es eher Wut oder Trauer?

BEUYS: Eigentlich Trauer, allerdings nicht gepaart mit Resignation, sondern ich begann sofort mit der Suche nach einem Ansatz, das Ganze im großen Stil wiedergutzumachen. Damals war es ja besonders nötig, die Möglichkeit des Menschen zur Guten zu sehen. Ohne Idealismus, wie Sie es nennen würden, wäre man da gar nicht zurechtgekommen. Eigentlich ist dieser Schock nach Ende des Krieges mein Urerlebnis, mein Grunderlebnis, was dazu geführt hat, dass ich überhaupt begonnen habe, mich mit der Kunst auseinanderzusetzen, also mich im Sinne eines radikalen Neubeginns wieder zu orientieren.

Ich hatte ja vor dem Krieg Naturwissenschaften studiert, und nun fasste ich den Entschluss, aus diesem materialistischen Wissenschaftsbereich auszubrechen und es mit einer umfassenderen Disziplin zu versuchen, von der ich damals, wenn auch zunächst nur gefühlsmäßig meinte, sie könnte wieder menschlichere Begriffe in den Mittelpunkt rücken.[111]

Das war eine Empfindung. Ich habe damals sicher mehr aus einer Empfindung heraus diese Entscheidung getroffen, weil ich ja die ganze Katastrophe vor mir sah, auch sehr viel gelesen hatte. Also das ergab sich aus einer Innerlichkeit, einem Gefühl, das ich hatte.

Spielten auch Schuldgefühle eine gewisse Rolle?

Beuys: Nicht Schuldgefühle. Ich fühlte mich verantwortlich, aber Schuldgefühle hatte ich keine.

Ich muss da einen Unterschied machen, dass ich durchaus sagen kann, ich bin schuldig, auch heute, aber Schuldgefühle habe ich keine, denn die könnte ich mir gar nicht leisten, weil sie mich hindern würden, die Sache voranzutreiben. Schuldgefühle haben je immer eine lähmende Wirkung.

In Ihrer Biografie wird mit einer geradezu penetranten Hartnäckigkeit ein bestimmtes Erlebnis, das Sie 1942, bei Ihrem letzten Absturz auf der Krim gehabt haben sollen, als Schlüsselerlebnis für Ihr gesamtes Kunstschaffen beschrieben. Da sind Sie von Tataren gefunden, mit Fett eingeschmiert und in Filz verpackt worden. Andernfalls wären Sie vermutlich erfroren. Besteht tatsächlich ein so direkter Zusammenhang zwischen diesem Ereignis und den Materialien, die Sie bevorzugt für Ihre Objekte und Aktionen verwenden?

BEUYS: Nein, überhaupt nicht. Da habe ich irgendeinmal in einem Katalog zu einer Ausstellung so eine Lebensgeschichte von mir gegeben, und dann hat es einer vom anderen abgeschrieben, und auf einmal gab es da diese Geschichte.

Dass ich bei Tataren war und dass die mich in Filzdecken gewickelt und mit Käse und Milch eingeschmiert haben, das mag schon stimmen, aber ich habe mich nicht deshalb für die Fett- und Filzobjekte entschieden, weil die mich damals mit diesen Stoffen behandelt hatten.[112]

Das ist ja ganz theoretisch entstanden. Es gibt doch diese Theorie der Skulptur, die ich aufgestellt habe, wo also das Fett chaotisch auftritt und mit Wärme bearbeitet, dann wegfließt oder bewegt wird durch irgendwelche Aktionen wie in dieser berühmten Wiener Aktion, wo es dann in den Ecken des Raumes landet.

Ich wollte mit diesem Material eine Aussage machen über das, was in dem Begriff Plastik drinsteckt, weil ich diesen Begriff auf seine Grundbestandteile bringen und nicht einfach so übernehmen wollte. Die Leute sprachen dauernd von Skulptur, aber keiner wusste, was überhaupt damit gemeint war.

Da habe ich dann den Satz von Ad Reinhardt, dem amerikanischen Maler, sehr wichtig genommen, der, als man ihn fragte, was eine Skulptur sei, gesagt hat: Eine Skulptur ist etwas, worüber man stolpert, wenn man im Museum von einem Gemälde zurücktritt.

Also für den war Skulptur eine negative Aussparung im Raum und sonst gar nichts. Da wollte ich diese Sache einmal durchleuchten und auf ihre Grundkräfte hin analysieren, und daraus ist dann der Aktionscharakter mit dem Fett und dem Filz entstanden: der Filz als Isolator, um gewisse Prinzipien voneinander zu trennen und gesondert wie in einem Laboratorium betrachten zu können.

Ist Ihnen klar, dass, abgesehen von einer winzigen Minderheit, die Leute, die mit Ihren Werken in Berührung kommen, das vollkommen anders auffassen? Die denken, wenn sie in ihrem Widerwillen überhaupt noch denken, bei Fett an das Bratenfett, das sie zum Kochen verwenden, und bei Filz an Pantoffeln.

BEUYS: Deshalb habe ich ja immer sehr großen Wert drauf gelegt, so etwas nicht bloß als Bild in Erscheinung treten zu lassen, sondern der wichtigere Teil meiner Aktionen waren ja die oft nächtelang andauernden Diskussionen, warum ich dieses und jenes Material da verwendet hatte. Außerdem ist ja unendlich viel darüber geschrieben worden.

Trotzdem halte ich es für illusionär, wenn Sie meinen, damit breite Schichten der Bevölkerung erreichen zu können, abgesehen davon, dass Sie ja bei Ihren Ausstellungen für Gespräche gar nicht mehr da sind. Sie sollten hören, was da für Ausdrücke verwendet werden. 'Entartete Kunst' ist noch ein relativ sanftes Beispiel.

BEUYS: Ich bin doch zunächst einmal gar nicht so sehr durch meine Objekte bekannt geworden, sondern dadurch, dass ich politische Aktionen gestartet habe, dass mich der Minister in Düsseldorf aus der Akademie hinauswarf und ich sieben Jahre gegen ihn prozessiert und den Prozess dann gewonnen habe, dass ich also mitten in seine Staatseinrichtung meine 'Freie Internationale Universität' hineingestellt habe und eine große Anzahl von Leuten, also sagen wir Tausende, dann zu der Auffassung kamen, der Beuys, der hat sich tatsächlich auf der Universität durchgesetzt gegen den Numerus clausus und sich eingesetzt für seine Studenten. Wer sonst tut denn so was? Ich lebe doch zunächst für die Tausende, nicht für die Millionen, von denen Sie vielleicht reden.

Ja gut, dann sollten Sie Ihren Wirkungsgrad auf die paar Tausend beschränken. Sie sind aber inzwischen längst für Millionen zu einem Begriff geworden, nämlich zum Inbegriff dessen, was moderne Kunst ist, und diese Millionen stehen Ihnen ziemlich verständnislos gegenüber. Die Kluft zwischen dem, was das Volk für Kunst hält, und dem, was auf dem Kunstmarkt heute Höchstpreise erzielt, ist doch enorm.

BEUYS: Richtig. Diese Kluft ist größer denn je. Aber was heißt das? Das heißt, wir haben heute dasselbe Prinzip, das den Ersten und Zweiten Weltkrieg erzeugt hat und möglicherweise auch den dritten hervorruft. Deshalb ist es doch gerade so wichtig, dass ich einen Kunstbegriff schaffe, der wenigstens versucht, die Gesellschaft auf völlig neue Füße zu stellen. Glauben Sie denn, dass meine Trauer nach dem Krieg, von der wir vorhin gesprochen haben, nicht noch viel größer wurde, als ich diesen ganzen Adenauer-Scheiß dann erleben musste, also gesehen habe, dass da alles im Sinne des vorigen Jahrhunderts wieder aufgebaut wurde?

Ich glaube Ihnen ja Ihre Verzweiflung. Aber ich sehe auch, dass ein Fließbandarbeiter gar nicht die Möglichkeit und die Zeit hat, sich mit Ihren Vorschlägen auseinanderzusetzen. Der reagiert doch nur aggressiv, wenn man ihm ein paar Filzplatten hinstellt und sagt, das sei jetzt genauso viel wert wie ein Rembrandt.

BEUYS: Na okay, die Zeit, um das begreifen zu können, die werde ich ihm beschaffen, indem ich zum Beispiel das Schul- und Hochschulwesen aus der Unternehmerschaft des Staates befreie. Denn dann werden ganz neue menschliche Fähigkeiten zutage treten.

Ich weiß doch auch, dass die Situation im Augenblick so ist, wie Sie sie beschreiben: erschreckend. Ein Wunder, wenn's anders wäre. Dahin sind wir gekommen. Und wissen Sie, was der Grund ist? Der Grund ist, dass die Menschen sehr unqualifiziert ihre eigenen Schwierigkeiten auf die Arbeitsergebnisse anderer Menschen herunter schütten. Das geht nicht nur mir so. Wenn sich heute einer ein Auto kauft, dann wird er vom Nachbarn genauso begeifert.

Also ich bin da in keiner anderen Situation als wir alle zusammen. Ich beziehe mich vollkommen ein in all diese Schwierigkeiten, und ich kann an dieser Stelle nur wieder sagen: Ich bin schuldig an dieser Sache, und zwar so lange schuldig, solange ich nachlasse, eine Alternative zu setzen gegen diesen Untergangstrend, diese Destruktion aller Werte.

Ich hab' doch gewusst, als ich mit meinen Ausstellungen anfing, dass das diesen Verlauf nehmen würde, dass diese ganze Scheiße heraus eitern würde. Sie wird heraus eitern wie eine unbewältigte Vergangenheit, könnte man sagen, die ja in uns allen drinsteckt, ich beziehe mich da immer mit ein. Ich stelle mich nicht außerhalb dieser Schwierigkeiten.

Ich muss aber auch sagen, dass gerade die, die da 'entartete Kunst' hinschreiben und solche Sachen, noch geistvoller sind als die Herren Universitätsprofessoren. Denn warum melden die sich überhaupt nicht? Warum sitzen die alle immer nur da und schreiben Bücher?

Wenn die Schwierigkeiten der Menschen zur Diskussion stehen, halten die doch alle die Schnauze, weil sie feige sind und konformistisch, aber nennen sich Wissenschaftler! Ich muss in diesem Zusammenhang sogar Leute nennen, die ich sonst schätze, wie Habermas beispielsweise.

Wer hat sich denn gemeldet, als die Schwierigkeiten mit dem Numerus clausus auftraten? Niemand! Diese Professoren sind doch noch viel primitiver als die Leute, die sich da über meine Objekte erregen.

Die sogenannten Kulturträger, die an den Schulen und Hochschulen heute die führenden Positionen haben, sind in der Mehrzahl dem Verfall ihrer Intelligenz preisgegeben, und zwar unwiderruflich, während solche Regungen, die sich in diesen Naziformulierungen äußern, nicht als unwiderruflich dastehen, sondern da kann man noch aufbauen.

Man müsste diese Leute nur einmal wegbekommen von ihrem Nützlichkeitsdenken. Das hat ja schon mit Kant angefangen. Da tritt ja diese Trennung schon auf, das Ding an sich und all diese Fragen, das wird da alles auseinandergerissen. Es gibt nicht mehr diesen Einklang zwischen Mensch und Natur wie bei den Griechen, und das führt natürlich in eine Einseitigkeit des Glaubens an die materiellen Werte, also in den Materialismus.

Da ist es kein Wunder, wenn die Menschen dann anfangen, nur noch nützlichkeitsbezogen zu denken, also sagen: Was nützt mir das? Was soll's? Was soll es bedeuten? Ist nicht mein Bier!

Na, das Bier eines Fabrikarbeiters, der von früh bis spät schuften muss, damit er das Geld für seine Familie heranschafft, ist es ja wirklich nicht, sich in der Münchner Städtischen Galerie Ihr Leichenbetten-Objekt anzuschauen.

BEUYS: Eben! Sein Bier ist es nicht, weil er so angelegt wurde, dass es sein Bier gar nicht sein kann. Deshalb gebe ich ihm ja meinen erweiterten Kunstbegriff, damit er sich bewusst wird, was er da überhaupt macht in seiner Arbeit.

Es wissen ja heute schon viele, dass ich ihnen auch die nötige Freizeit besorgen werde, denn mein Kunstbegriff richtet sich doch ganz gezielt auch auf die Veränderung des Arbeitsbegriffes. Also, dieser Fabrikarbeiter könnte doch sagen: So, jetzt solidarisiere ich mich nur noch mit Kunst, weil mir der Beuys erklärt hat, dass nur mit dieser Sache die ganze Scheiße, in der ich hier stehe, in Bewegung gebracht werden könnte.

Meinen Sie vielleicht, es wäre die Aufgabe eines erweiterten Kunstbegriffes, diese Scheißbetten da ins Museum zu stellen? Die sind doch höchstens ein Zwischenträger, damit sich die Diskussion immer wieder erhitzt an dieser Frage, damit offenbar wird, dass es kein anderes Mittel gibt als die Kunst, um die Verhältnisse, in denen wir stehen, zu verändern, also den Mann von seiner Fließbandabhängigkeit zu befreien und ihm einen Arbeitsplatz zu geben, der aus der Einseitigkeit rausführt.

Nun mal konkret gefragt: Was soll dieser Arbeiter machen, um herauszukommen aus seiner Misere?

BEUYS: Er soll nicht mehr SPD oder CDU, sondern die Grünen wählen, für die ich bei der nächsten Bundestagswahl kandidiere.

Wie wollen Sie denn, falls Sie tatsächlich gewählt werden sollten, diesen Job überhaupt ausfüllen? Da hätten Sie doch für was anderes gar keine Zeit mehr.

BEUYS: Ich stelle mich ja zunächst mal nur zur Verfügung während des Wahlkampfs. Weiter denke ich gar nicht. Ich kann mich ja in die Bresche stellen und auch ruhig kandidieren und dann nach kurzer Zeit wieder rausgehen. Ich kann doch, wenn ich gewählt bin, sagen, ich gehe wieder zurück an meine Arbeit. Es gibt ja Möglichkeiten des Austauschs.
Die Grünen wollen sowieso nicht, dass da vier Jahre derselbe drinsitzt. Das sind doch alles ganz neue Strukturen.

Zunächst kommt es mal darauf an, dass man die Sache ein bisschen nach vorne bringt. Was dann geschehen soll, kann man ja neu überlegen.
Ich bin gar nicht so unpraktisch, wie viele meinen. Ich denke die Sachen manchmal in sehr großen Bögen, aber eigentlich denke ich nur von einem Tag auf den andern.

Ich habe den Verdacht, Sie denken überhaupt nur aus Lust am Gedankenaustausch. Das Diskutieren mit Ihnen ist ja ein geradezu epikureischer Vorgang. Die Folgen sind Ihnen offenbar gar nicht so wichtig.

BEUYS: Moment mal, nein, so ist es nicht. Ich rede doch nicht um des Redens willen. Aber ich weiß natürlich auch, dass man an so eine Sache strategisch herangeht.

Ich kann doch zunächst mal ruhig kandidieren. Deshalb bin ich doch noch lang nicht gewählt. Nichts im Leben ist wichtiger als Taktik. Taktik, Strategie, Form, Lösung, Plan, Organisation, das sind alles Dinge, die für die Kunst eine ganz große Wichtigkeit haben, für die Herstellung einer Skulptur oder Plastik.

Von ihrer ursprünglichen Bedeutung her sind es Begriffe, die vor allem im militärischen Bereich eine Rolle spielen.

BEUYS: Ja, aber so kriegerisch dürfen Sie das in meinem Fall nicht betrachten. Das geht bei mir nämlich viel netter. Ich weiß genau, wenn der eine Weg nicht funktioniert, dann gehe ich einen andern.

Ich habe schon immer gesagt: Ich bin ein Hase. Ich laufe durch eine Furche, und wenn sie mich kriegen wollen, habe ich, ohne viel nachzudenken, im Kopf schon eine andere Furche.

Und zuletzt vergraben Sie sich in der Erde. Da kann Sie dann überhaupt keiner mehr finden.

BEUYS: Mit der Erde bin ich sowieso längst verschmolzen.

Für den Fall, dass Ihnen Ihre Ausflüchte doch nicht gelingen sollten, sitzt also im deutschen Parlament demnächst ein Hase?

BEUYS: Ich hab' doch vor vielen Jahren sowieso schon eine Partei für Tiere gegründet. Das ist die größte Partei, die es gibt. Die Gründungsdokumente können Sie sich im Darmstädter Landesmuseum ansehen.
Es gibt ja Leute, die sagen, das sei ein Unsinn. Aber die werden noch staunen. Elefanten mischen schon seit langem in der Politik mit, auch Hasen, die lassen sich nicht mehr diese menschliche Sterilität vor die Nase spritzen, die schlagen allmählich zurück, diese Leute, und zwar gewaltig.

Leute?

BEUYS: Sie können auch Engel sagen.

Soll ich das jetzt noch ernst nehmen, oder machen Sie Scherze?

BEUYS: Ich mache überhaupt keine Scherze, auch nicht, wenn ich lache, denn dieses Lachen kommt daher, dass ich im Grunde das Problem längst beim Schwanz gepackt habe.

Es gibt keine Chance mehr für destruktive Strukturen. Der Kapitalismus ist irreversibel im Abbau. Diese Apokalypse ist längst im Gange, und dann werden wir eine ganz neue Weltordnung haben. Wenn es da Leute gibt, die auf den Weltuntergang warten, dann warten die ganz vergeblich, weil ich den verhindern werde. So ist das, und das ist keineswegs überheblich, sondern nur logisch.

Ich lass mich ja gerne von Ihnen retten. Ich hoffe doch genauso wie Sie, dass die Welt einmal gut wird.

BEUYS: Jetzt kommen Sie mir wieder mit Ihrer Hoffnung! Wenn ich baden gehe, und das Wasser ist vor mir, dann brauche ich doch keine Hoffnung, um Wasser zu haben, sondern dann gehe ich einfach hinein in das Wasser.

Das Wasser ist ja nicht die Lösung für die Probleme, über die wir hier reden. Ins Wasser gehe ich auch ganz ohne Hoffnung.

BEUYS: Aber es muss doch Lösungen geben, Herrgott Sakrament! Wenn ich zum Schreiner gehe und bestelle mir einen Stuhl, dann muss der Stuhl eine Lösung für das Sitzen darstellen. Ist er keine Lösung, dann haue ich ihn dem Schreiner über den Schädel.
Die Lösung für das Sitzen muß ja kein Stuhl sein. Sie können sich ja auch auf den Boden setzen.

BEUYS: Sie verstoßen andauernd gegen die Logik der Dinge. Sie sind ganz unwirklich, leben in einer ganz unwirklichen Welt, zaubern sich da in Ihren Vorstellungen etwas zusammen, was mit der Realität überhaupt nichts zu tun hat. Wie wollen Sie denn ohne Lösungen überhaupt leben?

Ob das jetzt Lösungen sind für den Vergaser beim Auto, für das Sitzen, für die Organisation des Schul- und Hochschulwesens, für das Bankwesen, den Kunstbegriff, den Demokratiebegriff oder den Geldbegriff.

Wenn man methodisch an ein Problem herankommen will, braucht man doch immer irgendwelche Lösungsmodelle, also ein Gestaltungsprinzip im Organisieren, das dann im höchsten Maße ein künstlerisches Prinzip ist. Das kann doch nicht dort enden, wo Maler bloß Bilder malen oder Bildhauer aus Ton etwas kneten, das muss doch eine Sache sein, die für die Menschen in ihrer Gesamtheit eine Lösung darstellt.

Wenn ich nicht überzeugt davon wäre, für die Kunst beziehungsweise im Sinne des erweiterten Kunstbegriffs: für das Leben eine Lösung gefunden zu haben, dann würde ich meine Sachen doch in den Eimer schmeißen und würde nicht wagen, das ganze Zeug nach New York ins Guggenheim-Museum transportieren zu lassen.

Also es kann sich immer nur um Lösungen handeln, aber diese Lösungen liefern sehr viele Menschen. Ich bin ja nicht der einzige, der Lösungen herstellt. Meine Nachbarin produziert Lösungen. Die Gemüsefrau produziert Lösungen. Ich bin doch nicht jemand, der seine Lösungen anderen aufzwingt. Ich mache ein Angebot, das ist alles. Mein Ausgangspunkt ist ja gerade die Selbstbestimmung des Menschen.

Aber die endet doch spätestens dort, wo der Mensch aufhört zu leben. Also da ist eine Grenze. Seinen Tod kann der Mensch nicht bestimmen.

BEUYS: Also jetzt wird's chaotisch. jetzt müssen Sie sich in aller Liebe gesagt sein lassen: Sie sind vollkommen unrealistisch. Der Tod ist doch keine Grenze. Der Tod ist das Leben. Ich sehe doch im Tod die einzige Möglichkeit, um überhaupt über das Leben eine Aussage machen zu können. Sonst müsste ich doch von der alten, darwinistischen Vorstellung ausgehen, dass mit dem Tod alles aus ist. In Wirklichkeit ist es aber doch so, dass im Sinne des Organikers das Leben mit dem Tod überhaupt erst anfängt.

Da gibt es ja genügend Leute, die sich mit dieser Rätselfrage des Lebens beschäftigt haben, wie Lorenz Oken oder Goethe oder Caspar David Friedrich oder der deutsche Idealismus.

Das waren ja alles sehr gläubige Menschen.

BEUYS: Ja, gläubig bin ich doch auch. Das muss ja nicht in Erscheinung treten, indem ich den Papst verehre oder irgendeiner Konfession angehöre.

Halten Sie sich für unsterblich in Ihren Werken?

BEUYS: Ach was, Blödsinn!

Der amerikanische Objektkünstler Edward Kienholz hat unlängst den Wunsch geäußert, er möchte, dass man seine Sachen verbrennt, wenn er tot ist.

BEUYS: Das sagt der doch nur, weil er raffiniert genug ist zu wissen, dass die Sachen ohnehin alle vom Konservator erhalten werden. Was sollen denn solche Äußerungen? Die halte ich geradezu für frivol, denn dann dürfte er ja überhaupt nichts verkaufen, sondern müsste alles bei sich versammeln und wenn er abkratzt, schnell noch einen Benzinkanister darüber schütten und ein Streichholz anzünden.

Also bleibt etwas übrig?

BEUYS: Ja, meinetwegen, wenn es nicht bis dahin verrottet oder von den Menschen zufolge einer plötzlichen Umpolung ihrer Vorstellungen irgendwohin gekippt wird, dann bleibt was erhalten.

Manche würden ja schon heute Ihre Sachen am liebsten zum Sperrmüll werfen.

BEUYS: Was ist das für eine Bezeichnung: Sperrmüll?
Das ist Abfall, der zu groß ist, als dass man ihn in eine Mülltonne hineinwerfen könnte.

BEUYS: Die Leute von der Müllabfuhr sind sowieso meine besten Freunde.

Interview mit der anthroposophischen Zeitschrift Info3

Kunst gleich Kapital

1982 [113]

Anmerkungen

Dieses Interview ist eine Besonderheit, weil es das wohl einzige ist, das Beuys einem anthroposophischen Medium gegeben hat. Nachvollziehbar wird hier, wie sehr Beuys sich als Anthroposoph empfand, dass er sich in dieser Gesellschaft wohlfühlte und seine Weltsicht mit den Interviewpartnern teilte.

Wie nah Beuys damit auch bei heutigen Verschwörungstheorien ist, die im Umfeld der Anthroposophie kursieren, erweist sich, wenn er nebulös von „Mächten“ spricht, die „sich verschworen“ haben, die „sehr gut organisiert sind“ deshalb solle „man überall die Orte, wo sie sich breitmachen, aufspüren und dagegen opponieren, ob in der Frage der Atomkraftwerke, ob in der Frage der chemischen Industrie oder wo auch immer.“

Auch in diesem Interview gab Beuys ebenso hochtrabende wie substanzlose Behauptungen von sich. Wenn er etwa sagte, Rudi Dutschke sei Mitglied der 'Freien Internationalen Universität' gewesen, was jedoch kaum vorstellbar ist. Denn Beuys und Dutschke kannten sich nur für kurze Zeit und trotz gegenseitiger Sympathie hatte Dutschke ein eher distanziertes Verhältnis zu Beuys wie zu dessen Initiativen.

Auf keinen Fall wollte er sich vereinnahmen lassen, wie sich Gretchen Dutschke erinnerte: „Beuys steckte Milan (Horacek) 10.000 Mark in die Hand, damit Rudi unbesorgt auf und Veranstaltungen gehen konnte. Aber so sehr wir Geld hätten brauchen können, Rudi nahm das Angebot nicht an.“[114] Ebenso bezeichnend, dass Rudi Dutschke in seinen Tagebüchern Beuys nur ein einziges Mal erwähnte: „Joseph war glänzend in der Kunst und unwissend in der Ökonomie“[115]

Dass Beuys eine weitere, nochmals absurdere Version seines vorgeblichen naturwissenschaftlichen Studiums darbot, lässt schlussendlich auf eine Disposition schließen, die man durchaus pathologisch nennen könnte. „Kurz vor dem Kriege hatte ich mich bereits für ein naturwissenschaftliches Studium immatrikuliert.“

Seit dem Ende der 60er Jahre sind Sie nicht nur künstlerisch, sondern auch gesellschaftlich aktiv. Ich denke da an die Gründung der Deutschen Studentenpartei und an die späteren Organisationen: die Organisation für direkte Demokratie durch Volksabstimmung und die Free International University. Wenn ich es richtig verstanden habe, haben Sie seither versucht, die Jugendbewegungen, zunächst einmal die Studentenbewegung, aus ihrer marxistischen Beschränktheit herauszuführen. Welche Erfahrungen konnten Sie da machen?

BEUYS: Die Organisation für direkte Demokratie' ist ja 1968 gegründet worden. Sie hatte eine kurze Vorlaufzeit als Deutsche Studentenpartei. Wir haben aber sofort erkannt, dass dieser Name sehr irreführend wirken würde und haben die Sache umbenannt.

Es war der Versuch, eine richtige Auseinandersetzung mit dem Marxismus durchzuführen, das ganze marxistische Gedankengut ins Laboratorium zu nehmen und auf seinen Wahrheitsgehalt zu überprüfen.

Die Überprüfung war schon möglich, aber die Kontrahenten hatten sich abgekapselt. Für unsere Argumente war zunächst kein Boden da. Später kam allerdings Rudi Dutschke mit mir ins Gespräch, so dass er die letzten zwei Jahre seines Lebens Mitglied der Freien Internationalen Universität war.

Rudi Dutschke wäre nie wieder in die Falle des Marxismus hinein gelaufen, sondern er hätte die Untersuchung nach dem Wahrheitsgehalt des Marxismus immer konsequenter durchgeführt, und er wäre sicherlich in den Zusammenhang von unseren Vorstellungen gekommen, zum Beispiel die Notwendigkeit eines wahren Kapitalbegriffs. Also das ganze Gebilde herumzudrehen und den Geist als Basisproduktion anzusehen.

Wenn die Produktion im Geistigen nicht in Freiheit verläuft, ist sie auch nicht produktiv, und alle anderen Produktionsstätten werden ebenfalls unproduktiv sein und reaktionär wirken.

Also, wie Steiner gesagt hat: Die Ohnmacht des Geisteslebens ist die Wurzel für alles Übel. Und deswegen die Notwendigkeit eines erweiterten Kunstbegriffes, der klarmacht, dass Kunst = Kapital ist. Die Formel hat etwas Provokatives und ist noch keine schlüssige Begründung aller geistigen Notwendigkeiten, aber sie ist ein Anstoß.

Also, Kunst = Kapital heißt: Die Fähigkeit des Menschen -, denn hier handelt es sich um einen erweiterten Kunstbegriff, der sich auf die menschliche Arbeit bezieht und nicht nur auf die Tätigkeit der Spezialisten, also der Maler, Bildhauer, Dichter und Musiker - muss als Kapital angesehen werden.

Es heißt also im weiteren Verfolgen dieser Schöpferkraft als Kapital, dass der Mensch frei sein muss an seinem Arbeitsplatz. Das ist ein ganz praktischer Vorschlag. Und die Dinge werden sich in dem Augenblick ändern, da die Produktionsstätten der Menschen im geistigen Bereich und im industriellen Bereich sich begegnen. Das heißt: Ein Eisenwalzwerk muss zu gleicher Zeit eine Universität sein.

Es ist also nicht damit getan, dass man einfach nur darauf hinweist, dass bei Steiner ein Begriff des Fähigkeitenkapitals angelegt ist und ihn dann fehlinterpretiert, so dass er sich nur bezieht auf Kaufen, Leihen und Schenken.

Es gibt ja gegenwärtig die Auseinandersetzung über die verschiedenen Auffassungen innerhalb der Dreigliederungslehre, und es gibt auch da leider Leute, die sich gegenseitig bekämpfen. Grundsätzlich schalte ich mich gar nicht ein in solche Streitereien, sondern versuche, mit den elementaren Gesichtspunkten möglichst viele Menschen zu erreichen, um sie dann nach ihrer Fähigkeit ihre Sachen machen zu lassen.

Das hindert mich nicht daran, dem, was Wilhelm Schmundt vorlegt, den Rang einer entwickelten Dreigliederungslehre zuzusprechen, die nur so das Wirkwesen selbst ist.

Wo sehen Sie denn die Ansatzpunkte, das von Steiner Angelegte weiter auszuarbeiten? Wie sieht die konkrete Forschungsarbeit in der von Ihnen gegründeten Freien Internationalen Universität aus?

BEUYS: Konkrete Forschungen sind längst im Gange. Was wir erforschen können, ist erst einmal, wie wir Menschen unsere seelische Lage in den nächsten Zustand von Fähigkeit, den wir alle brauchen, überführen können. Wir wollen gar nicht konkurrieren mit irgendeiner bestehenden Fachwissenschaft, also mit irgendeiner Fakultät, sondern wir wollen uns immer im Interesse am anderen Menschen aufhalten. Und das ist in der Tat eine Wissenschaft, die nicht entwickelt ist.

Und dann glauben wir, dass es auch eine Wissenschaft ist, wenn man sich der Umgestaltung der Gesellschaft widmet und mitbegründeten Erkenntnissen eine Methode entwickelt, mit der man den Kapitalismus und den Kommunismus überwinden kann.

Das heißt, dass man die Alternative zu den bestehenden Gesellschaftssystemen immer wieder ausspricht, niederlegt in Schriften, die entsprechenden Aktionen durchführt, Vorträge hält, sich beteiligt an Demonstrationen und so weiter. Immer im Mittelpunkt die Frage, wie man die Welt wieder menschlich machen kann, dann aber auch so menschlich, wie sie nie menschlich war.

Das heißt, dass das Christentum in der Essenz heute erst beginnen kann. Das, was wir bisher hatten vom Christentum, war ja wie eine sehr unreine Vorform, die allerdings ihre innere Notwendigkeit hatte im Entwicklungsgang zum Materialismus hin, damit die Menschen nun da ankommen, wo Christus angekommen ist: Nämlich mitten in der Scheiße, in der Materie, um sie dann zu transsubstantiieren. Das ist ja das Grundmotiv.

Fühlen Sie sich in Ihren Bestrebungen isoliert, oder bemerken Sie heute eine größere Aufnahmefähigkeit bei den Menschen für diese Ideen im Verhältnis zu den 60er-Jahren? Ist es einen Schritt vorwärts gegangen?

BEUYS: Ja. Das kann ich eindeutig mit Ja beantworten. Denn in der letzten Zeit haben wir bei den Menschen zumindest im Ansatz ein ökologisches Bewusstsein, und sei es nur das vom Baum vor dem Haus. Das ökologische Bewusstsein ist ja das Bewusstsein vom Ganzen.

Das richtet sich dann auf immer größere Gebiete aus, meinetwegen Schleswig-Holstein, wo es Atomkraftwerke gibt, oder eine unsinnige Eindeichung für die Interessen der Industrie. Dann kommt den Menschen sehr bald die Erkenntnis, dass es nicht damit getan ist, wenn man nur im Biosphärenbereich bleibt, sondern man muss die gesellschaftsökologische Fragestellen.

Dann ist man allerdings schon bei den Kräften der Gesellschaft, bei den Funktionen von Kultur, Staat und Wirtschaft. Ohne die Lösung der gesellschaftsökologischen Frage wird man die Natur nicht retten können. Also: Das ökologische Bewusstsein in Bezug auf die Biosphärenfrage in

Zusammenhang mit der gesellschaftsökologischen Frage führt die Menschen von der Sache her zu der Dreigliederungsidee.

Es kommt eigentlich darauf an, den Menschen das, wonach sie selbst ein Bedürfnis haben, mehr bewusst oder mehr unbewusst, durch ein gutes Beispiel näher zu bringen. Ihnen zu ermöglichen, dass sie mehr Vertrauen haben zu dem, was ihnen so durch den Kopf geht. Denn es geht den Leuten heute durch den Kopf, wir reden also insofern hier über nichts wirklich Besonderes. Aber oftmals schieben sie es wieder weg, wenn sie nicht Beispiele sehen von Menschen, die das auch leben.

Es ist meines Erachtens unerlässlich, dass dieses Vorbild produziert wird. Ich glaube, es hängt sehr viel vom Bilde ab, welcher Notwendigkeit die Menschen folgen. Deshalb auch die Wichtigkeit des Denkens. Denn Denken heißt ja nicht, dass man dauernd theoretisieren soll, sondern man muss diese wahren Bilder entwickeln.'

Nun haben sich ja gerade bei Ihnen diese sozialen Ideen und Aktivitäten nicht aus einem Theoretisieren heraus entwickelt, sondern Sie haben eine lange Entwicklung als Bildhauer und Zeichner hinter sich. Welche Rolle hat denn diese künstlerische Entwicklung in diesem sozialen Zusammenhang gespielt?

BEUYS: Kurz vor dem Kriege hatte ich mich bereits für ein naturwissenschaftliches Studium immatrikuliert. Dann wäre ich also vielleicht Physiker geworden, also ein Spezialist im naturwissenschaftlichen Bereich.

Dagegen ist nichts zu sagen, aber ich habe schon damals die soziale Frage sehr stark erlebt. Nach dem Kriege hatte ich das Gefühl, es muss sich alles ändern, und zwar so radikal wie noch nie zuvor in der Geschichte. Ich habe gesagt, wenn ich jetzt Physiker werde, dann kann ich diese Arbeit nicht leisten, dieses Gefühl kann ich nicht ausdrücken.

Instinktiv habe ich nach einem Bereich gesucht, der universeller ist, in dem ich vielleicht an das Gesamtproblem herankomme, nach einer anderen Wissenschaft sozusagen. Ich bin also aus dieser Überlegung zur Kunst gekommen.

Die habe ich richtig traditionell studiert an einer Kunstakademie und dann gesehen, dass ich mich eigentlich in einem Gebiet befinde, das ähnlich verarmt und einseitig geworden ist wie die Wissenschaft. Ich habe also einen Parallelprozess mit durchgemacht durch den Akademismus hindurch in die moderne Kunst hinein, die zwar eine Befreiungsgeste des Menschen ist, denn sie drückt ja die individuelle Freiheit des Menschen heftig aus, aber sie zieht keine Konsequenzen.

Ich habe mich dann darum bemüht, die Konsequenzen der Moderne, die alles zerschlägt und in individuelle Kulturen aufspaltet, zu ziehen. Meine Frage war: Wie ist denn die nächste Stufe der Moderne? Soll es damit ein Ende haben, dass nun klar ist, dass wir im Zeitalter des Individualismus leben, der sich dann auf dem Felde der modernen Kunst artikuliert? Ist es nicht nötig, dass man diesen Begriff der Freiheit auf jede menschliche Arbeit ausdehnt? Das ist eigentlich eine große Selbstverständlichkeit. Denn das, was für die Exponenten der modernen Kunst gilt, gilt selbstverständlich für das Bewusstsein generell.

Ich habe gesagt: Jeder Mensch ist ein Künstler. Kunst ist ein Begriff, der sich grundsätzlich auf den Menschen bezieht. Er ist identisch mit dem, was man unter Schöpferkraft des Menschen versteht. Ohne Freiheit in der Arbeit ist der Begriff des Schöpferischen ein Widerspruch in sich selbst. Also, es ist nötig, die Schwelle der Moderne zu durchbrechen und den Kunstbegriff auf die menschliche Arbeit schlechthin zu beziehen.

Das ist in der Kürze der Zusammenhang, wie sich der Kunstbegriff auf den Kapitalbegriff bezieht, nämlich auf die Fähigkeit der Menschen in ihrer Arbeit. Und dann bedarf es natürlich der ständigen Neuformulierung, um die Sachen in ein detailliertes Bild zu bekommen. Also die Maßnahmen, die heute nötig wären, genauer zu beschreiben und auf das dreigliedrige Bild hinzuweisen.

Man ist damit am Kernpunkt der sozialen Frage angelangt, indem man nun tatsächlich die Ohnmacht des Geisteslebens aufheben kann, denn man hat mit dem dreigliedrigen Bild ein Konzept von den Kräfteverläufen in der Welt, das unwiderlegbar ist, denn es ist der Ausgangspunkt für alles weitere. Es hat nichts mit Optimismus zu tun, wenn ich das jetzt so sage, aber es ist eine Zwangsläufigkeit, dass die Dinge nicht mehr wegzudenken sind aus der Geschichte, wenn sie einmal so gedacht sind.

Deswegen brauche ich keine Hoffnung zu haben, denn ich sehe ja, wie diese Ideen wirken, und ich bin nicht enttäuscht, wenn es nicht immer sehr schnell geht. Dass das sich nicht sehr schnell vollziehen kann, ist vorstellbar, wenn man weiß, auf welche Art und Weise in den letzten dreihundert Jahren die Menschen erzogen wurden und dass nicht von heute auf morgen die alten eingebrannten Denkgewohnheiten verschwinden werden.'

Wie sehen Sie denn in diesem Zusammenhang die Funktion der Waldorfschulen?

BEUYS: Das ist meine Frage: Wo sind die vielen Fähigkeiten, die aus der Waldorfschule seit 1921 gekommen sind? Wir finden sehr selten einen von daher kommend, der die kämpferische Auseinandersetzung betreibt. Ist merkwürdig, nicht? Denn es gibt in Deutschland eine Menge Waldorfschulen.

Da ist also doch irgendetwas noch nicht so ausgebildet, wie es sein sollte. Denn die Waldorfschulen sind ja nur ein Fragment eines Gesamtkonzeptes von gesellschaftlicher Veränderung. Dass keine freie Schule aus der Waldorfschule geworden ist, sondern eine Privatschule, das kann doch nicht das Ende einer freien Schulbewegung sein!

Die Idee kommt nicht durch. Sie ist wie alle anderen Privatschulen eine Schule, die nur für eine ganz kleine Anzahl von Menschen zu erreichen ist. - Jedenfalls, meine Kinder durften nicht auf die Waldorfschule, das wurde von oben herunter verboten. - Warum? - Die haben gesagt, wenn wir die Kinder von einem solchen Menschen nehmen, der in der Öffentlichkeit so etwas macht wie der Beuys, dann verlieren wir vielleicht einen Teil der bürgerlichen Zahler.

Was haben Ihnen denn die künstlerischen Entwürfe Rudolf Steiners mit auf den Weg gegeben?

Beuys: Also erst mal habe ich sie ja relativ spät kennengelernt. Als mir Rudolf Steiner das erste Mal begegnete, in Form eines Buches, da habe ich ihn wieder weggelegt. Das war während des Krieges, ich war schon Soldat in der Kaserne.

Ich habe das gelesen und keine Beziehung dazu entwickelt. Nach diesem Krieg, als ich angefangen hatte, in Düsseldorf zu studieren, wohnte ich bei einer Familie, und die hatten 'Die Kernpunkte der sozialen Frage' im Bücherschrank. Das habe ich gelesen, und ich hatte spontan ein Verhältnis dazu.

Die künstlerischen Arbeiten habe ich mir später in Dornach angesehen. Ich finde, diese Anregung ist sehr intensiv. Aber leider ist sie für mich gemindert durch das, was sich da so ansiedelt wie eine Art Devotionalien-geschäft. Also praktisch dasselbe wird noch einmal in etwas unbegnadeterer Form verkauft.

Eine andere Frage, die sich häufig im Zusammenhang mit Ihrer Kunst ergibt, ist die therapeutische Funktion. Landläufig hat man ja die Vorstellung, Kunst müsse, wenn überhaupt, bestenfalls über ihren ästhetischen, ihren Schönheitswert therapeutisch wirken. Ich habe aber stark den Eindruck, dass es Ihnen da noch um andere Prinzipien geht.

BEUYS: Mein therapeutischer Ansatz kann nicht der des praktischen Arztes sein, sondern der eines Menschen, der mit einer anderen Art von Heilkunde versucht, an die Sache heranzugehen. Also wieder vom erweiterten Kunstbegriff, der sich auf das menschliche Wesensbild bezieht, dass der Mensch sich kennenlernt als Revolutionär.

Der Mensch möchte gern diese Veränderung, aber er weiß nicht mit wem, weil er sich selbst noch nicht kennt. Das heißt, er hat sich noch kein Bild davon gemacht, welche Kräfte zum Begriff des Heilen, des Ganzen, des Gegliederten und doch Einheitlichen, dazugehören. Das hat er noch nicht, er ist ja reduziert.

Man hat ihn ja so dumm gemacht, so klein gemacht, er ist ja so erniedrigt worden. Eben durch diese Unternehmen, die wir im Kapitalismus und Kommunismus, Kultur, Staat und Wirtschaft nennen. Er schreit doch danach, dass all dieses von der Wurzel her sich in allen Formen ändert. Die Frage der Therapie ist selbstverständlich eine Frage der Substanz, der Umwandlung. Und insofern ist meine Methode eine nicht-materielle, ein homöopathische, indem der Ballast der verfestigenden, rein nach unten führenden Kräfte sich aufwärts entwickelt auf eine Ebene des Lebens, auf der der Mensch sich selbst und die Welt gestalten kann.

Auch bis in seine körperlichen Bedingungen hinein, und seien sie noch so schlecht, womit er tatsächlich ein schöpferisches Kunstwerk abliefern kann, auch im extremsten Krankheitsfalle. Wodurch er aber auch alles andere, was krank ist, die Tiere, die Pflanzen, die Erde selbst erlösen oder heilen kann. Es handelt sich da meines Erachtens um eine Wirkung durch das Bild, durch die Kräfte, die im Wesensbilde angesprochen werden müssen.

Es ist eben, weil ich so bin wie ich bin, bei mir immer darauf angelegt, dass ich eine Formel brauche und entsprechend einer Formel verfahre. Ein anderer würde es vielleicht ganz anders machen.'

Mit den verschiedenen Materialien und Substanzen, die Sie immer wieder in Ihren Aktionen und bei ihren Objekten verwenden, zum Beispiel Fett, Kupfer, Filz, versuchen Sie also das, was diesen Sachen als homöopathische oder prozesshafte Wirksamkeit zu eigen ist und sich der rein chemischen Kräfte entledigt, ins Bild zu fassen.

BEUYS: Ja, das versuche ich. Ich versuche es natürlich auf meine Art, die gewissen Anstoß erregt. Aber ich habe dann auf jeden Fall ein Echo davon.

Ist dieser Anstoß denn eingeplant?

Beuys: Der Anstoß ist immer eingeplant gewesen. Ich konnte ungefähr abschätzen, was passieren würde, wenn ich mit Filz und Fett arbeiten würde. Ich habe das nicht unbewusst getan, sondern ich habe mir gesagt, wenn ich diese Materialien, die im übrigen in die Theorie des erweiterten Kunstbegriffes hineinführen, verwende, werden alle Menschen aufgerufen sein, entweder zu protestieren, mehr im Einklang zu sein oder theoretisch an die Sache heranzugehen.

Ich habe mich also sowohl an die willensmäßige Reaktion gewandt, an die gefühlsmäßige Einstimmung, sogar an den Traum und an das intellektuelle Analysieren-Müssen. Was ja im Grunde den Fragmentkulturen entspricht, die wir heute haben: Im einfachen Zuschlagen bei Punkern oder Rockern oder dann hat man so eine Hippieposition, oder man hat einen Theoretiker-Standpunkt. Das ist doch der Mensch, der heute in fragmentarischer Form auftritt, der ganze ist noch gar nicht da.

Also, das ist dann auch das therapeutische Modell. Ich kann natürlich nicht alles machen, ich kann nur in gewisse Grundfragen einsteigen und anregen, dass andere da weitermachen. Es handelt sich im Grunde bei diesen Kraftfeldern um das Chaos, die Bewegung und die Form. Das hat man auch mal ausgedrückt in Sulfur, Merkurius und Sal. Aber man kann natürlich auch schon sehr viel bewirken mit allem möglichen, was überall rumliegt, meist hilft schon Kamillentee oder irgend eine andere Pflanze.'

Wo setzen Sie denn im Umgang mit diesen Dingen, zum Beispiel mit den Grundprozessen oder dem dreigliedrigen Bild vom Menschen, die auch bei Rudolf Steiner eine große Rolle spielen, ihren Anspruch auf Originalität?

BEUYS: Einen Anspruch auf Originalität, den habe ich nie gesetzt. Ich glaube, Originalität hat es sowieso nie gegeben. Wenn man weiß, wie die Dinge sich aufeinander aufbauen in der Gedankenentwicklung im Abendland, dann weiß man, dass eine Größe und eine Kraft auf der anderen ruht.

Es ist doch auch nicht so, als hätte Rudolf Steiner auf nichts basiert. Denn er hat doch Goethe kennengelernt, und er hat die großen Philosophen kennengelernt, und es gab schließlich die Französische Revolution, die im Grunde eine gescheiterte Dreigliederungsbewegung war.

Es ist wichtig, dass man heute nicht auf so einer dummen Originalität insistiert, als könne man alles von null anfangen. Es ist doch gerade das Merkmal des Interesses am anderen Menschen, dass man vor allen Dingen sich zunächst einmal orientiert, was bereits erarbeitet ist. Es ist natürlich auch nicht damit getan, dass man immer nur wiederholt, was Rudolf Steiner gesagt hat, das wäre sicher nicht seine Idee gewesen.

Man kann natürlich eine originelle Tat vollbringen. Das ist ein Unterschied im Begriff. Wenn heute einer etwas tut für Menschen, die Schwierigkeiten haben, dann ist das ein origineller Akt.'
Es hört sich alles sehr gut an, was Sie sagen, aber andererseits sehe ich, wie heute sehr viele Kräfte gegen diese neuen Ideen arbeiten.

BEUYS: Ungeheuer!

Sind das bewusste Kräfte oder sind das nur Überbleibsel einer alten Kultur, die erstarrt sind, Sekundärwirkungen sozusagen?

BEUYS: Es ist natürlich nicht nur die Wirkungsweise der noch herrschenden alten Verhaltensweisen, sondern es gibt natürlich in dem Augenblick, wo etwas Neues entsteht, eine Gegenwirkung, die sich sehr im aktuellen Wirkungsfelde betätigt. Aber jetzt ist für mich wenig damit getan, dass man auf Ahriman hinweist, wissen Sie, das möchte ich eigentlich nicht …

Das habe ich auch nicht gemeint.

BEUYS: Das sollen 'die Anthroposophen' machen, nicht? Ich glaube, es ist auch wichtig, dass ein neuer Typ von Anthroposophen entsteht.

Der Hintergrund für meine Frage ist eigentlich mehr ein unmittelbares Erlebnis. Als ich im Oktober '81 in Berlin war, konnte ich die Polarität zwischen dem, was in der Jugendbewegung lebt, und dem, was dagegen ankämpft, sehr stark wahrnehmen. Ich habe das erlebt wie eine Verschwörung.

BEUYS: Kommen wir ruhig auf die politischen Kräfte, die sich selbstverständlich verschworen haben, um ihre Macht, die sie gegenwärtig haben, zu behaupten und nach Möglichkeit sogar zu verstärken. Da diese Mächte, die bereits zwei Weltkriege verursacht und in der Gegenwart sich verschworen haben, den dritten zu erzeugen, sehr gut organisiert sind, muss man überall die Orte, wo sie sich breitmachen, aufspüren und dagegen opponieren, ob in der Frage der Atomkraftwerke, ob in der Frage der chemischen Industrie oder wo auch immer.

Denn heute hat die Macht, das heißt die Gegnerschaft des Menschen, nur eine Möglichkeit: über dieses Kapital, das ich nicht Kapital nenne, weil es keins ist: das Geld. Es gibt heute für das Teuflische in der Welt nur einen Zugang: über die Macht des Geldes. Deshalb müssen der Kapitalismus und der Kommunismus auch weg, so schnell wie möglich.

Wie denken Sie denn da über die Menschen, die gegenwärtig an den Schalthebeln der Wirtschaft sitzen?

BEUYS: Gerade diese Menschen praktizieren dieses Machtsystem. Es gibt allerdings Anzeichen, dass einige Menschen ihre Machtposition vielleicht freiwillig aufgeben werden in der nächsten Zukunft. In diese Richtung geht auch unser Modell eines Unternehmensverbandes, die 'Aktion Dritter Weg'.

Das wäre ja schon die Strategiefrage, die Sie aufwerfen. Wie sehen Sie denn die Funktion der politischen Parteien?

BEUYS: Die politischen Parteien halte ich für total überholt, weil sie nicht in der Lage sind, ein demokratisches Prinzip in Gang zu setzen. Es ist ja den Menschen gar nicht möglich, ihre Vertreter selbst in die Parlamente zu wählen. Es wird praktisch alles innerparteilich vorbestimmt.

Ich meine, dass ganz neue Institutionen gegründet werden müssen. Wir kommen also auf ganz notwendige Maßnahmen zu sprechen, die eingeleitet werden müssen. Erst mal im Bewusstsein, dann in den Handlungen der Menschen und in der Unterstützung ganz junger ökologischer Strömungen wie der Grünen, die leider auch eine Partei werden mussten.

Die Frage der Ordnung der Gesellschaft und der Rechtsvertretung der Menschen hängt ganz elementar zusammen mit der Stellung des Geldes, also mit dem Kapitalbegriff. Denn wenn man Rechtsstaatlichkeit will, dann muss man auch wissen, wer für die Rechte zuständig ist: doch nur ein Organ, das auch die Rechte der Menschen bewirkt.

Aber ein Organ wie ein gegenwärtiger Staat, der selbst Wirtschafter ist, der einen Teil der Produktivkräfte verstaatlicht hat, kann keine Rechtsinstanz sein. Er kann schon deswegen keine Rechtsinstanz sein, weil er auch Unternehmer im kulturellen Bereich ist. Denn Schulen, Hochschulen und so weiter sind verstaatlichte Betriebe.

Das Geistesleben ist also auch im Westen bolschewisiert, zu 70 Prozent.

Insofern gehen die Staatensysteme in Ost und West aufeinander zu.

BEUYS: Ja, es sind zwei verschiedene Färbungen ein und desselben

Systems. Und in ihrem Sichgegeneinanderstellen bewirken sie das, was sie bewirken wollen: die Zerstörung.

In letzter Zeit sind Sie ja auf eine Art und Weise an die Öffentlichkeit getreten, die einen Rückblick auf Ihr gesamtes künstlerisches Werk erlaubt. Zum Beispiel die Retrospektive in New York oder die große Münchener Ausstellung im Herbst '81. Kürzlich ist ja sogar eine Biographie von Ihnen erschienen.

BEUYS: Ich halte es für wichtig anzumerken, dass ich das nicht vom Zaune gebrochen habe, dass jetzt die Sachen, die ich gemacht habe, irgendwo zusammengesucht werden, um damit Ausstellungen zu machen. Das geht nie von mir aus, sondern es sind immer andere Initiatoren da.'

Was sind Ihre Zukunftspläne?

BEUYS: Die haben sich ja schon seit langer Zeit in die Richtung der 'Sozialen Plastik' entwickelt. Also in die Richtung eines lebendigen Kunstwerks, das dann durch die Werkhallen rollt. Und das begleitet natürlich jede einzelne äußere Ausstellung mit.

Wenn ich da auftrete, gibt es entweder eine Diskussion oder andere Veranstaltungen drum herum, und dann kommen wir auf die soziale Frage zu sprechen. Es ist natürlich angelegt, dass sich das weiter entwickelt und dass ich jetzt zu 90 Prozent auf diesem sozialen Gebiete arbeite und weniger Dinge mache, die man verkaufen oder ins Museum bringen kann.

Das heißt aber noch nicht, dass ich nicht mehr an Bildern oder Skulpturen interessiert bin, doch ich warte auf den Moment, in dem ich etwas machen kann, was noch nicht da ist. Das, was da ist in einigen Beispielen, das brauche ich nicht zu produzieren als einen Artikel, damit man ihn verkaufen kann.

Wenn ich also etwas mache, dann ist das der weitere Ausbau der 'Freien Internationalen Universität', auch im Zusammenhang mit der ganzen ökologischen Bewegung.

Können Sie uns noch etwas über Ihre Mitarbeiter an der 'sozialen Plastik' sagen? Wen sehen Sie als potentielle Mitarbeiter in der Zukunft an?

BEUYS: Ja, grundsätzlich alle Menschen. Aber dann erst mal unsere eigenen Leute natürlich.'

Welche sind das?

BEUYS: Alle, die in der 'Freien Internationalen Universität' in Düsseldorf, in Hamburg, in Achberg, in Kassel, in verschiedenen kleinen Gruppierungen in ganz Deutschland mitarbeiten.

Also, ich habe keine Vorurteile, ich weiß noch gar nicht, mit welchen Menschen ich in der Zukunft zusammenarbeiten werde. Das Interesse ist so groß, dass wir gar nicht nachkommen mit der Korrespondenz. Ich habe hier noch Hunderte von Briefen, die kein Sekretär für mich erledigen kann, die muss ich selbst beantworten. Also ganz einfache Büroarbeit ist abzuwickeln.

Da entsteht manchmal nichts draus, aber manchmal doch. Aber auf jeden Fall: entsprechend einem Zeitalter, in dem man sich mehr dem Interesse für andere widmen muss, ist es natürlich wichtig, dass man solche Briefe nicht einfach in den Papierkorb wirft. Aber in der Tat: in der Zeit, in der man Briefe liest und Briefe beantwortet, kann man natürlich keine Bilder malen.

Schule im Dritten Reich. Erziehung zum Tod.

Gespräch von Schülern der Gerhart-Hauptmann Schule in Kassel mit Joseph Beuys am 8. März 1982 [116]

Schüler: Mussten Sie in Ihrer Schulzeit Wehrübungen machen, wie Maschinengewehre funktioniert und so etwas?

BEUYS*:* Nein, nein.

Schüler: Handgranaten-Weit- und -Zielwurf? Das war bei Ihnen nicht?

BEUYS*:* Nein. Nein.

Schüler: Oder andere Vorübungen, in der Turnstunde und so?

BEUYS: Nein, es wurde wohl ein wirklicher Wert auf Sport gelegt und auch auf harte Sportarten, das wurde sogar bevorzugt, zum Beispiel Boxen und so was. Überhaupt Sport war sehr stark ausgebaut, und es waren gute Sportlehrer, also wirkliche Athleten. Jedenfalls an der Schule, wo ich war, das waren alles Leute, die wirklich selbst was konnten.

Schüler: Auf welcher Schule waren Sie?

BEUYS: Das ist am Niederrhein, Kleve, nahe an der holländischen Grenze; insofern ist die Lage vielleicht ein Sonderfall gegenüber anderen Schulen, sagen wir mal in Berlin oder Mitteldeutschland. Diese Grenznahe ist sowieso ein Sonderfall, wo also dieser Charakter dessen, was im Dritten Reich die Praxis war, ein bisschen modifiziert wurde. Wie immer im Lauf der Geschichte, in diesen Grenzbereichen.

Schüler: Der Kunstunterricht im Dritten Reich, wie wurde das an dieser Schule gehandhabt?

BEUYS: Der Kunstunterricht fiel praktisch flach, das war erst in den hören Klassen einigermaßen interessant. Ich war auf einem Gymnasium mit einem naturwissenschaftlichen und einem altsprachlichen Zweig, das war von den unteren Klassen bis zum Abitur organisiert. Wenn sich einer zum Beispiel für die altsprachlichen Dinge interessiert hat, also Latein, Griechisch, Hebräisch, der konnte das schon ab Quinta zum Ausdruck bringen. Der Zeichenunterricht war erst interessant ab Obertertia. Vorher gab's einen Lehrer, der Mathematik unterrichtete, der hatte auch so 'ne Art Zeichenstunde; der sagte, so, jetzt könnt ihr was zeichnen, setzte sich dann ans Pult und las die Zeitung. Hat sich das auch nicht angesehen, was wir da gezeichnet haben. Das war nicht didaktisch aufgezogen in den unteren Klassen.

Schüler: Die Bilder, die da gemalt wurden, gingen die auch in die politische Richtung?

BEUYS: Ja, mit Ausnahmen. Es gab Wettbewerbe für gesellschaftliche Vorgänge, die ja im Dritten Reich anlagen. Als der Krieg ausgebrochen war, gab es die sogenannten Eintopf-Sonntage, ich weiß nicht, ob Sie schon mal was davon gehört haben. Es wurde dem Bürger empfohlen, einmal im Monat einen Eintopf-Sonntag zu machen. Dafür konnten dann die Schüler Plakate malen; es gab Wettbewerbe in solche Richtung. Ich habe mal einen Preis gewonnen, für so ein Plakat „Eintopf-Sonntag". Aber Sie sehen, das liegt alles noch im Rahmen von relativ vernünftigen Geschichten.

Schüler: Sind Sie damals in HJ-Kleidung herumgelaufen?

BEUYS: In HJ-Kleidung ist keiner auf der Schule rumgelaufen, das gab's nicht, jedenfalls nicht bei uns.

Schüler: Und Lehrer? In SA-Uniform, brauner Uniform?

BEUYS: In den Jahren, kurz bevor ich dann freiwillig in den Krieg gezogen bin, gab's einen einzigen Lehrer, der in Uniform herumlief, allerdings nicht zur Freude der Kollegen. Der hatte einen ziemlich schweren Stand, das war der Musiklehrer, der dirigierte auch ein so genanntes Bann-Orchester..

Schüler: Also in Ihrer Schulzeit speziell, haben Sie da mitbekommen, dass irgendwelche Lehrer, zum Beispiel jüdische oder die gegen Hitler waren, von der Schule weggeschafft wurden? Oder Mitschüler von Ihnen?

BEUYS: Ja, ein, zwei Fälle kenne ich von jüdischen Schülern; jüdische Lehrer waren nicht da, aber in der so genannten Kristallnacht wurde ja auch in Kleve die Synagoge niedergebrannt, und danach verschwanden zwei Schüler von der Schule, zwei jüdische Schüler. Das waren Söhne von Juden, die so kleinere Kauhäuser hatten, Textilkaufhäuser; die verschwanden dann.

Schüler: Haben Sie noch was von denen gehört?

BEUYS: Ja, die sind nach Amerika gegangen. Also, es war noch so, dass sie nichts mehr von den Schweinereien da mitgekriegt haben, also eingesperrt worden sind. Die haben den Braten früh noch gerochen, die sind nach Amerika gegangen.

Schüler: Haben Sie in den Schulbüchern aus dieser Zeit auch etwas von der Rassenhetze mitbekommen? Wir haben da so manche Belege gefunden.

BEUYS: Nein, kann ich nicht sagen. Unsere Schulbücher, soweit ich sehen kann, waren in vieler Hinsicht besser als unsere heutigen Schulbücher. Wenn ich die Schulbücher meiner Kinder sehe, könnt' ich wirklich sagen, dass unsere Schulbücher besser waren. Wie man überhaupt sagen kann: Der Zugriff des Staats, wie er heute ist, war ja längst nicht so stark damals. Die Autonomie der Schule war relativ groß.

Und ich sage immer wieder, Sie müssen bedenken, ich bin in Kleve auf der Schule gewesen, also in einem Grenzgebiet, was immer anders gelegen hat als etwa in zentralpreußischen Gebieten wie Berlin, Brandenburg und so weiter.

Schüler: Also, es ist nicht vorgekommen, wir haben zum Beispiel ein Biologie-Buch fürs Gymnasium gefunden, wo also jetzt verglichen wurde, dass die jüdische Rasse minderwertig sei und die weiße Herrenrasse sich irgendwann mal durchsetzen müsse, notfalls auch mit Gewalt.

BEUYS: Das hat bei uns kein Buch vertreten und auch keine Person; ich muss also ganz objektiv sagen, dass das auf unserer Schule nicht der Fall war. Es deutet sich ja jetzt schon so etwas an, wenn ich von meiner Schulzeit berichte, dass ich also im Vergleich zu dem, was ich an meinen Kindern erlebe, eigentlich sehr gut noch weggekommen bin in der Zeit. Man muss das ganz persönlich sehen, ganz individuell, diese eine Schule mit diesen Schülern und diesen Lehrern. Die Lehrer waren selbstverständlich alle Offiziere gewesen, waren vielleicht alle ein bisschen national eingestellt, aber durchaus nicht begeisterte Nazis, also eher unterschwellige Gegner - bis eben auf einige Ausnahmen, die es dann aber auch einigermaßen schwer hatten in der Schule und an dem Ort.

Schüler: Und im Unterricht mussten Sie da zum Beispiel den Hitlergruß …

BEUYS (unterbricht)*:* Ja, das war ja Vorschrift. Das machten aber auch nicht alle Lehrer. Es waren auch Lehrer dabei, die machten das im Unterricht so, dass man sehen konnte, dass es Protest war. Also, die kamen dann so rein (Beuys führ vor: Daumen in der Hosentasche, Finger abgespreizt). Es gab also manche, die machten so (Beuys streckt den Arm) aber wenige, die das machten, weil sie überzeugt gewesen wären. Man muss auch bedenken, es ist eine katholische Gegend da, die ganze Gegend.

Schüler: Gab es Konflikte zwischen Schülern und Lehrern, dass ein überzeugter Schüler den Lehrern Vorwürfe gemacht hat? Das soll es ja auch gegeben haben.

BEUYS: Was?

Schüler: Sie sagten ja, dass einige Lehrer nicht von der politischen Richtung der Partei überzeugt waren. Dann kann's ja auch möglich sein, dass einige Schüler, die wirklich überzeugt davon waren, besonders in den oberen Klassen, dann…

BEUYS (unterbricht)*:* Nur wenige, denn auch dieser Lehrer in Uniform war kein schlechter Lehrer, zum Beispiel dieser Musiklehrer, an den muss ich noch sehr oft denken, der wollte wahrscheinlich vorankommen. Es war sehr befreundet mit Elly Ney, der Pianistin, die ja auch im Dritten Reich sehr viele Konzerte gegeben hat, die wahrscheinlich keine grundsätzliche Gegnerin des Hitlertums war, aber auch keine, sagen wir mal ausgesprochene Befürworterin. Von diesem Musiklehrer konnte man fachlich sehr gut lernen. Was also an Misstrauen da war gegenüber solchen Lehrern in Bezug auf ihren parteipolitischen Fanatismus, das wurde ausgeglichen durch den interessanten Unterricht und durch die

Sonderveranstaltungen an Nachmittagen. Konzerte, Theater, Schauspiele, alles von diesem Lehrer, das war ein sehr aktiver Lehrer, der an und für sich von der Sache her sehr fähig war. Er ist übrigens nach dem Krieg wieder auf der Musikhochschule in Detmold gewesen, das heißt, er hat die Entnazifizierung gut überstanden. Er hat sich nichts zuschulden kommen lassen, sonst wäre er ja nicht wieder an einer deutschen Hochschule Professor geworden. Er war auch ein guter Komponist, er hat viele Lieder komponiert in der Zeit, also so diese typischen Volkslieder …

Schüler: Wir sind auf eine These von Heinrich Böll gestoßen, die er in der Frankfurter Allgemeinen Zeitung vertreten hat; da hat er ja über seine Schulzeit geschrieben, es wäre damals die Erziehung zum Tod und nicht zum Leben gewesen, die Schule im Dritten Reich. Können Sie diesen Ausspruch unterstützen?

BEUYS: Es mag wohl sein, dass das für Heinrich Böll so war, bei uns war's nicht so. Sagen wir mal, es führte zum Tode; viele meiner Schulkameraden sind nicht mehr da. Die Klasse ist praktisch weg, einige sind nicht mehr aus der Kriegsgefangenschaft zurückgekommen, ein ganz kleiner Prozentsatz lebt noch. Also dieser Jahrgang ist systematisch ausgerottet worden. Nicht durch das, was wir in der Schule gemacht haben, sondern durch das System, in dem diese Schule mit den Lehrern und den Schülern arbeiten musste.

Schüler: Ist Ihre Entscheidung, sich freiwillig zu melden, durch die Schule irgendwie beeinfluss worden?

BEUYS: Ja klar, eigentlich nur durch die Schule, aber nicht durch die Lehrer, sondern durch meine Kameraden. Als der Krieg in Polen begann, da leerten sich die Klassen, und es war ganz klar, dass ich nicht zu Hause bleiben wollte. Ich wollte keine Extrawurst gebraten haben. Wenn die anderen gehen, gehe ich auch. Das war einfach ein Zusammenhalt, so wie in einer Gemeinschaft. Ja, das war einfach ein Zusammengehörigkeitsgefühl, das man sagt, man will das Schicksal teilen.
Alle und nicht, dass der eine sich so vorbei pfuscht, der andere Sondererlaubnis oder ein Attest bekommt, um sich da herauszudrücken; das hat's nicht gegeben. Wie gesagt, ich spreche von meiner Schule, das hat's nicht gegeben.

Schüler: Sie sagen, keiner wollte jetzt eine Extrawurst gebraten haben, dass da ein Zusammenhalt war, aber ist es nicht eher so gewesen, dass man sich aus Angst da angepasst hat?

BEUYS: Nein, was hätte passieren können?

Schüler: Zum Beispiel im Dorf, die Mitbewohner hätten gesagt: „Guckt mal da, da ist einer, der sich drückt!", dass man da aus Angst lieber mitzieht, als dass man von denen fertiggemacht wird.

BEUYS: Ja, das ist eine Konstruktion, die ja auch stimmen mag, aber die ist ja gar nicht erst eingetreten. Also dieser, man kann's ruhig Korpsgeist nennen, korporatives Verhalten war damals eine Selbstverständlichkeit. Also für mich war's eine Selbstverständlichkeit, dass ich da keine Ausnahme machte.

Schüler: Als Sie sich da freiwillig gemeldet haben, wussten Sie da, wie schrecklich der Krieg war, oder hatten Sie keine Vorstellung?

BEUYS: Das konnte ich mir damals auch schon vorstellen, wie schrecklich der Krieg war. Mein Vater war ja auch im Westen gewesen.

Schüler: Hatten Ihre Eltern es begrüßt, dass Sie sich freiwillig melden?

BEUYS: Ja, glaube schon, mein Vater hätte sich seinerzeit so verhalten, und ich habe mich dann ebenfalls so verhalten. Da wurde nicht viel darüber gesprochen, das war eigentlich klar.

Lehrer: Ist der Erste Weltkrieg wirklich so dargestellt worden, wie er tatsächlich war? Wir haben in den Schulbüchern fast nur glorifizierende Darstellungen gefunden, dass es im Grunde nur eine Bewährung für den deutschen Mann war, und nichts von den Schrecken, die manche erlebt haben.

BEUYS: Das war bei meinem Vater nicht der Fall, der hat es so geschildert, wie es Erich Maria Remarque schildert: „Im Westen nichts Neues". Mein Vater sprach immer nur von diesem Buch, er fand, dass dies die einzig einigermaßen annähernd richtige Dokumentation war, ein objektiver Bericht, wirklicher als die Bücher von Edwin Erich Dwinger und Ernst Jünger „Das Wäldchen" und so weiter.

Schüler: Und Ihre Eltern, wie haben die zur Politik gestanden? Waren sie auch dafür?

BEUYS: Nein, sie waren dagegen. Mein Vater war nicht gewillt, auch nur daran zu denken, etwa in die Partei einzutreten oder so etwas.

Schüler: Haben Sie eigentlich von Widerstandskämpfern in dieser Zeit in Ihrer Stadt gehört?

BEUYS: Nein, Widerstandskämpfer hat es nicht gegeben. Es hat wohl einige Leute von der Kommunistischen Partei gegeben, die auch irgendwie ein Jahr später sicherlich ins KZ gegangen sind. Das sind Dinge, die kriegt man berichtet, wenn der Krieg zu Ende ist. Wir haben das selbst nicht mit eigenen Augen gesehen, das sind Sachen, die man später weiß.

Lehrer: Um das vielleicht mal ein bisschen zusammenzufassen: Sie würden also im Rückblick nicht sagen, dass Sie irgendwie zu einem, sagen wir mal, auf der einen Seite angepassten und auf der andern Seite deformierten Menschen erzogen worden wären in dieser Zeit?

BEUYS: Nein, das kann ich nicht sagen. Wir hatten sehr originelle Lehrer, sie hatten alle so einen gewissen Tick. Das Trauma des Ersten Weltkriegs hat sie auch auf der Schule immer noch verfolgt, aber durchaus nicht in einem Halleluja-Sinn, dass sie das eben verherrlicht hätten. Sie haben unter anderem auch von Langemarck das erzählt, wie es eben gewesen ist. Sie haben viel erzählt. Und dieses viele Erzählen deutet ja darauf hin, dass sie auch daran gehangen haben, an diesen Erlebnissen wie an einem Trauma gehangen haben.

Aber es waren interessante und originelle Lehrer, es waren wirkliche Individuen, also wie auf einem großen Theater sehr verschiedene Figuren, alle mit Charakter und mit guten pädagogischen Fähigkeiten …

Heute ist noch mehr Grund von „Erziehung zum Tode hin" zu sprechen. Zwar gab es ein unmenschliches System, wie sich gezeigt hat, aber die

Menschen hatten im Inneren doch noch mehr Hoffnung auf die Zukunft, als ich es heute bei den Menschen feststelle.

Also, die Sinnlosigkeit des Lebens, davon können einem heute Millionen von Menschen berichten, sogar schon Kinder! Sie wissen, dass die Selbstmordquote niemals so hoch war: auf Schulen, Universitäten, an den Arbeitsplätzen, in den Lehrwerkstätten, also in den Lehrverhältnissen für junge Menschen. So kann man sagen, dass „zum Tode hin" ist ja nicht aus der Welt, sondern ist ja durchgängig weitergegangen. Nach diesem fürchterlichen Ereignis, wo viele hätten etwas daraus lernen können, wurde doch wieder etwas eingerichtet, was zu diesen Verhältnissen geführt hat. Es wird ja nicht umsonst heute wieder davon gesprochen, dass wir eigentlich wieder in einer Art Weimarer Zeit sind. Die Ratlosigkeit und die Ideenlosigkeit der Politiker scheint einen dritten Weltkrieg heraufzubeschwören. Das ist die Situation.

Das war ja auch der Grund, warum ich mich für die Kunst entschieden habe. Ich denke, vielleicht ist von diesem höchsten Begriff, den man für die Fähigkeit des Menschen einsetzen kann, eine Auseinandersetzung mit Kunstbegriff, Wissenschaft überhaupt mit dem menschlichen Bewusstsein möglich - und man kann etwas ganz Neues entwickeln gegenüber dem Bestehenden. Denn dass das Bestehende nichts Positives ist, dass alles zum Tode geht und weiterhin zum Tode geht, das war mir klar, als ich aus der Kriegsgefangenschaft kam….

Obschon die Zeit schrecklich war, das System furchtbar, menschenverachtend und völkermordend, ist das heute nicht überwunden - das ist doch nicht aus der Welt. Heute ist die Schule viel stärker zentralisiert und in der Hand des Staates und in der Schule ist sehr viel weniger Eigenverantwortlichkeit der Lehrenden und Lernenden möglich. Ist doch ein verstaatlichtes Unternehmen, ist doch kommunistisch-zentralistisch unser Schulwesen - unter dem Gesichtspunkt - ist es doch bolschewisiert … Das ist ein verbürokratisierter Staatsapparat mit dem absoluten Machtvollen des Staates, seine jeweils herrschende Ideologie über Curriculum-Vorschriften und Erlasse durchzusetzen.

Die Rede

München, 1985

Anmerkungen

Im November 1985, wenige Wochen vor seinem Tod, hielt der von Krankheit gezeichnete Beuys in München eine Rede, die man als sein weltanschauliches Requiem lesen kann.

Nochmals warb er mit Nachdruck für das Konzept einer neuen, anthroposophisch determinierten Gesellschaft. Wobei er zwar den „sozialen Organismus" skizzierte aber wie gewohnt die Herkunft seiner Thesen verschleierte. Sowohl Steiner als auch die Anthroposophie erwähnte er kein einziges Mal. Und doch beschrieb er nichts anderes als sein Ideal des anthroposophischen Weltentwurfs.

Weswegen diese Rede auch Zeugnis eines für ihn typischen opportunistischen Verhaltens ist. Denn in den Münchner Kammerspielen sah er sich einem bildungsbürgerlichen Publikum gegenüber, welches ihm mutmaßlich mit Skepsis begegnete.

Gleichwohl sind seine Ausführungen durchsetzt mit den üblichen Stereotypen. Etwa der vorgeblich gescheiterte, traditionelle Kunstbegriff, womit er nicht alte Stilrichtungen, sondern die Gegenwartskunst meinte. Oder wenn er den schwer kranken sozialen Organismus beklagte, die Befreiung der Schulen forderte, die staatszentralistische Parteibürokratie anführte, die den Geist unterdrückt und so weiter. Es ist daher müßig, auf diese Aspekte erneut, wie in den vorhergehenden Kapiteln einzugehen.

Außergewöhnlich ist diese Rede dennoch, weil Beuys in ihr mit absoluter Klarheit seinen rückwärts gewandten Kulturbegriff wie seinen völkischen Wertekanon prononciert. Gleichzeitig misst er sich die Berufung zu, das deutsche Volk auf den richtigen Weg führen zu können. Seine Fähigkeit, so Beuys, sei, „umfassend einen Anstoß zu geben für die Aufgabe, die das Volk hätte."

In Hinsicht auf die Bekenntnis einer gegen unsere Gesellschaftsordnung gerichteten Weltanschauung ist diese Rede Dokument.

Reden über das eigene Land: Deutschland

Vortrag am 20. November 1985 in den Münchner Kammerspielen [117]

Guten Tag, sehr verehrte, liebe Anwesende.

Es ist auch jetzt wieder so, dass ich anfangen möchte mit der Wunde. Gehen wir davon aus, dass auch ich zusammenbrechen kann, gehen wir auch davon aus, dass ich bereits zusammengebrochen wäre, dass ich in ein Grab hineingehen müsste, so gäbe es dennoch aus diesem Grabe eine Auferstehung. Wenn ich hier zum Thema vorgefunden habe: Sprechen über dieses Land, so denke ich, das erste, was zu dieser Auferstehung führen würde, wäre der Born dessen, was wir die deutsche Sprache nennen.

In dieser Auferstehung aus einer Zerstörtheit, die uns alle betrifft und zu der wir uns auch alle nach außen wenden sollten, sowohl mit unseren Fähigkeiten, aber ganz besonders mit unseren Unfähigkeiten, dass wir im Gehen zu diesem Born, im Benutzen der deutschen Sprache, miteinander ins Sprechen kämen und wir erleben würden, dass aus dem Sprechen miteinander sich uns nicht nur die leibliche Gesundheit wieder einstellen würde, sondern dass wir auch ein elementares, tiefes Fühlen erreichen würden, für das, was auf dem Boden geschieht, auf dem wir leben, für das, was auf dem Acker, was auch im Walde, auf der Wiese, was im Gebirge gestorben ist.

Wir würden durch unser eigenes Sich-Verlebendigt werden durch Sprache den Boden mitnehmen, das heißt, wir würden einen Heilungsprozess an diesem Boden vollziehen können, auf dem wir alle geboren sind.

Im Sprechen dieser Sprache und im offenen Zeigen dessen, was wir nicht können, und im Versuch, ein hohes Ziel anzustreben, ein hohes Ziel anzustreben, das man nennen könnte: die Frage nach der Aufgabe der Deutschen in der Welt, würden wir zumindest die erste Sicherheit für die Möglichkeit finden, an uns selbst zu erfahren, was denn eigentlich die Eigenschaften des deutschen Genius, der Deutschen Fähigkeit, wären.

Wir würden im Formen dieser Sprache erkennen, dass sich durch ihren bewussten Gebrauch die Begriffe ergäben, die Welt, das heißt, das Vorgegebene, so krank es auch sei, mit wesensgemäßen Begriffen so zu beschreiben, dass eine Heilung möglich wäre.

Wenn ich hier über das eigene Land spreche, kann ich mich auf nichts Jüngeres und Ursprünglicheres berufen als auf unsere Sprache. Mein Weg ging durch die Sprache, so sonderbar es ist, er ging nicht von der sogenannten bildnerischen Begabung aus. Wie viele wissen, habe ich ein naturwissenschaftliches Studium begonnen und bin darin zu einer Erkenntnis gekommen, die mir sagte: vielleicht liegt deine Möglichkeit auf dem Felde, das etwas ganz anderes fordert als die Fähigkeit, ein guter Spezialist in irgendeinem Zweige zu werden, deine Fähigkeit ist, umfassend einen Anstoß zu geben für die Aufgabe, die das Volk hätte.

Der Begriff des Volkes ist auf eine elementare Weise verknüpft mit seiner Sprache. Wohlgemerkt, ein Volk ist keine Rasse. Dass dieses auch der einzige Weg sei, um alle noch im Rassistischen treibenden Umtriebe, schrecklichen Sünden nicht zu beschreibenden schwarzen Male zu überwinden, ohne sie auch nur einen Augenblick aus dem Blickfeld zu verlieren, ließ mich entscheiden für die Kunst, allerdings für eine Kunst, die mich zu einem Begriff des Plastischen geführt hat, der im Sprechen und Denken beginnt, der im Sprechen erlernt, Begriffe zu bilden, die das Fühlen und Wollen in die Form bringen können und bringen werden.

Wenn ich dort nicht nachlasse, wenn ich also streng dabei bleibe, werden sich mir die zukunftsweisenden Bilder zeigen und die Begriffe sich bilden. Für mich wurde es zu einer Voraussetzung für das Werden einer Skulptur, dass zuerst eine innere Form im Denken und Erkennen zustande käme und diese dann ausgesprochen werden könne in der Prägung des materiellen Stoffes, eines festen Stoffes, wie er nun da steht in der Arbeit, die Herr Dr. Kolbe angesprochen hat.

In dieser Weise fühlte ich mich veranlasst, mit dem Aussprechen in dieser Form etwas zu verbinden das sich auf die Krise, nicht nur unseres Volkes, sondern auch auf die Krise in der ganzen Welt bezieht als auf die Ungestalt, in der sich der soziale Organismus überall befindet. Das heisst, für mich wurde es mehr und mehr zu einer gestalterischen Aufgabe, zu einer bildhauerischen Notwendigkeit, erst einmal eine Bedingung zu schaffen, einen Humus zu bilden in Begriffen und Vorstellungen, auf dem überhaupt eine lebendige Gestalt werden kann.

Ich sah, dass auf meinem Arbeitsgebiet, also in der Kunst, ein Begriff waltet, der nicht mehr operabel ist. Dieser nicht vorhandene Begriff hat einen affirmativen Charakter, und er behauptet von sich, was er nicht leisten kann. Eine Sache zu können, die gekonnt sein müsste, die gekonnt und gelernt sein müsste, gerade sie kann der traditionelle Kunstbegriff nicht leisten. Ich habe mich also auf die Suche gemacht in meinem Denken über die Sprache und Zusammenhänge gesehen, die folgendermassen aussehen:

Das deutsche Volk in ihm steckt, wie schon gesagt, die Auferstehungskraft, die selbstverständlich auch in anderen Völkern steckt, aber die unsere wird sich durch radikal erneuerte Grundlagen des Sozialen hindurch ereignen. Muss sich so ereignen. Denn das wäre wohl zuerst unsere Pflicht und dann erst die der anderen Völker.

Der traditionelle Kunstbegriff sagt, es sind wichtige Signale gesetzt worden in der Moderne, durch die moderne Kunst, die moderne Wissenschaft, die moderne Technologie. Diese Signale in der modernen Kunst, wie sie als Symbole und Rätsel den Menschen gezeigt worden sind, Kandinsky, Lehmbruck, Klee, wie man sie jetzt sehen kann in einer Rückschau in der Royal Academy in London, wo die Geschichte der deutschen Kunst von der Jahrhundertwende bis zur Gegenwart gezeigt wird und man sehen kann, was in der Moderne an signalhaftem Charakter enthalten ist, der auf eine Zukunft weist. Dieser große signalhafte Charakter, der die große Mehrheit der Menschen alleine gelassen hat. An solchen geistigen Entwicklungen konnten sie nicht teilhaben in ihrem Arbeitsleben.

Nur die Privilegierten, die an den bürgerlichen Bildungsvorgängen teilgenommen hatten, konnten diese Kunst verstehen. Eigentlich eine Selbstverständlichkeit. Wie hätte es anders sein können, da die große Mehrheit der Menschen ja ganz andere Nöte hatte als Künstler mit dem Kunstwerk und deren Genießer.

Für was war denn eine solche Tragik ein Signal, müsste ich mich fragen, hier wurde mir das Kunstwerk zum Rätsel, für das der Mensch selbst die Lösung sein musste: das Kunstwerk ist das allergrößte Rätsel, aber der Mensch ist die Lösung. Hier ist die Schwelle, die ich kennzeichnen will als das Ende der Moderne, das Ende aller Traditionen, wir werden gemeinsam den sozialen Kunstbegriff entwickeln als ein neugeborenes Kind aus den alten Disziplinen.

Wir sehen die traditionellen Disziplinen als Architektur, Bildhauerei, Malerei, Musik, Dichtkunst, den Kreis der Musen, die auch hier auftreten hinter diesem eisernen Vorhang, dass aus diesem Kreis ein Kind geboren wird, die Soziale Kunst, die Soziale Plastik, das sich zur Aufgabe stellt, nicht nur physisches Material zu ergreifen. Aber auch für den Bau, für die Skulptur in Bronze oder Stein, für die Vorführung auf dem Theater, bei unserem Sprechen bedürfen wir des geistigen Bodens der Sozialen Kunst, auf dem jeder Mensch sich als schöpferisches, die Welt bestimmendes Wesen erlebt und erkennt.

Die Formel, 'jeder Mensch ist ein Künstler', die sehr viel Aufregung erzeugt hat und die immer noch missverstanden wird, bezieht sich auf die Umgestaltung des Sozial-Leibes, an dem nicht nur jeder Mensch teilnehmen kann, sondern sogar teilnehmen muss, damit wir möglichst schnell die Transformation vollziehen. Ich zeichne deshalb Formeln vor, die in der Verwirklichung vielleicht anders aussehen werden, aber im Grundsätzlichen stimmen.

Es ist mir an dieser Stelle auch wichtig zu sagen, dass ich nicht über etwas spreche, an das geglaubt werden soll, ganz im Gegenteil, ich stelle nur die Frage an die Menschen, ich gebe nur Auskunft über ein Ergebnis aus meiner Werkstatt. Ich kann jetzt nicht alle erkenntnistheoretischen Begründungen liefern in dieser kurzen Stunde, aber wenn ich so etwas feststelle, dann sage ich nicht, man muss daran glauben, nur jeder soll mal in sich hineinschauen, jeder soll mal tatsächlich in sich als Sprache bewegen, was das Fühlen und Denken entwickelt, das Denken zurückwirken lässt auf den Willen und der Wille auf die Sprache wirkt, so dass ein immer höher steigender spiraliger Vorgang entsteht, in dem ein scharfes Ich-Bewusstsein, ein Selbstbehauptungswille ja in jedem Menschen entstehen muss.

Denn wir sind ja alle sehr entwickelt, wir haben alle eine reiche Geschichte hinter uns, wir sind sogar in einer Zeit groß geworden, in der die Menschheit zu Genialem fähig war. Also wenn da steht, jeder Mensch ist ein Künstler, ist das nicht eine Tatsache, von der ich annehme, man müsse daran glauben, sondern das Ergebnis meiner Arbeit. Ein bisschen weiter in dieser Konsequenz, dass nach der Moderne eine tiefgreifende Wandlung des menschlichen Bewusstseins sich vollziehen muss, habe ich mich bemüht, entsprechende - nennen wir es einmal Versuche, Experimente oder man kann auch sagen, Taten zu tun.

Mitten im Leben, ich will mal den Begriff des Politischen ganz herausnehmen, da er sich mir als ein immer fatalerer, unbrauchbarerer herausstellt, habe ich eine Organisation für Direkte Demokratie gegründet, die sich bezog auf Leben und Tod in diesem Lande, Untergang oder Aufstieg.

Danach habe ich einen weiteren Versuch gemacht, weil der Ansatz bei der Demokratie, also bei den Menschenrechten, mir noch zu einseitig erschien, weil doch der organische Ausgangspunkt, der Born, von dem ich vorhin bei der Sprache gesprochen habe, an dem wir uns erfrischen können und aus dem unser Ich-Bewusstsein erwächst, im Zusammenhang mit dem Denken und Erkennen das Wichtigste ist, habe ich es für nötige gehalten, den Freiheitspol, der aus dem erwachsenden Selbstbewusstsein kommt, diesen Freiheitspol in einem Experiment herauszustellen, das sich Freie Internationale Universität nennt.

Ich bin später als Mitglied dieser F.I.U. auch zum Mitbegründer der 'Grünen' geworden. Und nun sehen Sie schon nicht wahr, bei der Nennung des letzten, wie sehr die Dinge oft einen experimentellen Charakter haben und haben müssen. Jetzt will ich nichts sagen über das, was die Grünen im Augenblick tun, nur nochmal: mir wird der Begriff des Politischen ein immer unmöglicherer.

Je mehr ich die Sache in ihrer Eigentlichkeit sehe, erscheint darin der Mensch als das schöpferische Wesen schlechthin, und ich habe es dabei mit dem Souverän zu tun, besonders auch im demokratischen Kraftfeld. Das ist wichtig, vom Menschen zu wissen, dass aus seiner Freiheit und dem übenden Wirken im Bewusstsein das 'Ich' erkannt wird als der Souverän, der Bestimmende. So wird der Charakter der Selbstbestimmung doch der elementarste, nur mit diesem Hebel ist eine Neugestaltung der Gesellschaft möglich. Sie ist weder aus dem Staatlich-Rechtlichen zu erwarten, sie ist auch nicht aus dem Gestelltsein und den Kräften des Wirtschaftslebens zu verwirklichen.

Da haben wir im Westen staatszentralistische Parteibürokratie oder im Osten Politbüro-Demokratie, sie nennen das ja auch demokratisch. Scheindemokratie überall! Der westliche Privatkapitalismus mit seinem System des Parlamentarismus und der politischen Parteien ist ein fragwürdiges Gebilde.
Der Hebel, der anzusetzen wäre beim freien Menschen, bei dem sich selbst bestimmenden Menschen als dem einzigen Schöpfer des

zukünftigen Gesellschaftsleibes, der ist noch viel eindeutiger vorhanden als es hier in der kurzen Ansprache geschildert werden kann. Das heißt aber: es müssen freie Schulen und Hochschulen entstehen, es müssen Zentren entstehen, in denen Kreativität als Freiheitswissenschaft verstanden wird. Nur das ist Kreativität, was sich als Wissenschaft von der Freiheit ausweisen und beweisen kann.

Solche Zentren brauchen keine physischen Zentren zu sein. Es brauchen keine großen Bauwerke errichtet zu werden. Die Zentren sind auch schon bereits vorhanden. Wer ein sensibles Auge hat, der wird in jedem seiner Mitmenschen dieses Zentrum finden. Vielleicht verschüttet! Aber es regt sich sofort, wenn ich die Sprache bewege, dass diese Zentren sich gründen müssen.

Es wird mir auch selbstverständlich klar aus dieser Logik, dass der Charakter der Selbstbestimmung sich auswirken muss auf die Verfassung eines Volkes, das heißt, auf die Rechtsstruktur in einem Volke. Ob wir also heute schon Demokratie haben oder nur Scheindemokratie, das will ich heute gar nicht aburteilen, das liesse sich sehr leicht aburteilen, aber ich will diesen Schluss heute gar nicht ziehen, weil es mir gar nicht darauf ankommt, etwas zu kritisieren, sondern ich will nur in positiver Weise auf die ungeheuer ungenutzten Möglichkeiten verweisen, die in uns stecken und die wir leider wenig benutzen, die wir aber benutzen sollten.

Es ist doch Logik in dieser Sache, dass der sich selbst bestimmende Künstler, ich spreche jetzt vom Menschen als einem Künstler, der Kreator ist. Damit nehme ich einen Begriff von Gott. Ich nehme einen Begriff von Gott und gebe den Begriff dem Menschen, aber das brauche ich ja nicht zu tun, denn ich bin ja viel zu schwach. Das ist ja bereits durch Christus geschehen. Die Tat, die den Menschen frei machen wird und die Christus im Menschen bedeutet und den Souverän im Menschen herausbildet, ist bereits getan. Aber es wird verschwiegen.

Es wird durch die materialistischen Ideologien verschwiegen, es wird auch durch Kirchen totgeschwiegen. Das sind die eigentlichen Zusammenhänge unserer, sagen wir einmal schlicht unserer Anthropolcgie, unseres Menschtums. Der Mensch wird totgeschwiegen aus eben diesen Machtinstinkten, die zum Niedergang geführt haben. Auch hier kommt es mir zunächst nicht darauf an, zu kritisieren, sondern auf die Möglichkeiten hinzuweisen, dass durch den Souverän eine Verfassung bestimmt werden kann und der Souverän in einer Demokratie ja eigentlich gefragt werden müsste, wenn etwas Lebensentscheidendes bei seinem Volke eingerichtet werden soll, etwa Aufstellen nuklearer Waffen auf seinem Felde.

Dass dann doch wohl der Souverän zuständig ist und nicht die Delegierten dieses Souveräns! Dass also aus einem grundsätzlichen Verstehen der menschlichen Schöpferkraft, aus einem dramatischen Geschehen, aus einem umwälzenden Geschehen, aus einem plastischen Geschehen, das sogar die Erde von unten aufwirft und sie wieder lebendig macht und den Menschen, der darauf steht, wieder zu einer großen Kraft macht, der sich die Rechtsform schafft, die er benötigt. Diese Menschheit! Und dass in dieser Rechtsform selbstverständlich Rechte erscheinen werden, die neuzeitliche Wirtschaftsgesetze sind.

Denn was wir für Möglichkeiten hätten als Menschen, werden wir gegenüber dem, was vorgegeben ist, was viele kennen, und deswegen will ich gar nicht darüber reden, in seiner Verderblichkeit etwas gegenüberstellen, was also Wirtschaftsgesetze genannt werden müsste. Dass also eine völlig neue Wirtschaftsordnung entstehen müsste. Der Mensch, der in solchen nennen wir es einmal Meditationen, tief darinsteckt und lebt, also im Erleben seiner Freiheit, im Spüren, wie die Freiheit in ihm entsteht und wie sie durch seine Arbeit, durch seine Übung wächst zu einer ungeheuren Potenz der Gestaltenden, der wird erleben, was das überhaupt dann bedeutet, wenn man spricht aus der Logik der Entstehung der Mittelposition Menschenrecht in einem sozialen Organismus.

Sie sehen, ich spreche wie von einem Lebewesen, denn es soll ja leben, es ist ja personal, wenn ich sage, 'Reden über Deutschland', dann bin ich ja nichts, oder derjenige, der’s instinktiv auf den Zettel geschrieben hat, der mag ein ganz schlimmer Materialist sein, aber er verstößt ja gegen seinen Materialismus, indem er einfach das Thema schreibt: 'Sprechen über Deutschland'. Denn da wird ja verlangt, dass man über ein Individuelles spricht. Damit gibt der Materialist ja zu, dass es sich um ein Wesenhaftes handelt, um ein Geistiges handelt, das mit Messen, Wägen und Zählen und physikalischer und vermathematisierter naturwissenschaftlicher Methode, so wichtig sie sei für viele Gebiete, überhaupt nicht zu erreichen ist.

Der Materialist widerlegt sich selbst, indem er ein solches Thema aufstellt, dass man über Deutschland reden solle, denn hier handelt es sich um seinen Geist, um ein Wesenhaftes, das erkannt werden muss. So handelt es sich in dieser Meditation, in dieser Tafel oder in dieser Formel, die ich aufzeichne, um die Freiheit als Ansatzhebel für alles.

Weil aus keiner anderen Ecke mehr etwas möglich sein wird, weil alle anderen Positionen geschichtlich verbraucht sind, sowohl der Ansatz bei den Rechten als auch der Ansatz in der Wirtschaft, also im ökonomischen Bereich. Der einzige noch nicht verbrauchte, der aus der Kunst, aus einer tiefen geschichtlichen Vergangenheit, aber als Zukunft kehrt er zurück, als eine Totale, als die des selbstbewussten Menschen.

Das ist Kunst und sonst gar nichts. Ich sage Kunst, denn die Kunst kann dieses und jenes Gesicht zeigen, sie kann ihr vergangenes, nicht mehr wirksames Gesicht der großen Signale zeigen, aber die Kunst kann auch ihr Menschenantlitz zeigen, das heißt, ihren evolutionären Sinn zeigen. Hier liegt die Schwelle zwischen dem traditionellen Kunstbegriff, dem Ende der Moderne, dem Ende aller Traditionen und dem anthropologischen Kunstbegriff, dem erweiterten Kunstbegriff, der Sozialen Kunst als Voraussetzung für jedes Vermögen. Denn dies ist die große Fälschung, die immer wieder fabriziert wird, bösartig und bewusst entstellt wiedergegeben wird, dass, wenn ich sage: jeder Mensch ist ein Künstler, ich sagen wolle, jeder Mensch ist ein guter Maler.

Gerade das war ja nicht gemeint, sondern es war ja die Fähigkeit gemeint an jedem Arbeitsplatz, und es war gemeint, die Fähigkeit einer Krankenschwester oder die Fähigkeit eines Landwirtes als gestalterische Potenz und sie zu erkennen als zugehörig einer künstlerischen Aufgabenstellung. Das war ja gemeint.

Diese bösartige Entstellung, die ja anscheinend sehr gefragt ist, noch letzte Woche, dass also ich einen ungeheuren Wirrwarr machen würde und alles gleichmachen würde und die Qualitäten sich verwischen würden unter einem solchen erweiterten Kunstbegriff, gerade das Gegenteil ist ja richtig. Und es ist meines Erachtens auch verstanden worden, oder wenn es nicht verstanden worden ist, dann ist es auf Ohren gestoßen, die sicherlich nicht in Einrichtungen der Information arbeiten sollten. Das heißt, es ist Chaos in diesem Lande.

Aber nun, wir können das ja noch bereinigen, wir sind ja nicht nachtragend, ich meine uns alle, nicht mich, wir sollten das alle werden nicht nachtragend, wir sollten immer wieder den neuen Versuch machen, unseren Gegner von gestern als unseren Freund von morgen sehen zu können. Und ich denke, wenn das die tragende Substanz in den Menschen würde, dann wären alle äußerlichen Schwierigkeiten ausgeräumt, die ja entstanden sind durch Ideologisches, durch Machtabsichten, denn Ideologie ist etwas anderes als ein Ideenzusammenhang. Ideologie ist eine Beschönigungsphilosophie, die sowohl der westlichen Privatkapitalismus für sich fleißig übt und geübt hat als auch der real existierende Sozialismus mit seiner Beschönigungsphilosophie. Im Suchen nach den Wahrheitszusammenhängen muss man streng unterscheiden zwischen Idee und ideologischer Beschönigungsphilosophie für eine Machtabsicht.

Das ist natürlich eine erkenntnistheoretische Aufgabe allerersten Ranges. Sie reicht sehr tief in menschenkundliche Zusammenhänge und in das Wesenhafte des Menschen hinein. Also was heute nicht bewiesen werden kann, aber morgen doch, und was jeder erleben kann: die Welt ist voller Rätsel, für diese Rätsel aber ist der Mensch die Lösung. Der Mensch als Lösung für diese Rätsel, ich wage es zu sagen, ich muss es sagen, als der Träger der Liebe. Eine Wissenschaft, die zu dem Äußersten fähig war, die man bewundern muss, eine Wissenschaft, die auf analytischem Wege mit Materialismus und Positivismus eine Atombombe bauen kann, ist zu bewundern, aber sie ist unproduktiv, sie produziert nicht Liebe.

Man darf die Atombombe von den menschlichen Kreativitätsleistungen her nicht unterschätzen. Das, was an menschlicher Intelligenz, innerer Zucht und Gedankenbildungskraft mit der Entstehung der Atombombe allgemein mit der Entstehung des modernen, exakten naturwissenschaftlichen Denkens im menschlichen Bewusstsein geschehen ist, ist gewaltig.

Ohne diese Verengung wären wir heute nicht in der Lage, so über die Dinge zu sprechen, wie ich stammelnd versuche, über das zu sprechen, was wir eigentlich weit darüber hinaus erreichen können.

Mit der Liebe wird bald etwas zu machen sein 'im eigenen Lande' mit dem erweiterten Kunstbegriff, mit der Sozialen Plastik. Das wird von uns sogar erwartet. Es war zu beobachten, dass unsere europäischen Nachbarn sehr angerührt interessiert waren, als damals die Grüne Bewegung von unten her sich erhob. Dass diese Neugierde nachgelassen hat, liegt daran, dass es bei den Grünen nicht mehr viel zu gucken gibt. Da hat man sich natürlich wieder in die alten Gleise, in die sogenannten Politikfähigkeit hineingegeben. Was heißt das? Das heißt doch das Schlimmste von allem, politikfähig zu sein heißt, auf alles zukünftige Ideenpotential zu verzichten.

Deswegen wieder an dieser Stelle, Sie sehen, ich komme immer wieder auf gewisse Punkte zurück, also, es ist ein Kreislauf, immer wieder auf bestimmte Punkte zurück. Es sind auch Zacken in diesen Runden, und hier ist ein solcher Zacken, da sieht man, wie etwas, was von den Deutschen, also von dem Lande erwartet wird, auch eigentlich erwartet werden kann, nämlich schon allein aus der Genialität dieser Sprache, die wir sprechen.

Diese Sprache, die in vieler Weise tiefer den Menschen erlebbar macht, wie die Sprache am menschlichen Bewusstsein arbeitet, wo er selbst dabei ist, wenn er bewusst spricht und das übt, meditiert, wie durch diese Sprache das Bewusstsein, das Selbstbewusstsein sich bildet und fähig wird der Selbstbestimmung und dann folgerichtig der Selbstverwaltung aller Produktionsstätten im Produktionsbereich der arbeitsteiligen Wirtschaft, Schulen und Hochschulen eingeschlossen.

Unter diesem Begriff der Selbstverwaltung entfällt der Begriff der Politik. Oder besser für alles, was ich hier zu sagen habe, brauche ich nicht den Begriff der Politik zu bemühen. Denn bei einem wesensgemäßen Beschreiben des Geschehens zur Befreiung der von der Fähigkeit getragenen Arbeit ist es doch logisch, dass das Tragende, dass die Freiheit hergestellt werden müsse, in einem zuerst befreit werden muss. Angewandt: Es soll ein freies, sich selbst verwaltendes Schul- und Hochschulwesen entstehen. Einmal dort befreit, wird über die Entstehung neuzeitlicher Wirtschaftsgesetze die Arbeit in allen anderen Unternehmen der Wirtschaft befreit.

Jetzt ist die arbeittragende Fähigkeit DAS KAPITAL! Geld ist ja gar kein Wirtschaftswert! Der Zusammenhang von Fähigkeit (Kreativität) und Produkt sind die zwei echten Wirtschaftswerte. So erklärt sich die Formel des erweiterten Kunstbegriffs: KUNST = KAPITAL.

Produkte, die wir wirklich brauchen, sind nun möglich. Was wir heute alles kaufen sollen, wie der profitgetriebene Privatkapitalismus es will, wir brauchen es nicht! Was wir sonst alles nicht brauchen, wissen Sie ja schon! Alles, was uns daran hindert, uns zu uns selbst zu bekennen, sollten wir verhindern.

Wir werden dann also Wirtschaftsgesetze haben, die die Funktion des Geldes klarmachen, denn die Befreiung des Geldes ist Bedingung für die Befreiung der Arbeit. Diese Befreiung, die den Waren- und Tauschmittelcharakter des Geldes überwindet und es zu Funktionsbasis des Rechts, ja der Menschenrechte macht, bewirkt dann die Demokratisierung der Geldprozesse. Scheindemokratie zur Verschleierung der Macht des Geldes wird zur wirklichen Demokratie.

Ich müsste Ihnen eine kleine Andeutung geben über die großen Möglichkeiten, die wir haben. Von oben herunter, von der Herrschaft, wird oft behauptet, die verflochtene neuzeitliche Weltwirtschaft wäre zu kompliziert, als dass ein einfacher Mensch sie verstehen könne.

In der Tat ist das gegenwärtige Wirtschaftssystem sicherlich so kompliziert deshalb, weil keiner es verstehen soll, mit Ausnahme derer, die die Geldmacht haben. Aber im Hinblick auf das, was wir brauchen, indem dieses Bild, das ich versucht habe, zu entwickeln, gilt: Freiheit, Rechte, das eine ist die Freiheit, das andere sind die aus der Freiheit geschaffenen Rechte, von der sich der Mensch auch selbst, jeder einzelne Mensch sich im Beteiligtsein an der Gestaltung dieser Rechte ja abhängig machen muss von diesem Recht. Denn Freiheit kann ja nicht Willkür sein. Freiheit muss nach strengen Formen sich vollziehen, und da der Mensch ein werdender ist, werden in dieser Gestaltungsaufgabe hin auf die menschlichen Rechte selbstverständlich immer wieder diese Rechte umgestaltet werden müssen.

Das spricht für ein notwendiges zweites Bein in der Verfassung, die Volksabstimmung. Das spricht dafür, dass das erfüllt werde, was in der Verfassung steht, 'das Volk bekundet seinen Willen durch Wahlen und Abstimmungen'. Wir haben bereits ein Wahlgesetz, das hypertroph ist, aber das Abstimmungsgesetz fehlt ganz. Das, wo der Souverän entscheiden könnte und Einspruch erheben könnte. So ein Bundesabstimmungsgesetz im Übergange wäre im höchsten Grade wichtig, dass jeder einzelne sich hinter Initiativen, die es ja bereits gibt und die immer wieder aufleuchten und immer wieder abflackern, stellen würde.

Diese Initiative zur Verwirklichung eines Bundesabstimmungsgesetzes in unserer Verfassung, im Grundgesetz, das sollten wir mehr unterstützen. Dass das noch nicht alles ist, das wissen wir, und dass die Dinge oft im Schritt von einer Sache in die andere sich vollziehen müssen, das wissen wir auch. Aber es muss bewusst gemacht werden, was möglich ist. Im Hinblick auf das Wirtschaftsleben wäre noch vieles zu sagen. Wir sind gewöhnt, das Wirtschaftsleben zu verstehen als ein Gebilde, woraus man Profit machen kann. Der Vorteil für den Menschen wird verwechselt mit dem Profitmachen.

Dass Menschen auf ihren Vorteil schauen, ist selbstverständlich. Aber dieser Vorteil sollte mehr und mehr dem niedrigen Egoismus entzogen werden und durch in anderes Verstehen der menschlichen Arbeit gesucht werden bei dem Wesen, das ja viel anspruchsvoller ist, das etwas geliefert haben will für seine Seele, für seinen Geist, für sein Ich, für seine Intuition, für seine Inspiration und für seine Imagination. Das heißt, es wird ein sehr niedriger Trieb auf die Menschen herunter erzogen, dass sie doch gefälligst an das Geld im Sinne ihres Vorteiles am Gelde glauben möchten.

Wir sind es gewohnt zu hören, dass also im Produktionsbereiche die Unternehmen selbstverständlich Gewinne machen müssen. Denn sonst könnten sie nicht überleben, so die Ideologie. Das ist aber doch der bare Unsinn, wenn ich doch das Wesen Wirtschaft beschreiben muss als eine Sache, die zu nichts anderem da sein muss, als den menschlichen Bedarf zu decken, und das rund um die Welt. Wenn ich aber rund um die Welt heute schaue, dann stelle ich fest, dass gerade die sogenannte Marktwirtschaft, die behauptet, den menschlichen Bedarf viel besser zu befriedigen, als eine bedarfsorientierte Wirtschaft doch mindestens zwei Drittel der Welt praktisch verhungern lässt. Also in einer solchen Wirtschaft sehe ich nicht einmal das Rationale.

Derjenige, der einen Gegenentwurf leistet oder versucht, ihn zu entwickeln, der wird oft, sagen wir mal, in die Ecke gestellt, indem man sagt: das ist Mystik, du verstehst ja nichts davon, kein Mensch kann was verstehen, das versehen nur wir. Aber jeder Mensch sieht heute, dass diese Wirtschaft, so wie sie gegenwärtig läuft, sowohl unter kommunistischen wie unter privatkapitalistischen Ideologien ja überhaupt nicht den menschlichen Bedarf und den Bedarf der Natur erfüllen kann. Schon einmal nicht materiell, wo

Nahrung, Kleidung, Wohnung da sein müssen und Erhaltung des Lebens und Lebensqualität herauskommen muss. Noch viel weniger oder gar nicht kann gedeckt werden der Nahrungsbedarf für des Menschen Seele. Wenn ich aber danach frage, was denn eigentlich auf dieser Erde gerettet werden muss, dann ist es noch nicht das Stoffliche. Es ist sogar eigentlich nicht der menschliche Leib. Wir alle wissen, dass wir sterben werden. Was gerettet werden muss, ist die menschliche Seele. Dieses Leben muss doch eine Frucht aus sich entlassen, das muss doch erlebbar werden, dass dieses Leben alles ist.

Derlei Gesichtspunkte gelten für die Wirtschaft als irrelevant, sie werden gar nicht in Betracht gezogen. Dass der Mensch im höher wachsenden Anspruch mit dem Entstehen seines Selbstbewusstseins und seiner Freiheit sich allmählich bereits abhebt aus den Verstrickungen der materiellen Egoismen, ist schon wahrzunehmen und zu beobachten. Zwar behauptet sich der Egoismus in uns kräftig, dennoch sehen wir, und vor allem, wenn wir uns dieser Aufgabe immer mehr übend widmen, ein sich allmähliches Herauslösen aus den Verstrickungen.

Ego, das Ich verlangt nach einer spirituellen Nahrung durch die Wirtschaft. Dieses Ich, das nach einer spirituelleren Nahrung verlangt, erkennt auch, dass der wichtigste Wirtschaftszweig im Produktionsbereich, ich sage im Produktionsbereich und nicht im Konsumtionsbereich, aber da, wo arbeitsteilig die Arbeit geleistet wird, nicht wo Kleinwirtschaft und freie Berufe tätig sind, sondern ich meine ganz bewusst die wichtigsten Unternehmen im Produktionsbereich, die Schulen und Hochschulen. In ihnen wird erzeugt das KAPITAL der Gesellschaft. Noch einmal, KAPITAL ist nicht Geld, KAPITAL ist Fähigkeit und Produkt der Fähigkeit.

Hier erscheinen weitere Beweise für den Begriff 'Jeder Mensch ist ein Künstler', Beweise für die Richtigkeit dieses Hebels Fähigkeit.

Das Geld, kein Wirtschaftswert! Wenn von der Geldmacht alles Freiheitliche und Demokratische immer wieder überrollt wird und die Macht des Geldes immer wieder das Ideal zerstört, dann müssen wir in das Maul dieses Drachen hineingreifen und den Kapitalbegriff anfassen. Dann müssen wir ganz real zum Kapitalbegriff vorstoßen, aber wir sind ja schon zu ihm vorgestossen, wir haben ja erkannt, dass in der Konsequenz eines Kunstbegriffes, der jeden Menschen als einen Künstler beschreibt, ihn in der menschenwürdigsten Weise beschreibt, in der richtigsten Weise beschreibt, weil der Mensch der Träger der Würde und der Souverän ist, dass aus dieser Konsequenz hervorgeht, dass er das Kapital ergreift und erkennt, ja, das ist ja gar kein Wirtschaftswert. Der Wirtschaftswert ist die eingesetzte menschliche Fähigkeit in der Arbeit und was an der Arbeitsstelle an Produkt entsteht, eine gute Skulptur, ein wunderbares Bild, ein umweltfreundliches Auto, eine gut schmeckende und gesunde Kartoffel, ein gesunder Fisch, den der Fischer aus dem Meere fischt gegenüber einem, der vergiftet ist, so dass man nicht allzu oft Fisch essen darf, weil man sonst stirbt.

Zwar braucht man ja nicht die Ängstlichkeit und Hysterie zu haben, die heute oft auch ein unterentwickeltes Ökologieverständnis ist, das mit geringem geistigen Mut zu haben ist, da sollte man mutiger sein und sich sagen: der Mensch braucht etwas Blei, damit er etwas schwerer sei.

Der Ansatz in der Ökologie ist gar nicht tief genug gefasst. Der gesellschaftsökologische Ansatz beginnt bei 'Jeder Mensch ist ein Künstler', also beim Freiheitsbegriff, beim Kreativitätsbegriff auf das soziale Ganze hin, schafft erst mal ein sozioökologisches Arbeiten, wodurch Umweltschäden von der Wurzel her ausgeschaltet werden.

Selbstverständlich sind solche Arbeiten, wie sie Greenpeace leistet, sehr bewundernswert und sehr wichtig, jeder sollte da diese Leute unterstützen, das ist ganz klar. Ich kann das gar nicht genug betonen, wie wichtig das ist, weil dort nicht gejammert wird.

Der Erkenntnisansatz ist noch wichtiger. Denn er wird das soziale Ganze in seiner Logik aufbauen und vom schöpferischen Menschen als dem Schöpfer der Welt ausgehen. Von der Freiheit über das Recht zu neuen Wirtschaftsgesetzen und einem gemeinnützigen Kreditsystem.

Geformt soll werden, was der Welt hilft. Und dass in diesem qualitätsvollen Produzieren von Gütern, seien sie geistig oder physisch, jetzt komme ich wieder auf den spirituellen Bedarf des Menschen zurück, ein immer größerer Bedarf des Menschen nach spiritueller Nahrung erwächst. Schulen und Hochschulen als die Erzeuger dieses Produktes sind die wichtigsten Unternehmen im Produktionsbereich der Wirtschaft.

Sie müssen frei sein, wie die Wirtschaft frei sein muss. Sie sind heute verstaatlicht! Was ist das denn? Wer dort zu bestimmen hat und über die Freiheit seine Vorstellungen setzt, die ganz sklerotische sind oder sein mögen, ja sicher sind, ich sag mal ruhig sind. Ich wollte ja nicht kritisieren, aber ich muss es doch sagen, sie sind sklerotisch und tötend, da muss man doch einfach feststellen, es ist eine Lüge, dass wir in einer freien Wirtschaft und in einer freien Welt hier leben. Denn die wichtigsten Unternehmen sind verstaatlicht. Der Westen kann doch von sich nicht mehr behaupten, dass er gegenüber dem real existierenden Sozialismus/ Kommunismus, der alle Produktionsstätten verstaatlicht, wenngleich sie auch volkseigene Betriebe genannt werden, frei sei.

Beschönigungsvokabel? Sogar glatt gelogen! Da auch bei uns 60% der Unternehmen im Produktionsbereich verstaatlicht sind, also wir uns auf dem Weg des Bolschewismus befinden. Und immer wieder: die wichtigsten Produktionsstätten des immer größer werdenden spirituellen Bedarfes der Menschen nach geistiger Nahrung sind Schulen und Hochschulen. Sie müssen in der Hand von freien Menschen sein.

Beamte wie jetzt? Machen Sie sich doch selbst einen Reim darauf. Sie können nicht verstaatlicht sein. Dies deutet auf die Befreiung des Schul- und Hochschulwesens aus staatlicher Umklammerung als eine wichtige Aufgabe, die über den Hebel von Volksabstimmungen unter neuen Bedingungen möglich wäre.

Da sieht man die Zusammenhänge dessen, was hier immer wieder vorkommt, das auch im realen Leben ganz praktisch ist, das also nicht nur ein Versuch einer Philosophie ist oder einer Sicht ist oder einer persönlichen Meinung ist, vielmehr hier wird sich bemüht, Dinge, die im praktischen Leben vorkommen, so zu zeigen, dass man sagt, du siehst doch, das Ding existiert, du kannst es doch sofort benutzen, du brauchst dich doch nur zu erkundigen, wo sind denn die Menschen, die an dieser Sache arbeiten und die Gruppe dieser Menschen stärken, die an solchen Sachen arbeiten, das ist mir doch auch wichtig, dass mit diesem Begriff der sozialen Kunst auch heute schon praktische Hinweise gegeben werden können, wie die Transformation sich vollziehen kann.

Also, der soziale Organismus ist schwer versehrt, und die Gründe für diese Krankheit liegen, das stellt sich heraus zum großen Teil darin, dass die menschliche Entwicklung von der Kindheit bis zu einer Zeit, wo sie in einen Beruf gehen kann oder ein Hochschulstudium ergreifen kann, dass diese Zeit in der Schule oder Hochschule von Ideologien besetzt ist, die die Kultusministerien entwickeln aus ihrer bornierten Sicht, die der Staat bestimmt aus seiner bornierten Sicht und die nicht Lehrende und Lernende frei lassen, also die Mitgliedschaften der Unternehmen nicht wirken lassen.

Glauben Sie, es wäre möglich, etwa in einer Schuhfabrik, dass der Staat in alles hineinreden könnte? Es gibt natürlich auch verstaatlichte Schuhfabriken, aber glauben Sie, dass im Privatkapitalismus ein mittelgrosses Unternehmen es sich gefallen lassen müsste, wenn immer ein Minister hineinreden würde in das, was die Mitgliedschaft in diesem Unternehmen tut? In einem freien Unternehmen ist es frei in die Zuständigkeit der Mitgliedschaft gelegt, sowohl der mehr Leitenden als auch der mehr Ausführenden, was zu geschehen hat.

Aber ich habe nicht von einem Eigentümer gesprochen. Ich habe von einem Unternehmen gesprochen, in dem die Mitarbeiter sich selbst ihre Verfassung geben und sich selbst verwalten. In den Schulen wäre es Lehrende und Lernende, ein oszillierendes System Lehren und Lernen, da es ja nicht immer so ist, dass der Schüler von seinem Lehrer lernt, denn oft ist es so, dass der Lehrer sehr viel lernen kann von seinem Schüler.

Dass Geistbereich entbunden sein muss in die Freiheit, ist eigentlich eine Selbstverständlichkeit. Die Ursachen für zwei Weltkriege liegen in der Versklavung des Geistes unter Staat und kapitalistischer Wirtschaft. Für die menschliche Freiheit ist kein Organ entwickelt, für das Kreative ist kein Organ entwickelt, für den Kunstbegriff nach der Moderne ist kein Organ entwickelt, auch alle die, die die Kunst so gerühmt haben, die sogenannten Connaisseurs, hatten kein Organ entwickelt, weder für die Kunst noch für die Zusammenhänge, die sich vollziehen im Anwachsen der Katastrophe auf den Ersten Weltkrieg hin als auch auf den Zweiten Weltkrieg hin. Und es wird mit Sicherheit einen dritten geben, wenn wir keinen neuen Anfang machen bei der Freiheitswissenschaft in der 'Jeder Mensch ist ein Künstler' gilt, bei dem Sich-selbst-sein und bei dem Insistieren auf dem Souverän, der in jedem Menschen steckt.

Danke.

Nachbemerkung

Zum Abgleich zwischen Beuys' Rede und den Vorgaben Steiners, lohnt die Lektüre einer Passage aus seinen Vorträgen „über das soziale Leben und die Dreigliederung des sozialen Organismus".

„Wir hier in Mitteleuropa sind zwischen diese Seelenverfassung des Orients und die des Okzidents hineingestellt. Erkennen wir, daß wir als das Mittelvolk die Aufgabe haben, aus dem deutschen Volkstum heraus durch eine gleichmäßige, durch eine selbständige Ausbildung des Geisteslebens, des Rechts-, Staats- oder politischen Lebens und des Wirtschaftslebens auch die Ausgleichung zwischen Orient und Okzident zu bringen, dann stellen wir uns auf den Boden, aus dem uns Zukunftssicheres hervorgehen muß, auch wenn von allen Seiten her die Menschen uns heute den Boden unter den Füßen entziehen wollen.

Das können sie bis zu einem gewissen Grade, weil wir als Volk Mitteleuropas durch Jahrzehnte versäumt haben, uns auf den Boden zu stellen, aus dem heraus unsere eigentliche Kraft als mitteleuropäisches Volk hervorquillt. Aber nicht vergessen werden dürfen die Zusammenhänge mit denjenigen Kräften unseres Volkstums, aus denen hervorgeblüht sind die großen idealistischen und zugleich größten Menschheitsleistungen der Lessing, Herder, Goethe, Schiller und so weiter.

Nicht vergessen werden dürfen diejenigen mitteleuropäischen Impulse, aus denen in einer anderen harten Zeit Johann Gottlieb Fichte Feuer in die Herzen der mitteleuropäischen Völker gegossen hat. Was diesem Faktum eigentlich zugrunde liegt, das ahnen die anderen Völker. Aber wir sollten es nicht bloß ahnen, wir sollten es erkennen. Wir sollten uns sagen, hassen uns die anderen, und konkurrieren die anderen mit uns und wollen uns durch etwas vernichten, so ist es das, was wir ausgebildet haben in den letzten Jahrzehnten nicht als unser ureigenes Wesen, sondern als das, was zu stark den andern gleich ist, was wir ihnen nachgemacht haben als undeutschen Industrialismus.

Erkennen wir dann, wo die wahren Wurzeln unserer Kraft sind, dann ist noch Hoffnung für uns! Wir Deutschen dürfen uns nicht auf den Boden stellen, auf den uns das bloß äußere kapitalistische Leben der letzten Jahrzehnte in den Konkurrenzkampf mit den andern gestellt hat.

Wir müssen uns auf einen geistigen Boden stellen. Wir müssen es verstehen, daß jener Patriotismus, der darin bestanden hat, sich nur der Hoffnung hinzugeben, daß Deutschland siegend dem Unternehmertum noch mehr Kapital bringen werde, daß jener Patriotismus, der sich nun ersetzt durch den andern: Gehen wir hinüber zu den andern, seien wir jetzt dort Patrioten, weil dorther das Kapital Zins bringen kann, Wir müssen verstehen, daß dieser Patriotismus kein deutscher Patriotismus ist!

Wir müssen uns auf diesen Boden stellen können. Wir müssen uns begreifen können als das Volk, das zwischen Orient und Okzident hineingestellt ist zu einem Neuaufbau aus der Freiheit für den Geist, aus der Gleichheit für das Recht, aus der Brüderlichkeit für die Wirtschaft.

Da drüben im Osten ist einstmals das stärkste Geisteslicht aufgegangen, im Westen wird der Brennstoff für dieses Geistesleben erzeugt. Das Geisteslicht des Ostens ist im Abglimmen, ist in Nirwana verfallen. Der Brennstoff des Westens wird nicht leuchten können, wenn er sich bloß in die Dunkelheit des Kapital- und Lohnverhältnisses der Menschen hineinstellt. Wir in Mitteleuropa müssen unsere Hoffnung einzig und allein daraus schöpfen, daß wir den Brennstoff des Westens durch das Licht des Ostens zum Feuer, das die Menschheit befeuern kann, erwecken.

Das ist unsere idealistische, aber höchst praktische Aufgabe. Das ist das, woran man am liebsten denken möchte in diesen Tagen, welche die Herzen und Seelen so furchtbar beklemmen, wo der Brennstoff des Westens uns das nehmen will, was wir noch weniges haben, wo wir hineingestoßen werden sollen in materielle Not und in materielles Elend.

Viele begreifen es heute noch nicht, aber es ist so. Diese Tage kündigen es laut: Es geht auf Sein und Nichtsein! Und dasjenige, was aus dieser Erkenntnis, daß es auf Sein und Nichtsein geht, hervorquellen soll, das ist, daß wir berufen sind, den Brennstoff des Westens zu entzünden durch das Licht des Ostens. Wir dürfen uns heute, niedergedrückt in die bitterste Not, an ein Fichtewort erinnern, das auch in harter Zeit gesprochen worden ist, wo er, von Deutschen schlechtweg zu Deutschen schlechtweg sprechend, gesagt hat: Wenn ihr euch nicht selber erkennt, euch nicht in euch selber findet, so verliert die Welt das, was sie nur durch euch haben kann!" (GA 330, S. 291)

„In einer gewissen Beziehung sollte man, wenn man in einen Saal hineingeht, sich einmal selber durchfühlen, ob man so oder so reden muß. Das kann man nämlich ungefähr durchfühlen, namentlich wenn man unter ganz fremde Leute tritt.

Also, solche Dinge werden Sie doch schon berücksichtigen müssen. Sie werden nicht, wenn Sie das erreichen wollen, was jetzt erreicht werden soll, mit einem fertigen Konzept vor die Leute hintreten können, sondern Sie werden sich ganz nach den Verhältnissen richten müssen."

Rudolf Steiner, 1919 [118]

„Nehmen wir an, sie kommen in einen Saal und können sofort abschätzen, was sind die Fragen der Leute. Die inneren Fragen. Ich meine das hat es oft gegeben. Es hat ja auch gar keinen Sinn, dass ich mich vor einen Menschen hinstelle oder vor viele hinstelle, ohne dass da nun eine Frage vorliegt.

Was hätte es für einen Sinn, irgend ein Thema über die Leute hinweg zu stülpen. Denn die sind ja unter Umständen gar nicht daran interessiert. Ist doch vollkommen klar. Ich muss also so sprechen, dass ich weiß, es liegt da etwas in den Menschen vor, eine Frage liegt vor, die ich versuche, irgendwie anzugehen. Die ich versuche, mit ihnen gemeinsam zu lösen. Es ist also eigentlich eine gemeinsame Arbeit."

Joseph Beuys, 1969 [119]

Verzeichnis der anthroposophischen Bibliothek von Joseph Beuys

Dem anthroposophischen Beuys-Experten Volker Harlan, einem Beuys-Vertrauten, war von den Erben die Einsichtnahme in dessen Sammlung anthroposophischer Literatur gewährt worden, die nicht nur Steiner, sondern auch anthroposophische Sekundärliteratur umfasste.

Nachfolgend aufgelistet sind nur die Steiner-Bände, die überwiegend Notizen und andere Bearbeitungsspuren aufweisen. Sie sind Dokumente von hoher Intensität, mit der sich Beuys dem Steiner-Studium widmete. Zudem stammen die grundlegenden Bände aus den ersten Jahren nach 1947, womit der Beginn seines anthroposophischen „Schulungswegs“ gut zu belegen ist. Die Schriften zur 'Dreigliederung des sozialen Organismus' sowie pädagogischen Themen datieren aus den sechziger Jahren.

GA 1 **Goethes naturwissenschaftliche Schriften.** Sämtliche Einleitungen zur Herausgabe.

GA 2 **Grundlinien einer Erkenntnistheorie der goetheschen Weltanschauung.**

GA 3 **Wahrheit und Wissenschaft.** Vorspiel einer Philosophie der Freiheit.

GA 4 **Die Philosophie der Freiheit.** Grundzüge einer modernen Weltanschauung. Seelische Beobachtungsresultate nach naturwissenschaftlicher Methode.

GA 5 **Friedrich Nietzsche, ein Kämpfer gegen seine Zeit.**

GA 6 **Goethes Weltanschauung.**

GA 9 **Theosophie.** Einführung in übersinnliche Welterkenntnis und Menschenbestimmung.

GA 10 **Wie erlangt man Erkenntnisse der höheren Welten?**

GA 13 **Die Geheimwissenschaft im Umriss.**

GA 15 **Die geistige Führung des Menschen und der Menschheit.** Geisteswissenschaftliche Ergebnisse über die Menschheits-Entwicklung.

GA 18 **Die Rätsel der Philosophie** in ihrer Geschichte als Umriss dargestellt.

GA 21 **Von Seelenrätseln.**

GA 23 **Die Kernpunkte der sozialen Frage** in den Lebensnotwendigkeiten der Gegenwart und Zukunft.

GA 24 **Aufsätze über die Dreigliederung des sozialen Organismus und zur Zeitlage.**

GA 31 **Gesammelte Aufsätze zur Kultur- und Zeitgeschichte**
Hochschule und öffentliches Leben. Sechs Aufsätze.

GA 34 **Luzifer-Gnosis 1903-1908.** Grundlegende Aufsätze zur Anthroposophie und Berichte aus der Zeitschrift 'Luzifer' und 'Luzifer Gnosis'.
Die Erziehung des Kindes vom Gesichtspunkt der Geisteswissenschaft.
Reinkarnation und Karma. Vom Standpunkt der modernen Naturwissenschaft notwendige Vorstellungen.
Geisteswissenschaft und soziale Frage.

GA 35 **Philosophie und Anthroposophie.** Gesammelte Aufsätze 1904-1918.
Philosophie und Anthroposophie.
Die Aufgabe der Geisteswissenschaft und deren Bau in Dornach.
Das menschliche Leben vom Gesichtspunkt der Geisteswissenschaft (Anthroposophie).

GA 39 **Briefe 1891-1924.**

GA 52 **Spirituelle Seelenlehre und Weltbetrachtung.**
Die Geschichte des Spiritismus.

GA 55 **Die Erkenntnis des Übersinnlichen in unserer Zeit und deren Bedeutung für das heutige Leben.**
Blut ist ein ganz besonderer Saft.

GA 58 **Anthroposophische Leitsätze. Der Erkenntnisweg der Anthroposophie. Das Michael-Mysterium.**
Das lebendige Wesen der Anthroposophie und seine Pflege.

GA 62 **Ergebnisse der Geistesforschung.**
Die Aufgaben der Geistesforschung für Gegenwart und Zukunft.
Irrtümer der Geistesforschung.
Die Moral im Lichte der Geistesforschung.

GA 63 **Geisteswissenschaft als Lebensgut.**
Die sittliche Grundlage des Menschenlebens. Homunkulus.

GA 64 **Aus schicksaltragender Zeit. Das Volk Schillers und Fichtes.**

GA 65 **Aus dem mitteleuropäischen Geistesleben. Nietzsches Seelenleben und Richard Wagner.** Zur deutschen Weltanschauungs-Entwicklung der Gegenwart.

GA 76 **Die befruchtende Wirkung der Anthroposophie auf die Fachwissenschaften.** Ansprachen und Vorträge Rudolf Steiners im zweiten anthroposophischen Hochschulkurs.

GA 79 **Die Wirklichkeit der höheren Welten. Die Kardinalfrage des Wirtschaftslebens.**

GA 99 **Die Theosophie des Rosenkreuzers.**

GA 101 **Mythen und Zeichen. Okkulte Zeichen und Symbole. Weihnacht.** Eine Betrachtung aus der Lebensweisheit (Vitaesophia).

GA 108 **Die Beantwortung von Welt- und Lebensfragen durch Anthroposophie.**
Praktische Ausbildung des Denkens.

GA 115 **Anthroposophie, Psychosophie, Pneumatosophie.**

GA 118 **Das Ereignis der Christus-Erscheinung in der ätherischen Welt. Pfingsten, das Fest der freien Individualität.**

GA 119 **Makrokosmos - Mikrokosmos.** Die grosse und die kleine Welt. Seelenfragen, Lebensfragen, Geistesfragen.

GA 121 **Die Mission einzelner Volksseelen im Zusammenhang mit der germanisch-mondischen Mythologie.**

GA 128 **Eine okkulte Physiologie.**

GA 130 **Das isoterische Christentum und die geistige Führung der Menschheit. Glaube, Liebe, Hoffnung, drei Stufen des menschlichen Lebens,**

GA 134 **Die Welt der Sinne und die Welt des Geistes.**

GA 148 **Aus der Akasha-Forschung. Das Fünfte Evangelium.**

GA 149 **Christus und die geistige Welt. Von der Suche nach dem Heiligen Gral**

GA 152 **Vorstufen zum Mysterium von Golgatha.
Die vier Christusopfer. Die drei Vorstufen des Mysteriums von Golgatha.**

GA 156 **Okkultes Lesen und okkultes Hören**.

GA 161 **Wege der geistigen Erkenntnis und der Erneuerung künstlerischer Weltanschauung.**

Meditation und Konzentration. Die drei Arten des Hellsehens.

GA 170 **Das Rätsel des Menschen.** Die geistigen Hintergründe der menschlichen Geschichte.Das Verhältnis des Menschen zum ganzen Universum.

GA 171 **Innere Entwicklungsimpulse der Menschheit.**
Goethe und die Krisis des neunzehnten Jahrhunderts.
**Innere Entwicklungsimpulse der Menschheit.
Der Sinn des geschichtlichen Wendens.
Goethe und die Krisis des neunzehnten Jahrhunderts.
Wirksame Kräfte der Gegenwart.**

GA 180 **Mysterienwahrheiten und Weihnachtsimpulse.
Alte Mythen und ihre Bedeutung. Die verjüngenden Kräfte in der Menschennatur.**

GA 185 **Geschichtliche Symptomatologie.**

GA 186 **Die soziale Grundforderung unserer Zeit.**

GA 192 **Geisteswissenschaftliche Behandlung sozialer und pädagogischer Fragen.**

GA 193 **Der innere Aspekt des sozialen Rätsels.**
Zur Charakteristik der Gegenwart.

GA 220 **Lebendiges Naturerkennen. Intellektueller Sündenfall und spirituelle Sündenerhebung.**
Wahrheit, Schönheit, Güte.

GA 230 **Der Mensch als Zusammenklang des schaffenden, bildenden und gestaltenden Weltenwortes.**

GA 233 **Die Weltgeschichte in anthroposophischer Beleuchtung und als Grundlage der Erkenntnis des Menschengeistes.**
Das Osterfest als ein Stück Mysteriengeschichte der Menschheit.

GA 245 **Anweisungen für eine esoterische Schulung. Aus den Inhalten der 'Esoterichen Schule'.**
Aus den Inhalten der esotherischen Schule.

GA 254 **Die okkulte Bewegung im 19. Jahrhundert und ihre Beziehung zur Weltkultur**

GA 271 **Kunst und Kunsterkenntnis. Das Übersinnliche in seiner Verwirklichung durch die Kunst.**
Goethe als Vater einer neuen Ästhetik.
Das Sinnlich-Übersinnliche in seiner Verwirklichung durch die Kunst.

GA 276 **Das Künstlerische in seiner Weltmission.**
Der Genius der Sprache und der Welt des in der Farbe sich offenbarenden strahlenden Scheines.

GA 277a **Die Entstehung und Entwicklung der Eurythmie.**

GA 279 **Eurythmie als sichtbare Sprache.**

GA 280 **Methodik und Wesen der Sprachgestaltung.**

GA 281 **Die Kunst der Rezitation und Deklamation.**

GA 282 **Sprachgestaltung und dramatische Kunst.**

GA 286 **Wege zu einem neuen Baustil.** 'Und der Bau wird Mensch'.

GA 293 **Allgemeine Menschenkunde als Grundlage der Pädagogik.**

GA 294 **Erziehungskunst. Methodisch-Didaktisches.**

GA 296 **Die Erziehungsfrage als soziale Frage.** Die spirituellen, kulturgeschichtlichen und sozialen Hintergründe der Waldorfschul-Pädagogik.

GA 303 **Die gesunde Entwicklung des Leiblich-Physischen als Grundlage der freien Entfaltung des Seelisch-Geistigen.**

GA 311 **Die Kunst des Erziehens aus dem Erfassen der Menschenwesenheit.**

GA 314 **Physiologisch-Therapeutisches auf Grundlage der Geisteswissenschaft. Zur Therapie und Hygiene. Anthroposophische Grundlagen für die Arzneikunst.**

GA 321 **Geisteswissenschaftliche Impulse zur Entwicklung der Physik.** Zweiter naturwissenschaftlicher Kurs. Die Wärme auf der Grenze positiver und negativer Materialität.

GA 320 **Geisteswissenschaftliche Impulse zur Entwicklung der Physik.** 1. naturwissenschaftlicher Kurs, Licht, Farbe, Ton, Masse, Elektrizität, Magnetismus.

GA 324 **Naturbeobachtung, Mathematik, wissenschaftliches Experiment und Erkenntnisergebnisse vom Gesichtspunkt der Anthroposophie.**

GA 326 **Der Entstehungsmoment der Naturwissenschaft in der Weltgeschichte und ihre bisherige Entwicklung.**

GA 327 **Geisteswissenschaftliche Grundlagen zum Gedeihen der Landwirtschaft. Landwirtschaftlicher Kurs.**

GA 328 **Die soziale Frage. Soziale Zukunft.**

GA 329 **Die Befreiung des Menschenwesens als Grundlage für eine soziale Neugestaltung.**

GA 330 **Neugestaltung des sozialen Organismus.**

GA 333 **Gedankenfreiheit und soziale Kräfte.** Die sozialen Forderungen der Gegenwart und ihre praktische Verwirklichung.

GA 334 **Vom Einheitsstaat zum dreigliedrigen sozialen Organismus. Dreigliederung und gegenwärtige Weltlage.**

GA 338 **Wie wirkt man für den Impuls der Dreigliederung des sozialen Organismus?** Rednerkurs und Agitatorenkurs.

GA 340 **Nationalökonomischer Kurs.**

GA 341 **Nationalökonomisches Seminar.**

GA 350 **Rhythmen im Kosmos und im Menschenwesen. Wie kommt man zum Schauen der geistigen Welt?**
Wie kommt man zum Schauen der geistigen Welt?
Ursprung und Bedeutung der Kulte.

GA 351 **Mensch und Welt. Das Wirken des Geistes in der Natur. Über das Wesen der Bienen.**

GA 352 **Geisteswissenschaftliche Erkenntnisse über Natur und Mensch.**

Anhang

[1] Beuys, Wir sind die Revolution, Göttingen, 2008, S. 262

[2] Den Begriff "Parallelprozess" benutzte Beuys im Bezug auf seine Arbeit explizit erstmals im gleichnamigen Titel seiner Ausstellung. im Städtischen Museum Mönchengladbach 1967, vgl. dazu auch Adriani/Konnertz/Thomas 1994, S. 91f. Beuys äusserte einmal, auf das „Esoterische“ seiner „Dingwelt" angesprochen: „Ja, das trifft zweifellos zu für meine Objekte, die vielleicht eben so esoterisch wirken, und gerade aus diesem Grunde bemühe ich mich ja immer, einen Parallelprozess sozusagen einzuleiten.“ Hanno Reuther: Werkstattgespräch mit Joseph Beuys, ausgestrahlt auf WDR 3, 01. 07. 1969

[3] Vgl. Hans Peter Riegel, Beuys Die Biographie Band 1, Zürich 2018, 2021, S. 98ff

[4] Beuys hatte nachweislich kein Abitur. Ein Studium an einer Universität wäre nicht möglich gewesen. Er soll 1941 während einem weniger Monate seiner militärischen Grundausbildung, als Gasthörer an den Reichsuniversität Posen biologische Seminare besucht haben. Was jedoch nicht gesichert ist.
Dennoch behauptete Beuys immer wieder, ein „naturwissenschaftliches Studium“ absolviert zu haben. Was von der hagiographisch geprägten Beuys Literatur nie hinterfragt, bis heute verbreitet wird. Wobei auch angeführt wird Beuys habe Medizin studiert: „Nach dem Krieg nimmt Beuys ein Medizinstudium auf, mit dem Ziel, Kinderarzt zu werden.“ In Joseph Beuys, Kunsthaus Zürich, S. 288, Zürich 1993.
Es ist evident, dass Beuys mit seinen Behauptungen gleiches, universelles Wissen für sich reklamierte, wie sein Vorbild Steiner. Gleichzeitig schloss sich Beuys dem Anspruch Steiners für dessen Anthroposophie an, „Wissenschaft“ zu sein. „Steiner war Goethe-Forscher, Philosoph und Esoteriker. Als Geistesforscher entwickelte er ab 1900 die Anthroposophie als Wissenschaft vom Geistigen, ausgehend von der Beobachtung des Denkens nach naturwissenschaftlicher Methode“, so AnthroWiki.
Wie sehr Beuys über das vorgebliche Studium fabulierte, wird durch die vielen Varianten seiner Erzählung deutlich: „Ich habe auf Grund dieser Unsicherheit, die ich für eine spezielle Berufsentscheidung damals hatte, etwa Kinderarzt oder Chemiker oder Physiker, ein allgemeines naturwissenschaftliches Studium begonnen“, so Beuys über die Zeit vor seiner Entscheidung Berufsoldat zu werden im Gespräch mit Hermann Schreiber, Südwestfunk, 27.1.1980.
Eine andere Variante: „Als der Krieg 1945 endete, kam ich aus der Gefangenschaft, ich studierte dann Naturwissenschaften, Mathematik, Physik und Biologie, und so auf die rude Welt von Wissenschaft sehend, entschloss ich mich, mein Vorgehen zu ändern, und mehr versuchsweise begann ich mit Kunst.“ Joseph Beuys im Gespräch mit Harriet Cooke, in Irish Times, Dublin, 25.10.1974
Oder: „Ich habe Naturwissenschaften studiert und weiß, daß man Chemie so lehren kann oder so lehren kann und so. Methodisch“, so Beuys während der Documenta 1972, in 'Jeder Mensch ist ein Künstler', S. 13, Frankfurt a.M., 1975

[5] „Ein schauender Mensch kann nicht ein jeder augenblicklich werden; eine rechte gesunde Lebensnahrung sind aber die Erkenntnisse des schauenden Menschen für jedermann. Denn anwenden im Leben kann sie jeder. Und wer es tut, wird bald einsehen, was das Leben mit ihnen auf allen Gebieten sein kann und was es entbehrt, wenn man sie ausschließt. Die Erkenntnisse der übersinnlichen Welten erweisen sich, richtig im Leben angewendet, nicht unpraktisch, sondern im höchsten Sinne praktisch." Rudolf Steiner, Wie erlangt man Erkenntnisse der höheren Welten, Dornach 1961, S.10

[6] „Rudolf Steiner hat die von ihm entwickelte Anthroposophie vielfach auch als anthroposophisch orientierte Geisteswissenschaft bezeichnet, verwendet diesen Begriff aber anders, als das heute allgemein üblich ist, wo man unter den Geisteswissenschaften all jene Wissenschaften versteht, die sich mit den kulturell-geistigen Schöpfungen des Menschen wie Philosophie, Geschichte, Kunst, Religion, Staat, Recht usw. befassen. Mit dem Ausdruck Geisteswissenschaft meint Rudolf Steiner die genaue methodisch geleitete empirische Beobachtung und exakte wissenschaftliche Beschreibung des Geistigen, die sich vollgültig neben die Naturwissenschaft hinstellt, die sich ihrerseits die wissenschaftliche Erforschung der Natur zur Aufgabe gemacht hat." AnthroWiki

Vgl. Peter Brügge: 'Die Mysterien finden im Hauptbahnhof statt', Gespräch mit Joseph Beuys über Anthroposophie und die Zukunft der Menschheit, Der Spiegel, Nr. 23, 1984, S. 178-186
Vgl. Erwin Heerich im Gespräch mit Georg Jappe, in Beuys packen, Regensburg 1996, S. 20ff
Vgl. Hans Peter Riegel, Beuys Die Biographie Band 1, Zürich 2018, 2021, S. 98ff

[7] „Ein Mitglied der Berufungskommission, der Maler Karl Otto Götz (K.O. Götz) erinnerte sich: „Bei den Berufungsverhandlungen stellte ich fest, dass keiner meiner Kollegen diesen Bildhauer kannte. Man hatte den Namen nie gehört." Deshalb sei „besonders positiv gewertet" worden, dass Beuys ein Schüler von Mataré war. Als Götz den inzwischen emeritierten Mataré während der Verhandlungen zufällig auf dem Flur der Akademie traf, habe dieser jedoch entsetzt reagiert: „Ihr wollt doch nicht etwa den Beuys berufen, der ist doch verrückt." „Ich war empört", so Götz, „ausgerechnet der Lehrer spricht so über seinen ehemaligen Schüler. Wen und was wir uns mit der Berufung von Beuys ‚eingekauft' hatten, stellte sich erst einige Jahre später heraus."
Hans Peter Riegel, Beuys Die Biographie Band 1 Zürich 2018, 2021, S. 151
Vgl. Susanne Anna, Joseph Beuys, Düsseldorf, Ostfildern 2008, S. 44,46

[8] Beuys wurde damals auf der Bühne des Hochschul-Audimax geschlagen. Sein Bild mit blutender Nase, Kruzifix und Hitlergruss ist ikonisch.Vgl. Hans Peter Riegel, Beuys Die Biographie, Band 1, Zürich 2018, S.99 ff. S. 182ff

[9] Neben rund 100 Titeln von Steiner, von denen viele Spuren intensiver Bearbeitung aufwiesen, verfügte Beuys über umfangreiche anthroposophische Sekundärliteratur. Vgl. Volker Harlan, Verzeichnis der anthroposophischen Bibliothek von Joseph Beuys, in Joseph Beuys-Tagung Basel, 1.–4.5.1991, Basel 1991, S.292-295, S. 131ff dieses Bandes

[10] „Als speziell biologisch-dynamische Maßnahmen ist die Herstellung und Anwendung bestimmter Präparate gebräuchlich, die entweder den Wirtschaftsdüngern (Stallmist, Gülle, Jauche) zugesetzt werden oder in Wasser gerührt und dann auf Boden und Pflanzen gespritzt werden, um die Wirkung der irdischen Wachstumsfaktoren (zum Beispiel Nährstoffe) und der kosmischen Wachstumsfaktoren (Licht, Wärme und "Rhythmen") sowie die Wirkungen der Anbaumaßnahmen zu verbessern. Die Ausgangsmaterialen werden zu diesem Zweck zumeist in tierischen Organhüllen (zum Beispiel Kuhhorn, Blase, Darm usw.) mindestens ein halbes Jahr im Boden vergraben, um die darin enthaltenen Substanzen ausreichend mit aufbauenden und gestaltenden ätherisch-astralischen Kräften zu durchdringen.“ AnthroWiki

[11] „Alles das, was nur auf den Astralleib wirkt, ist nur Vorbereitung zur eigentlichen esoterischen Schulung, zur eigentlichen okkulten Schulung. Die okkulte Schulung beginnt da, wo wir das Hineinarbeiten in den Äther- oder Lebensleib lernen, wo der Mensch in den Stand gesetzt wird, durch die Anleitung, die ihm der okkulte Lehrer gibt, die Temperamente, Neigungen und Gewohnheiten umzuwandeln, wo der Mensch ein anderer wird. Damit kommt erst die Einsicht in die wirkliche höhere Welt, daß der Mensch ein anderer Mensch wird.“ Rudolf Steiner, Ursprungsimpulse der Geisteswissenschaft - Christliche Esoterik im Lichte neuer Geist-Erkenntnis, GA 96, Dornach 1906, 1907, 1989, S. 258f

[12] https://goetheanum.co/de/hochschule

[13] https://www.anthroposophie.ch/de/gesellschaft/freie-hochschule/mitgliedschaft.html

[14] Rudolf Steiner, Wege der geistigen Erkenntnis und der Erneuerung künstlerischer Weltanschauung, GA 161, Dornach 1915, 1980, S. 197. Rudolf Steiner, Das Ereignis der Christus-Erscheinung in der ätherischen Welt, GA 118, Dornach 1910, 1965 S. 191

[15] Rudolf Steiner, Mysterienwahrheiten und Weihnachtsimpulse, GA 180, Dornach 1917, 1980, S. 226

[16] Adriani, Konnertz, Thomas - Joseph Beuys, Köln 1970, S.20

[17] Vgl. Rudolf Steiner, Die Mission einzelner Volksseelen im Zusammenhange mit der germanisch-nordischen Mythologie, GA 121. Kosmische und menschliche Geschichte, GA 174. Die vierte Dimension, GA 324, S.133ff Geisteswissenschaftliche Impulse zur Entwickelung der Physik, GA 320, 321. Anm. Wahrscheinlich hat Beuys ab 1950 Kulturveranstaltungen im Haus Wylerberg nahe Kleve besucht. Eine der Leiterinnen Alice Schuster war eine Joyce-Kennerin die viele Jahre vergeblich eine Übersetzung von "Finnegans Wake" versuchte. Das Werk das neben Englisch aus diversen Sprachfragmenten komponiert war, galt lange als nicht übersetzbar und wurde erst 1993 vollständig ins Deutsch übersetzt. Es liegt nahe, dass Alice Schuster Beuys mit "Finnegans Wake" und Joyce vertraut machte. In "Beuys" sprach Beuys von einer "Ausdehnung der Zeit in den geistigen Raum" Adriani, Konnertz, Thomas - Joseph Beuys, Köln 1973, S. 74. Vgl. Hans Peter Riegel, Beuys Die Biographie Band 1, Zürich 2018, 2021, S.96

[18] Joseph Beuys im Gespräch mit Walter Smerling und Knut Fischer, Ausstrahlung am 2.1.1986, WDR 1986

[19] http://de.sz-iam.com/ich-denke-sowieso-mit-dem-knie/

[20] http://de.sz-foundation.de/foundation/akademie/

[21] Rudolf Steiner, Meditative Betrachtungen und Anleitungen zur Vertiefung der Heilkunst, GA 326, Dornach 1924, 2003, S. 208

[22] Vgl. Rheinische Post, 18.11.1967, Düsseldorfer Nachrichten, 18.11.1967

[23] Rudolf Steiner, Über die astrale Welt und das Devachan GA 88, Dornach 1920, 1982, S. 67ff. Aus der Bilderschrift der Apokalypse des Johannes, GA 104, Dornach 1909, 1991, S. 64ff. Vgl. https://anthrowiki.at/Tiere

[24] Vgl. Adriani, Konnertz, Thomas - Joseph Beuys, Köln 1973,, S. 13, 1994: S. 22. Vgl. Beuys/Fischer/Smerling Köln,1984, S. 28

[25] Joseph Beuys, Sprechen über Deutschland, München, 1985, S. 39

[26] Rudolf Steiner, Die Mission einzelner Volksseelen im Zusammenhang mit der germanisch-nordischen Mythologie, Oslo 1910, Dornach 1982, S. 132

[27] Vgl. J. Beuys: Celtic (Kinloch Rannoch) Schottische Symphonie (Edinburgh, 1970) u. Celtic +~~~ (Basel)

[28] Joseph Beuys, Jeder Mensch ein Künstler, Auf dem Weg zur Freiheitsgestalt des sozialen Organismus, Vortrag, gehalten vor anthroposophischen Gesinnungsfreunden am 23. März 1978, im Humboldt-Haus, Achberg

[29] Joseph Beuys, Jeder Mensch ein Künstler, Gespräche auf der documenta 5, 1972, aufgezeichnet von Clara Bodenmann-Ritter, Frankfurt 1975, S.11

30 Rudolf Steiner: „Denn dem Großen, was in sie herein will, kann nur gedient sein, wenn die Menschen in der eigenen Seele Schöpferkraft entwickeln.“ GA 180, Mysterienwahrheiten und Weihnachtsimpulse, Dornach 1917, 1980, S. 31

31 Ulrich Rösch, Freie Hochschule für Geisteswissenschaft Goetheanum Sektion für Sozialwissenschaften RUNDBRIEF Sommer 2009, Dornach 2009, S. 6. Hans Peter Riegel, Beuys Die Biographie Band 3, S. 358ff

32 Johannes Stüttgen in Rainer Rappmann (Hrsg.), Die Kunst des sozialen Bauens, Achberg 1993, S.18

33 Aus dem Beuys-Vortrag - Jeder Mensch ein Künstler, Auf dem Weg zur Freiheitsgestalt des sozialen Organismus - 23. März 1978, Achberg

34 Die Kunstwissenschaftlerin Verena Kuni äusserte hierzu: „Wer immer sich mit Joseph Beuys wissenschaftlich beschäftigen will, sieht sich mit Blick auf die Sekundärliteratur einem inzwischen kaum mehr überschaubaren Konvolut an Monographien, Ausstellungskatalogen, Sammelwerken und Artikeln gegenüber, dessen Umfang bis heute im Wachstum begriffen ist. [...] Insgesamt darf die Fülle der Publikationen jedoch nicht darüber hinwegtäuschen, wie vergleichsweise gering der Anteil kunstwissenschaftlicher Forschungsarbeiten im engeren Sinne an dieser Textmasse ist.
Ein Grund hierfür dürfte – vom zahlenmäßig umfangreichen und inhaltlich komplexen OEuvre des Künstlers und der unübersichtlichen Literaturlage einmal abgesehen – in der nicht unproblematischen Nachlasssituation festzumachen sein, die insbesondere die Quellenforschung nach wie vor erschwert.

Deutliche Worte hierfür findet Lange 1999, S. 18; ähnlich auch Szeemann 1997, S. 13f., der diesem Thema in der Zeitschrift Artis eine Glosse unter dem Titel Copyright auf Leben und Tod gewidmet hatte; so konnte etwa eine urspr. für den Ausst. Kat. Beuys/Zürich 1993 geplante Sammlung aus Statements und Interview-Zitaten aufgrund eines Vetos der Familie Beuys nicht erscheinen.

Auf die im Zuge der vorliegenden Untersuchung an die Familie Beuys gerichtete Bitte um Einsichtnahme in den Nachlass u. die Bibliothek des Künstlers reagierte Eva Beuys mit einer freundlich formulierten, aber nichts desto weniger abschlägigen Antwort – die angesichts des Vorhabens allerdings durchaus nachvollziehbar scheint: „Sehr geehrte Frau Kuni, es liegt in der Natur ihres Dissertationsthemas, daß ein Gespräch mit mir darüber garnicht angebracht wäre. [...]. Ihr Anliegen [den Nachlass u. die Bibliothek einzusehen] kommt insofern zu früh, als wir uns eine Veröffentlichung [...] selber an richtiger Stelle vorgenommen haben." (Eva Beuys, Brief an die Verf. vom 29. 05. 1994).
Verena Kuni: Der Künstler als 'Magier' und ‚Alchemist‘, Marburg 2004, S. 149 Anm. Einen ähnlich lautenden Brief hat auch der Autor auf seine Anfrage hin erhalten.

35 Verena Kuni in einem Mail an den Autor, 31.7.2012, im Archiv des Autors

[36] Im August 1973 ist der inzwischen aus der Kunstakademie entlassene Beuys, erstmals als Vortragsredner an der ersten "Internationalen Sommertagung" des inzwischen errichteten "Internationalen Kulturzentrums - INKA" ein Erscheinung getreten. Gleichzeitig wurde er Mitgründer des anthroposophisch dominierten "Ständigen Kongress Dritter Weg". Er wurde im so genannten"Achberger Kreis" aktiv, der später an der Gründung der Grünen beteiligt war.

[37] Walter Grasskamp, Soziale Plastik – Schwierigkeiten mit Beuys, in Der lange Marsch durch die Illusionen, München 1995, S. 67, 68.

[38] Erwin Heerich im Gespräch mit Georg Jappe, Beuys packen, Regensburg 1996, S.19. Hans Peter Riegel, Beuys Die Biographie, Band 2, Zürich 2018, S.99 ff. Vgl. Verena Kuni, Der Künstler als „Magier" und „Alchemist", Marburg 2006, S.185

[39] Rudolf Steiner, Von Seelenrätseln, Dornach 1917, 1983, S.47

[40] Christoph Hueck, Anthroposophie als Geisteswissenschaft, www. anthroposophie-als-geisteswissenschaft. de

[41] Rudolf Steiner, Die Beantwortung von Welt- und Lebensfragen durch Anthroposophie, GA 108, Dornach 1970, S.95, S. 238

[42] Johannes Stüttgen in Rainer Rappmann (Hrsg.) ,Die Kunst des sozialen Bauens, Achberg 1993, S.28, 29

[43] Dreigliederung Joseph Beuys, Michael Ende, Die Suche nach dem sozialen Künstler (ARD SWF 1988)

[44] Rudolf Steiner, Kunst- und Lebensfragen im Lichte der Geisteswissenschaft, Dornach 1915, 1985, S. 135

[45] Volker Harlan, Verzeichnis der anthroposophischen Bibliothek von Joseph Beuys, in Joseph Beuys-Tagung Basel, 1.-4.5.1991, Basel 1991, S. 292-295, S, 209ff dieses Bandes

[46] Rudolf Steiner, Eurythmie als sichtbare Sprache, Dornach 1923, 1990, S. 92

[47] Joseph Beuys in Reden über das eigene Land, München 1985, S. .... dieses Bandes

[48] Volker Harlan Werkstattgespräch mit Joseph Beuys, in Was ist Kunst? Stuttgart 2001, S. 81

[49] Rudolf Steiner, Von Seelenrätseln, GA 21, Dornach 1917, 1983, S. 32

[50] Eckhard Neumann, Künstlermythen. Eine psychohistorische Studie über Kreativität, Frankfurt a. M., New York 1986, S. 105

[51] Joseph Beuys im Gespräch mit dem Berliner Tagesspiegel, 3.12.1964

[52] Norbert Dragerth, Es ist ein Has´ entsprungen, Joseph Beuys und Weihnachten, Frankfurter Allgemeine Zeitung, 21.12.1994

[53] Rudolf Steiner, Erfahrungen des Übersinnlichen Die drei Wege der Seele zu Christus, GA 143, Dornach 1912, 1994. S.163

[54] Vgl. Friedhelm Mennekes im Gespräch mit Joseph Beuys (1984). In: Mennekes 1989, S.20

[55] Rudolf Steiner, Christus in der geistigen Welt, GA 149, Dornach 1987, S. 9ff.

[56] Rudolf Steiner, Das esoterische Christentum und die geistige Führung der Menschheit, GA 130, Dornach, 1977, S. 52

[57] Diskussionsbeitrag von Volker Harlan anlässlich der Joseph Beuys-Tagung in Basel, in Joseph Beuys-Tagung Basel, 1.-4.5.1991, Basel 1991, S. 94

[58] Rudolf Steiner, Vorstufen zum Mysterium von Golgatha, GA 152, Dornach 1914, 1964, 1990, S. 48

[59] Rudolf Steiner, Die geistige Führung des Menschen und der Menschheit, GA 15, Berlin 1911, Freibug i.B. 1946, Dornach 1987, S. 82, 85

[60] „Abendunterhaltung“ mit anthroposophischen Gesinnungsfreunden, No1 documente, Achberg 8.1977, S.1

[61] Interview mit dem italienischen Künstler und Verleger Sarenco, 1979, S. 151ff dieses Bandes

[62] Rudolf Steiner, Wege der geistigen Erkenntnis und der Erneuerung künstlerischer Weltanschauung, Dornach 1915, 1980, S. 196

[63] Joseph Beuys in Reden über das eigene Land, München 1985, S. 131ff dieses Bandes

[64] Rudolf Steiner, Die germanische Seele und der deutsche Geist, Berlin 1915, in Aus schicksaltragender Zeit, Dornach 1959, S. 180

[65] Beuys talks to Louwrien Wijers, Velp, Netherlands, 1980, S. 70. Beuys Geht!, Überblick, Ausgabe Dezember 1978, Düsseldorf, S. 9-11

[66] Vgl. Joseph Beuys und die Welt der Kelten - Schottland, Irland und England. 1970-1985, München 2005

[67] Rudolf Steiner, Mysterienwahrheiten und Weihnachtsimpulse - Alte Mythen und ihre Bedeutung, GA 180, Dornach 1917, 1980, S. 290

[68] Beuys talks to Louwrien Wijers, Velp, Netherlands, 1980, S. 70, Joseph Beuys im Gespräch mit Louwrien Wijers, Düsseldorf, 15.11.1982, in Lucrezia De Domizio Durini, Beuys Voice, Mailand 2011, S. 613

[69] Rudolf Steiner, Das Ereignis der Christus-Erscheinung in der ätherischen Welt, GA 118, Dornach 1910, 1984, S. 130

[70] Otto Rahn, Kreuzzug gegen den Gral, Freiburg i. B., 1933

[71] Joseph Beuys im Gespräch mit Georg Jappe über Schlüsselerlebnisse am 27.9.76, Beuys packen, Regensburg 1996, S. 211. Adriani, Konnertz, Thomas, Joseph Beuys, Köln 1973, S.13. Vgl. Hans Peter Riegel, Beuys Die Biographie Band 1, Zürich 2018, 2021, S. 31ff

[72] Vgl. https://anthrowiki.at/Wurzelrassen

[73] Joseph Beuys, Kunst=Kapital, Achberg 1992, S. 18ff

[74] Vgl. Hans Peter Riegel, Beuys Die Biographie Band 3, Zürich 2018, 2021, S. 348ff

[75] Vgl. Joseph Beuys, Eintritt in ein Lebewesen, FIU Verlag, Wangen/Allgäu 2009

[76] Vgl. Wilhelm Schmundt, Der soziale Organismus in seiner Freiheitsgestalt, Basel 1968, S. 37ff. Erkenntnisübungen zur Dreigliederung der sozialen Organismus Achberg 1982, S. 209

[77] Adriani, Konnertz, Thomas - Joseph Beuys, Köln 1994, S. 158

[78] Vgl. Rudolf Steiner, Mythen und Sagen. Okkulte Zeichen und Symbole, GA 101. Geisteswissenschaftliche Impulse zur Entwickelung der Physik, II, GA 321. Mensch und Welt. Über das Wesen der Bienen, GA 351.

[79] Gespräch zwischen J. Beuys, B. Blume und H. G. Prager, in Rheinische Bienenzeitung -Fachzeitschrift für Imkerei, Nr. 12, 1975, S. 373

[80] Rudolf Steiner, Eine okkulte Physiologie, GA 128, Dornach 1957, 1991 S. 177

[81] Redner des Kongresses waren: Der rechtsgerichtete, ehemalige NS-Funktionär und anthroposophische Pfarrer Prof. Dr. Werner Haverbeck. Dr. Dieter Brüll, Mitbegründer der anthroposophischen 'Arbeitsgemeinschaft für Dreigliederung des sozialen Organismus'. Der in anthroposophischem Umfeld agierende Dr. Joseph Huber, ein Vertreter der in rechten wie anthroposophischen Kreisen geschätzten 'Vollgeld'-Theorie. Dr. Eugen Löbl, Mitbegründer des 'Instituts für Sozialforschung und Entwicklungslehre' im anthroposophischen, 'Internationalen Kulturzentrum' Achberg. Letztlich Joseph Beuys und ein seinerzeit politisch „heimatloser“ Rudi Dutschke.

[82] Wilhelm Schmundt, Revolution und Evolution, Achberg, 1973, S. 30
„Als Lebewesen kann aus anthroposophischer Sicht jedes Wesen bezeichnet werden, das über einen eigenständigen Ätherleib verfügt. Entsprechend sind Pflanzen, Tiere und Menschen Lebewesen, nicht jedoch die Mineralien.“ AnthroWiki

[83] Wilhelm Schmundt, Revolution und Evolution, Achberg, 1973, S. 31

[84] „Durch die Erforschung der geistigen Welt kommen wir aber dazu, den Menschen als ein viel komplizierteres Wesen anzusehen, als er es für die gewöhnliche sinnliche oder verstandesmäßige Anschauung ist. Wir kommen dazu, den Menschen als ein viergliedriges Wesen anzusehen. Dasjenige, was man den physischen Leib nennt, betrachtet die Geistesforschung nur als einen Teil der gesamten menschlichen Wesenheit.
Diesen physischen Leib kann das gewöhnliche Sinnesleben beobachten, kann der Verstand begreifen. Dieser Sinnesleib ist der Gegenstand der gewöhnlichen Wissenschaft.
Für einen großen Teil unserer heutigen Zeitanschauung ist dieser physische Leib die Gesamtheit der menschlichen Wesenheit. Für die geisteswissenschaftliche Forschung ist er nur ein Teil unter vier Gliedern dieser menschlichen Wesenheit.
Über diesen physischen Leib hinaus unterscheidet die Geistesforschung den sogenannten Ätherleib oder Lebensleib, der dem physischen Leibe eingegliedert ist. [...] Und sie spricht dann davon, daß sich die notwendige Folgerung ergibt, daß der physische Leib durch die ihm eigenen Kräfte mit dem Tode selbstverständlich zerfällt, weil die Kräfte, die dem physischen Leibe angehören, seine Zersetzung, seinen Zerfall bewirken und nur dadurch zusammengehalten werden, daß während der Zeit des Lebens zwischen Geburt und Tod diesem physischen Leibe der Ätherleib oder Lebensleib eingegliedert ist, der als ein fortwährender Kämpfer gegen den Zerfall des physischen Leibes da ist.
Erst wenn mit dem Momente des Todes die Trennung von dem Ätherleibe eintritt, folgt der physische Leib seinen eigenen Kräften, die aber dann, weil sie in ihrer Eigenart wirken, seine Zersetzung hervorrufen. Den physischen Leib hat der Mensch gemeinschaftlich mit der ganzen mineralischen, unlebendigen Welt. Den Ätherleib hat er gemeinsam mit allem Lebendigen, mit der ganzen Pflanzenwelt."
Rudolf Steiner, Ergebnisse der Geistesforschung, Berlin 1912,1913, Dornach 1988

[85] Wilhelm Schmundt, Revolution und Evolution, Achberg, 1973, S. 94

[86] „Die Schwelle der geistigen Welt bildet für das menschliche Erleben die Grenze zwischen der sinnlichen und der geistigen Welt, solange das Ich nicht stark genug ist, dieses Erlebnis unbeschadet zu ertragen. Genau besehen gibt es zwei derartige Schwellen. Die eine bildet den Eingang in die geistige Außenwelt, den Makrokosmos. Die andere führt in die geistige Innenwelt, den Mikrokosmos." AnthroWiki

[87] Wilhelm Schmundt, Revolution und Evolution, Basel 1968, 1977, S. 70

[88] Wilhelm Schmundt, Der Geldkreislauf als Organsystem, in: Leber: Funktion und Wesen des Geldes, S. 74

[89] Vgl. Joseph Beuys, Jeder Mensch ist ein Künstler, FIU Verlag, Wangen/Allgäu 2009

[90] Joseph Beuys, Jeder Mensch ein Künstler, Gespräche auf der documenta 5, 1972, aufgezeichnet von Clara Bodenmann-Ritter, Frankfurt 1975, S.66

[91] Joseph Beuys, Jeder Mensch ein Künstler, Gespräche auf der documenta 5, 1972, aufgezeichnet von Clara Bodenmann-Ritter, Frankfurt 1975, S.66

[92] Dieter Koepplin, Fluxus, Bewegung in Sinne von Joseph Beuys, in Joseph Beuys, Plastische Bilder, Stuttgart 1990, S. 25

[93] Ingeborg Seegers, Witwe des Krefelder Malers Hellmut Seegers, Weggefährtin von Beuys in der Nachkriegszeit, im Gespräch mit der Rheinischen Post, Krefeld, 11.5.2011. Pierre Theunissen, Vortrag in Schloss Moyland vom 12.5.2000, Heft 15 der Schriften Schloss Moyland, Kopie im Archiv des Autors.
Franz Joseph van der Grinten im Gespräch mit dem Autor, Till-Moyland, 1.4.2011. Vgl. Hans Peter Riegel, Beuys Die Biographie Band 1, Zürich 2018, 2021, S.108

[94] „Mahayana (Großes Fahrzeug bzw. Großer Weg) ist eine der Hauptrichtungen des Buddhismus. Gemeinsam ist allen Schulen des Buddhismus das Streben nach der Erlösung von allem Leid des irdischen Daseins durch das endgültige Verlöschen des Ich im Nirvana. Nur dadurch kann der leidvolle Kreislauf der Wiedergeburten beendet werden. entdecken." AnthroWiki
Auch in Zusammenhang mit der Rettung vor der Sintflut wird der Begriff des Fahrzeugs verwendet.

[95] Wilhelm Schmundt, Revolution und Evolution, Achberg, 1973, Seite 51

[96] „Von früheren Inkarnationen scheint alles Astrologische, alles Anschauen der geistigen Welt in die Seele dieses Thomas Campanella hin-ein. Er denkt aus und beschreibt in seinem Werke über den Sonnenstaat eine soziale Utopie, in der er glaubt, daß durch eine vernünftige soziale Gestaltung, Konfiguration, alle Menschen glücklich werden können." Rudolf Steiner, Esoterische Betrachtungen karmischer Zusammenhänge IV, GA 238, Dornach 1924, S. 141

[97] Wilhelm Schmundt, Der soziale Organismus in seiner Freiheitsgestalt, Basel 1968, S. 59

[98] Wilhelm Schmundt, Revolution und Evolution, Achberg, 1973, Seite 51

[99] ebd.

100 Gliederung der Hierarchien (Vgl. AnthroWiki)

- Trinität: Vater - Sohn - Heiliger Geist

- Erste Hierarchie: Seraphim (lat. seraphim, hebr. Seraphim, Geister der All-Liebe), Cherubim (lat. cherubim, hebr. Cherubim, Geister der Harmonien), Throne (gr. thronoi, lat. throni, hebr. Aralim, Geister des Willens)

- Zweite Hierarchie: Kyriotetes (lat. dominationes, hebr. Tarshishim, Herrschaften, Geister der Weisheit), Dynamis (lat. virtutes, hebr. Hashmalim, theos. Mahat, Mächte, Geister der Bewegung), Exusiai (lat. potestates, hebr. Elohim, Gewalten, Geister der Form)

- Dritte Hierarchie: Archai (lat. principates, Fürstentümer, Urengel, Urbeginne, Urkräfte, Geister der Persönlichkeit)

- Archangeloi: (lat. archangeli, Erzengel, Söhne des Feuers, Feuergeister, Erzboten)

- Angeloi (lat. angeli, Engel, Söhne des Zwielichts, Geister der Dämmerung, Söhne des Lebens, Boten)

- Mensch

101 Wilhelm Schmundt, Revolution und Evolution, Achberg 1973, Seite 82

102 Ebd. Vorwort von Wilfried Heidt und Ulrich Rösch, S. 11

103 Vgl. Joseph Beuys, Aktive Neutralität, FIU Verlag, Wangen/Allgäu 2003

104 Fabian Virchow, Gegen den Zivilismus - Internationale Beziehungen und Militär in den politischen Konzeptionen der extremen Rechten, Wiesbaden 2006, S. 115

105 Wilhelm Schmundt, Revolution und Evolution, Achberg 1973, S. 70

106 Picasso trat der KP bei und schoss ein Jahr später in seinem Aufsatz „Was ist ein Künstler?" scharf gegen den Vorwurf, Kunst und Politik müssten getrennt sein: „Was glauben Sie denn, ist ein Künstler? Er ist gleichzeitig ein hochpolitisches Wesen, das ständig im Bewusstsein der zerstörerischen, brennenden oder beglückenden Weltereignisse lebt und sich ganz und gar nach ihrem Bilde formt. Wie könnte man kein Interesse an den anderen Menschen nehmen und sich in elfenbeinerner Gleichgültigkeit von einem Leben absondern, das einem so überreich entgegengebracht wird? Nein, die Malerei ist nicht erfunden, um Wohnungen auszuschmücken! Sie ist eine Waffe zum Angriff und zur Verteidigung gegen den Feind."

107 Wilhelm Schmundt, Revolution und Evolution, Achberg 1973, S. 94, 145

108 Monika Angerbauer-Rau, Beuys Kompass, Köln 1998

[109] Erschienen in De Tafelronde, Antwerpen 1980,S. 2 ff

[110] Rudolf Steiner: „Dasjenige, was wir Fettsubstanz nennen, gleichgültig ob es der Mensch von außen genießt oder in seinem eigenen Organismus selber bildet, ist nach ganz anderen kosmischen Gesetzen aufgebaut als die Eiweißsubstanz. Während an dieser beteiligt sind jene kosmischen Kräfte, welche ausgehen von Wesenheiten der Hierarchien der Form, sind beteiligt an dem Aufbau der Fettsubstanz vorzugsweise jene Wesenheiten, die wir nennen die Geister der Bewegung." GA 145, S. 32

[111] Beuys hatte nachweislich kein Abitur. Ein Studium an einer Universität wäre nicht möglich gewesen. Er soll 1941 während einem weniger Monate seiner militärischen Grundausbildung, als Gasthörer an den Reichsuniversität Posen biologische Seminare besucht haben. Was jedoch nicht gesichert ist.
Dennoch behauptete Beuys immer wieder, ein „naturwissenschaftliches Studium" absolviert zu haben. Was von der hagiographisch geprägten Beuys Literatur nie hinterfragt, bis heute verbreitet wird. Wobei auch angeführt wird Beuys habe Medizin studiert: „Nach dem Krieg nimmt Beuys ein Medizinstudium auf, mit dem Ziel, Kinderarzt zu werden." In Joseph Beuys, Kunsthaus Zürich, S. 288, Zürich 1993.
Es ist evident, dass Beuys mit seinen Behauptungen gleiches, universelles Wissen für sich reklamierte, wie sein Vorbild Steiner. Gleichzeitig schloss sich Beuys dem Anspruch Steiners für dessen Anthroposophie an, „Wissenschaft" zu sein. „Steiner war Goethe-Forscher, Philosoph und Esoteriker. Als Geistesforscher entwickelte er ab 1900 die Anthroposophie als Wissenschaft vom Geistigen, ausgehend von der Beobachtung des Denkens nach naturwissenschaftlicher Methode", so AnthroWiki.
Wie sehr Beuys über das vorgebliche Studium fabulierte, wird durch die vielen Varianten seiner Erzählung deutlich: „Ich habe auf Grund dieser Unsicherheit, die ich für eine spezielle Berufsentscheidung damals hatte, etwa Kinderarzt oder Chemiker oder Physiker, ein allgemeines naturwissenschaftliches Studium begonnen", so Beuys über die Zeit vor seiner Entscheidung Berufsoldat zu werden im Gespräch mit Hermann Schreiber, Südwestfunk, 27.1.1980.
Eine andere Variante: „Als der Krieg 1945 endete, kam ich aus der Gefangenschaft, ich studierte dann Naturwissenschaften, Mathematik, Physik und Biologie, und so auf die rude Welt von Wissenschaft sehend, entschloss ich mich, mein Vorgehen zu ändern, und mehr versuchsweise begann ich mit Kunst." Joseph Beuys im Gespräch mit Harriet Cooke, in Irish Times, Dublin, 25.10.1974
Oder: „Ich habe Naturwissenschaften studiert und weiß, daß man Chemie so lehren kann oder so lehren kann und so. Methodisch", so Beuys während der Documenta 1972, in 'Jeder Mensch ist ein Künstler', S. 13, Frankfurt a.M., 1975

112 Entgegen dieses Aussage war Beuys selbst Ursprung der viel zitierten Materialverwendung von Fett und Filz. Etwa als er 1976 von Georg Jappe zu seinen Schlüsselerlebnissen und in diesem Zusammenhang zu seiner 'Tatarenlegende' befragt wurde, erläuterte er auf dessen Frage, ob er nicht zu Filz und Fett durch die Tataren die ihn pflegten, inspiriert wurde: „Ja - selbstverständlich! […] Das ist ja nun auch eine reale Sache gewesen. Ohne die Tataren wäre ich heute nicht mehr am Leben. […] Ich erinnere mich an den Filz, aus dem ihre Zelte gemacht waren. […] Sie rieben meinen Köper mit Fett ein, damit die Wärme zurückkehrt und wickelten mich in Filz ein, weil Filz die Wärme hält […] wahrscheinlich wäre ich nie wieder auf den Filz gekommen, ohne dieses Schlüsselerlebnis. Also auf das Material, auf Fett und Filz".

113 Ramon Brüll (Hrsg.), Abenteuer des Lebens und des Geistes, Frankfurt a.M. 1985, S. 85ff

114 Gretchen Dutschke, Rudi Dutschke, Köln 2010, S. 446

115 Rudi Dutschke, Jeder hat sein Leben ganz zu leben, Die Tagebücher 1963–1979, Köln 2003, S. 355

116 Joseph Beuys im Gespräch mit Schülern der Gerhart-Hauptmann-Schule, Kassel 8.3.1982, Geert Platner, Schule im Dritten Reich. Erziehung zum Tode, Bonn 2005, 116ff

117 Reden über das eigene Land Deutschland, C Bertelsmann, München 1985, S. 37ff

118 Rudolf Steiner, Neugestaltung des sozialen Organismus,GA 338, Dornach 1919, 1983, S.140

119 Joseph Beuys, Was sind die inneren Fragen der Leuter, aus Lutz Mommartz, Joseph Beuys is Looking at You, 1969

Die Beuys Biographie von Hans Peter Riegel in vier Bänden

Band 1 / 1921 bis 1945
Paperback: ISBN 978-3-9524824-1-4
Hardcover: ISBN 978-3-9524824-6-9

Band 2 / 1945 bis 1986
Paperback: ISBN 978-3-9524824-5-2
Hardcover: ISBN 978-3-9524961-0-7

Band 3 / Dokumente
Paperback: ISBN 978-3-9524961-2-1
Hardcover: ISBN 978-3-9524961-4-5

Band 4 / Verborgenes Reden
Paperback: ISBN 978-3-9525386-0-9
Hardcover: ISBN 978-3-9525386-1-6

Weitere Informationen: www.riverside-publishing.com

Buchgestaltung
Riverside Publishing

Fotografie
Hans Peter Riegel - Beuys in Berlin, 1982